LOCUS

LOCUS

LOCUS

LOCUS

from

vision

from146

失蹤的加密貨幣女王

THE MISSING CRYPTOQUEEN

作者／傑米・巴特利特（Jamie Bartlett）
譯者／鄭煥昇
編輯／陳秀娟
封面設計／ Dinner Illustration
內頁排版／新鑫電腦排版工作室
出版者／大塊文化出版股份有限公司
105022 台北市松山區南京東路四段 25 號 11 樓
www.locuspublishing.com
locus@locuspublishing.com
讀者服務專線：0800-006-689
電話：02-87123898
傳真：02-87123897
郵政劃撥帳號：18955675
戶名：大塊文化出版股份有限公司
法律顧問／董安丹律師、顧慕堯律師
總 經 銷／大和書報圖書股份有限公司
新北市新莊區五工五路 2 號
電 話：02-89902588
傳真：02-22901658

初版一刷：2023 年 06 月
定價：480 元
ISBN：978-626-7317-09-9

失蹤的加密貨幣女王

The Missing Cryptoqueen

傑米・巴特利特
Jamie Bartlett

獻給所有的公民記者與扶手椅調查員——
是你們在所有人袖手旁觀之際，
奮力警告世界要留意維卡幣。

前言

《失蹤的加密貨幣女王》已經躋身ＢＢＣ最熱門的播客節目之列，放眼全球它累積了幾百萬的下載次數，創造出不計其數的新聞頭條，點燃了熱烈的激辯與討論，並使得維卡幣的名號變得家喻戶曉。一個關於加密貨幣的故事，看起來不太像是能爆紅的播客節目主題，但話說回來，**它講的其實也不是加密貨幣：這個故事說的，是人的貪婪、是從眾的心理，是腐敗、是「假新聞」、是監理失靈與商業炒作。換句話說，這個故事講的是我們迷信科技的社會。每當有全新科技光鮮亮麗地登場，你就會發現詐騙集團、江湖郎中、職業騙子在你身邊蠢蠢欲動，一個個都想把流沙般瞬息萬變的科技當成斂財的幌子**。只不過，能夠騙到我們，如我們所挖掘出的那樣膽子之大，手筆之大，結果還是讓人有點看到傻。

我們第一次見面討論維卡幣這樁奇案，是在二〇一八年底，當時我們誰也想像不到這條路會帶我們通往哪裡。只是隨著我們在調查的路上愈走愈遠，故事的情節也愈來愈匪夷所思：一個躍然成形的世界裡有著卡通人物似的反派，有英雄般的吹哨者，還有一片金融廢墟。我們的聽眾開始在網路上討論起在BBC Sounds平台上那個扣人心弦的新劇集——我們不時得點出這個，實實在在的，真人真事。甚至我們彼此間偶爾會相互質疑，我們是不是擺了某種天大的烏龍——這一切真的發生過嗎？為什麼知道這件事的人這麼少？還有最重要的，有沒有可能加密貨幣女王本人，茹雅．伊格納托娃，其實這一票幹得就是這麼天衣無縫？這故事的前身是一個播客節目，憑藉著平面文字提供的餘裕與篇幅，本書得以更深入地抽絲剝繭。數不清的訪談、數以百計的外洩文件，加上為期數月的詳細調查與分析，讓本書得以如實**揭露這場世紀詐騙是如何曝光、如何瓦解的，還有別的地方都看不到的故事，而這一切背後的天才，茹雅．伊格納托娃博士，究竟都經歷了什麼**。

這個故事無疑還沒有蓋棺論定，而當變化再起，我們也將不會缺席。

傑米．巴特利特與喬治雅．凱特

《失蹤的加密貨幣女王》播客節目主持人與製作人

目錄

主要登場人物

茹雅・伊格納托娃博士（Dr Ruja Ignatova）

眼光獨到的創業家，加密貨幣維卡幣與其姊妹企業維卡人生的創辦人暨負責人。一九八〇年五月生於保加利亞魯塞，她擁有三個學位，會說五種語言，而且都很流利。人稱：加密貨幣女王。

賽巴斯琛・葛林伍德（Sebastian Greenwood）

茹雅的瑞典籍生意夥伴。他偕茹雅在二〇一四年四月創立了維卡幣與維卡人生。

伊里娜・迪爾琴絲卡（Irina Dilkinska）

維卡幣的法務主管。

尤哈・帕爾希亞拉（Juha Parhiala）

維卡幣的天字第一號多層次傳銷業務員，在二〇一四年初接受了賽巴斯琛的招募。

伊格爾・阿爾伯茨（Igor Alberts）

有著世界級業績的多層次傳銷上線，美國傳奇業務員金克拉的弟子。

蓋瑞・基爾伏（Gary Gilford）

專業訴訟律師，後來成為茹雅私人「家族辦公室」的共同董事。他的工作是替茹雅的個人資產進行投資。

康斯坦丁・伊格納托夫（Konstantin Ignatov）

茹雅（小六歲）的弟弟，在二〇一六年夏天成為茹雅的私人助理。

馬克·史考特（Mark Scott）

出身佛羅里達州的企業律師，曾在聲譽卓著的洛克律師事務所（Locke Lord）擔任合夥人。他創辦了費內羅基金（Fenero Funds）並實際參與經營。

吉爾伯特·阿曼塔（Gilbert Armenta）

出身佛羅里達的金融家，後來跟茹亞成為情侶。

比約恩·比耶克（Bjørn Bjercke）

四十出頭的挪威資訊科技專家兼比特幣愛好者，意外在二〇一六年獲得維卡幣公司的工作邀約。

傳銷爆料網（BehindMLM）

一個鎖定多層次傳銷業者進行批判的網站，擅長踢爆金字塔式騙局與龐氏騙局。創辦於二〇一〇年，創辦人代號「奧茲」（Oz）。

鄧肯·亞瑟（Duncan Arthur）

維卡幣電商平台Dealshaker（維卡商城）負責人。

維卡商城開設於二〇一七年，主打要成為「下一個eBay」。

法蘭克·史奈德（Frank Schneider）

前盧森堡情報員出身，茹亞的心腹之一，自二〇一五年中起接手她的維安與風險管理事務。

第一部

一切的開端

第一章

加密貨幣女王登場

倫敦，二〇一六年六月十一日。

在倫敦溫布利體育館的後台，茹雅・伊格納托娃博士正緊張地踱來踱去，身上一如往常地穿著長版的禮服。我會讓你們的幣數翻倍，我會讓你們的幣數翻倍。她可以聽見背景處有崇拜的數千粉絲在發出鼓譟聲與歡呼聲。平日的茹雅並不會在活動前感到緊張，但今天的她要宣布一樣把金融投資法則一條條全違反光——甚至跟金錢的概念本身唱反調——的事情。要知道台下的群眾已經把身家都拿出來投資她所承諾的一場全球「金融革命」，今天她要是不能繼續說服他們，那一切就都玩完了。這當中牽涉到的，是高達十億美元的輸贏。

她的二當家賽巴斯琛・葛林伍德正在台上暖場。「今天我很榮幸能站在這裡！」他大喊著。「你們全都太棒了！」這對搭檔創立了這間公司，不過是兩年前的事。而在這兩人之中，賽巴斯琛一直都是比較會賣東西的那個。但現場的三千人可不是大老遠從七十個國家過來看他的。他們來此是為了她：全世界最令人興奮不已的加密貨幣背後，那個不世出的天才。

賽巴斯琛用他一貫語不驚人死不休的口氣介紹茹雅出場：「今天把我們聚在一起的理由……讓我們用熱烈的掌聲歡迎我們的造物主，我們的創辦人……」

艾莉西亞・凱斯的《烈火女孩》一曲，從溫布利體育館的音響系統中炸開，焰火點亮了舞台。每個小細節，包括邀請函上使用的字眼，都經過精心策畫。茹雅知道外表等於一切，**只要妳看起來有那回事，旁人就會相信妳真的是那回事**。她自信滿滿地走了出來，她的黑長髮、深紅唇膏、在聚光燈下閃閃發光的華麗紅禮服，鑽石耳環——一切的一切都展現著成功與魅力。在她身後，有一個被火焰吞沒的巨大標誌，上頭寫著：維卡幣（OneCoin）。

台下的投資人——衣冠楚楚的烏干達商賈、出身東倫敦的虔誠穆斯林、在斯堪地那維亞挨家挨戶推銷維他命的業務員——全都對茹雅的背景故事朗朗上口。**事實上，他們大多數人正是因為熟知茹雅的出身，才信任她，才願意把錢交給她。牛津大學的明星學生。任職高階顧問公司期間，在跨國金融上有過一段十分亮眼的表現。年僅三十六歲，已兩度獲選保加利亞年度最佳女企業家，還榮登過《富比世雜誌》的封面之星。她的保加利亞語、德文、英文、法文與俄文，都很流利。群眾中有人竊竊私語說她的智商超過兩百，有些人還配戴著上**

面印著她面容的胸章。

茹雅產生那個改變所有人生命的發想，不過是距今兩年半前的事情。二〇一一年，她第一次聽說有樣東西叫「比特幣」的時候，還半信半疑。她來自金融圈，來自傳統的銀行業，事情在那兒都得按規矩來；貨幣有政府背書，由央行掌控，這一點確定得一如日夜交替。但她愈是深入瞭解這個奇特的虛擬貨幣，這種運行在線上，銀行跟政府都鞭長莫及的新玩意兒，她就愈是對其著迷。虛擬貨幣的發明者，是一個冰雪聰明、但身分神祕的程式設計師，「中本聰」是他用以闖蕩江湖的假名。中本聰在二〇〇九年創造出比特幣之後，就不知所蹤了，但他留下了一張藍圖，給簡直是為網路時代量身訂做的一種全新貨幣。一種不受銀行或國界節制的金錢。一種沒有單一個人可以一手掌握，在世界各地傳來傳去就跟發電郵一樣容易的「加密貨幣」。這在別人眼中可能是一種莫名其妙的實驗，但茹雅看到的卻是，**一種科技準備好了要改變世界**。她覺得低買高賣這些新貨幣來賺錢的層次太低，她決定一不做二不休，創造一種屬於她的加密貨幣。

她偶爾會跟懷疑論者說在科技的世界裡，發財的從來不是那個第一個想出點子的人——而是那個讓大街小巷上的男男女女用得上這個點子的人。傑夫．貝佐斯做大了亞馬遜，但他並沒有發明電子商務，他只是把電商推廣到家家戶戶而已。微軟的 MySpace 比臉書先出茅蘆，但改變世界的是馬克．祖克伯。賈伯斯、比爾．蓋茲、伊隆．馬斯克，甚至於湯瑪斯．

愛迪生，都是拿已經存在的概念，做出了凡夫俗子都能用得上的東西。那就是，**維卡幣——老少咸宜的加密貨幣**。**它的聲勢可能暫時比不上家喻戶曉的比特幣，但那也就是暫時而已。茹雅保證維卡幣會比對手更便捷、更順暢、更好用。她估計著有朝一日，員工會用維卡幣領薪水，領了薪水用會維卡幣買東西。任何人趁現在投資價格還沒如火箭升空般的維卡幣，時候到了都能大削一筆**。

但維卡幣的意義遠遠不只是發財致富而已。銀行家與各國政府已經割韭菜割了幾十年，全都是靠他們掌控了貨幣：他們可以印鈔票，可以訂定利率，然後把錢貸放出去，還可以拿錢去投機獲利，你想跟他們借錢還得被狠敲一筆手續費。二〇〇八到二〇〇九年的金融海嘯就是一個經典的案例。面對這樣的問題，像比特幣與維卡幣這樣的加密貨幣就是解答，而靠的就是這項科技當中所隱藏的革命性概念：固定的貨幣供給量。中本聰之所以創造比特幣，是因為他看不慣各國政府在二〇〇八年的金融危機時，是如何印鈔救市來保住那些眼看要破產的銀行，須知多印出來的鈔票最終就是劫貧濟富，讓窮人變得更窮。所以，中本聰才在比特幣的總量上加了一個天花板，就是兩千一百萬顆，不會再多了，而且其發行會根據預先程式設計好的速率去進行，外力難以干預。換句話說，**這就是一種供給量確定，而且政府的手伸不進來的貨幣**。

維卡幣在茹雅的擘劃中，會成長為比比特幣更大的加密貨幣，但**其遵循的規則跟比特幣**

沒什麼兩樣。相對於比特幣就是兩千一百萬顆打死，維卡幣的流通量則永世固定在二十一億顆。這個數字——二十一億——代表了一切。這個數量內建在這套科技本身之中，就像刻在石頭上的文字。沒有人可以印出第二十一億零一顆維卡幣，就連茹雅自己都辦不到。無怪乎當權者這麼害怕像維卡幣這樣的加密貨幣。一樣他們控制不了的東西，當權者豈能不怕。

「我覺得時候到了，」茹雅用她很特別的保加利亞文混德文口音告訴群眾，並仔細留下了設計好的空檔讓眾人鼓掌；「成敗在此一舉，我們要成為世上加密貨幣的第一把交椅。」

你想在溫布利體育館裡找到一個質疑她的人都難。畢竟從之前到現在，茹雅沒打過一句誑語。**十八個月內，二十億歐元的投資流入了維卡幣，推著其單枚市值從零歐飆升到五點九五歐——跟她的預測分毫不差。館內幾百人已是百萬富翁**，就因為她的眼光神準。

但如今她告訴他們，我們有了點問題。很顯然，維卡幣擴張得太大又太快，搞得她已經沒有錢幣可賣。

「我們可以靠現有的這些成為世界上最大的加密貨幣嗎？」茹雅似問非問地說著。

「可以！」有人從座位的Z排大喊。那確定到不行的聲音，大聲到站在高高的舞台上的茹雅，都聽得一清二楚。

「不，我們不行。」茹雅說。讓她懸著一顆心的時刻來了。「（我們要）創造一個比誰都大的貨幣……**我們要把規模增加到一千兩百億顆。**」

她放慢了速度強調那一湯匙糖，好藉此模糊這一戲劇性——而且在理論上不可能做到的事情——增加維卡幣的發行量。「為了回饋你們這群老成員，感謝你們從第一階段就支持我們到現在……我們將以公司的名義將你們帳戶裡的幣數加倍。」

群眾馬上就炸開了。現場的瘋狂氣氛與其說是銷售大會，更接近於宗教慶典。在場者不是大聲歡呼，就是激動成啞巴。二〇一六年十月一日——差不多三個月後——所有人的維卡幣數量都會翻倍。更棒的是，茹雅還承諾維卡幣的幣值維持不變，**每一顆維卡幣還是價值五點九五歐**。

「我們愛你，茹雅，」一個聲音大叫。

「謝謝你，」她答道。「兩年後，就不會再有人討論比特幣了。」

就這麼一個響指，茹雅博士就讓在場每個人的財富翻了一輪。這還不包括數十萬名沒能親自來到倫敦的投資人。大家似乎並不在乎她打破了經濟學入門的基本規則：一樣東西的供給量增加，價格就會下來。同樣的，大家好像也無所謂她打破了自己的承諾：維卡幣的流通量將永遠維持在二十一億顆，而「供給固定」可是加密貨幣的全副意義所在。所以，她究竟怎麼把維卡幣的數量增加五十倍？而且還不會影響到其價格？

如果有誰能在一夕之間創造出一堆百萬富翁，那人自然非茹雅博士莫屬。

洛杉磯國際機場，二〇一九年三月六日。

「康斯坦丁·伊格納托夫與鄧肯·亞瑟請到櫃台報到。」機場廣播傳來這樣的聲音。

康斯坦丁的班機已經誤點了兩個多小時，而這正是他最不樂見的發展。這幾天可把他給累壞了。連著三天，他都跟負責IT的大個子南非同事鄧肯·亞瑟，一起被困在飯店會議室裡，共同策畫維卡幣電商部門的美國擴張大計。唯一可堪告慰的是，他很快就能舒舒服服地坐進商務艙，在史蒂芬金小說新作的陪伴下踏上歸途，回到保加利亞。

他被警告過好幾次，赴美是在冒不必要的風險。但來自神祕高層的「消息來源」，安全顧問法蘭克向康斯坦丁保證，他不在國際刑警的任何一張逮捕名單上。一開始，康斯坦丁有點驚訝於他竟真的能進入美國。兩週前在美國一落地，他對問東問西的邊境官員表示，他來美的目的是要跟綜合格鬥的選手一起訓練。憑藉一身肌肉跟渾身的刺青，三十三歲的他看起來確實有那麼回事。也許那就是他們讓他入境的原因。

「商務艙要開始登機了嗎？」康斯坦丁來到出境大門後詢問土耳其航空的空服員。他又喜形於色了。能提早登機是幹他這種工作的一項福利。

「請走那道門，伊格納托夫先生，」女性空服員不動聲色地回覆他，並指示方向。

但他一通過那道門，康斯坦丁就知道他哪兒也別想飛了。五名身著西裝的彪形大漢已經恭候他多時。他們其中兩人一擁而上，迅雷不急掩耳地將他的手臂扭到身後，然後第三個人將他上銬後推往一扇側門。他一個字都還來不及說，康斯坦丁就發現自己已經坐在一間審訊室裡，活像來到了一九九〇年代的偵探連續劇裡，彷彿馬上就會有不修邊幅的洛城警探跑出來唱黑臉跟白臉的雙簧。在此同時，鄧肯同樣沒得選擇坐在走廊遠處的另一個房間裡。

「你姐姐呢？」他們問道。

這個問題，聯邦調查局已經問了兩年。就在十八個月前，他們差一點就抓到她了——她幾乎是他們的囊中物。他們甚至向保加利亞檢方發出了起訴的請求。但論聰明，茹雅．伊格納托娃還是略勝聯邦調查局一籌。她手腳快，人面也廣。幹員們知道康斯坦丁只是聽話的跟班。他是直到那場把投資人錢幣數加倍的倫敦大戲當週，才開始替自己的姐姐工作。但即便如此，他仍是少數可能知道她行蹤的其中一人。

「茹雅．伊格納托娃博士在哪兒？」

康斯坦丁深知所有的傳言，也熟稔反覆練習過推拖之詞。她在休產假。她人在倫敦，還住在白金漢宮。人在俄羅斯跟弗拉迪米爾．普丁一起。人在她位於黑海的私人遊艇上，船上放了所有的錢，她有一張新的塑膠面孔。她窩在杜拜的私人園區裡。她死了——她被想討錢回來的阿爾巴尼亞黑幫在希臘逮住殺了。有些他甚至還重複了。

「我不知道，」他答道。「我十八個月沒見到茹雅了。」

｜第二章｜

茹雅與賽巴斯琛

索菲亞，二〇〇八年。

坐在兩台大監視器前，螢幕上滿是各種不斷更新的圖表與數字，二十八歲的茹雅．伊格納托娃一邊小口喝著健怡可樂，一邊感到氣餒。她工作「本身」沒什麼問題——事實上剛好相反。她熱愛那種整個世界都在螢幕上的感覺：股價、匯率、投資組合。正是這些數字，極其精準「無誤」地反映了外頭正在發生什麼事情。在麥肯錫這樣的名門企業擔任諮商師，大抵已經是二〇〇八年在索菲亞就職的天花板，而她的客戶名單盡是世界首屈一指的銀行：俄羅斯聯邦儲蓄銀行、歐洲的裕信銀行，還有安聯集團。這份工作讓她能夠到處搭機出差。茹雅就跟很多保加利亞人一樣，俄語流利，而這也代表她常被派去莫斯科與聖彼得堡，去協助俄羅斯銀行打入歐洲市場。麥肯錫裡沒有人不想出人頭地，但茹雅依舊鶴立雞群。有種人你不分日夜隨時發信過去，都能在幾分鐘內獲得回應，茹雅就是其中的一員。「我不想生孩子，」她曾用略顯冷淡而正經的口氣跟同事說。「我想改變世界就忙不完了，哪有空分給那種事情！」在十人編制的辦公室裡，其他同事偶爾能感受到她的那點距離，她的工作倫理與對細節的堅持，則被誤認為是無禮。但她的魅力與效率對客戶倒是十分受用——保加利亞的一間大銀行甚至曾私下招攬過她。不，問題不在工作。問題在她。

與在麥肯錫的諮商師崗位感覺天差地別的，是保加利亞的港都魯塞。曾經在死忠於蘇聯的托多爾．日夫科夫（Todor Zhivkov，保加利亞共黨總書記）看似沒有終點的統治下，一九八〇年五月三十日那天茹雅誕生了，成為薇絲卡與普拉門．伊格納托夫的女兒。她的雙親活像生於上一個世紀的人類。他們是戰後東歐集團的世代：堅忍寡言、工作辛勤的一群（普拉門是本科的機械工程師，而薇絲卡則是托兒所的老師），女兒任職的金融服務業對他們來說就像天方夜譚。偶爾茹雅會試著向薇絲卡解釋她一整天在一堆螢幕前幹嘛，但講了也是白講。茹雅之所以能有今天，全是因為普拉門跟薇絲卡在一九九〇年鐵幕拉開時做的一個決定，那就是離開保加利亞去德國尋找更好的生活。當時還很年輕的伊格納托夫一家（當時還包括茹雅年僅四歲的弟弟康斯坦丁），最終落腳在德國西南部小鎮施蘭貝格的窮人區。普拉門找到一份裝輪胎的差事，一家四口住在市場街十一號一間屠戶樓上的公寓。自小離開保加利亞的背景，解釋了茹雅的口音，主要是她會在堅硬的德文子音與充滿節奏的保加利亞語之間跳來跳去。慢慢長大後，她會偶爾跟人說這口音結合了她個性中的兩面：保加利亞人的衝動與德國人的理性。

如同許多移民家庭的小孩，學業是不容討價還價的重中之重。但即便是用虎爸虎媽的標準，茹雅也稱得上出類拔萃。她在校內每年都名前茅，每一科都是強項。施蘭貝格的一名老師說，茹雅是他教過最聰明的學生，沒有之一。[1]在五年級的回家功課中，要先熟背歌德詩作的第一個段落。此時的茹雅才到德國兩年，但隔天早上她就把全十三段詩句背得一字不差。沒多久她就跳了一個年級，主要是她的程度實在超前太多。但是，在班上當最聰明的孩子並不輕鬆。同學會覺得她孤高、傲慢。在她的弟弟跟喊他「康斯提」的朋友們去溜冰的時候，十六歲的茹雅抹上了亮紅色的唇膏，踩著高跟鞋在走廊上昂首闊步，一副這地方配不上她的模樣。「沒有人真的與她親近，」一名同學後來回憶說。不同於普通的青少年，茹雅鮮少在放學後去朋友家玩，她寧可選擇爸媽、西洋棋，或者是課本的陪伴。在她學年末的紀念冊中，十八歲的她形容自己「總是循規蹈矩而且正面積極……可以說無懈可擊，」然後又補充說：「夠了！也許我們還是實話實說？好吧，算了。也許我確實很享受折磨某些同學。我老是在找機會散播關於他們的笑料。」

沒有人懷疑她注定會有一番成就。畢竟年僅十八歲，她就拿到了德國康斯坦茨大學的獎學金，康斯坦茨在德國可是「傑出大學」中的一員。入學後，她也順利取得了法學博士學位，期間還一併透過遠距授課完成哈根大學（德國唯一一所此類型的大學）的經濟學課程。同時就像在高中時代一樣，她有著超齡的興趣。她把玩政治，短暫在中間偏右的基督教民主聯盟，擔任學生黨代表。相對於大部分學生代表都穿著運動服與慢跑鞋聽課，茹雅在課堂上會把一身行頭跟妝髮都打理得無懈可擊。在念書的過程中，她結識、愛上，並嫁給了上進又聰明的法學院同學比約恩・斯特列爾（Björn Strehl）。「我對他一見鍾情，」茹雅在後來的一次訪問中說過。「當場我就知道這是我的結婚對象。」[2]愛情得意，學業也一帆風順：繼康斯坦茨大學後，她成功申請到牛津大學攻讀比較歐州法的碩士學位。而她在牛津又是一樣的人設：聰明到犯規但獨來獨往，在人群中顯得格外突出。永遠的邊緣人，也是永遠的優等生。

不——在麥肯錫工作不是問題。問題是她的野心。茹雅從年輕時就跟朋友說，她在三十

---

1 Himmelheber, Martin, 'Die Cryptoqueen aus Schramberg' (NRWZ, May 2020). Much of Ruja and Konstantin's early years in Schramberg have been pieced together in a series of articles by Himmelheber.

2 Post on 'Cryptoqueen' (@Dr.RujaIgnatova) profile page (Facebook, 20 March 2015): https://www.facebook.com/766500173402431/posts/business-woman-of-the-year-2014-dr-ruja-ignatovalet-me-introduce-you-to-a-very-b/ 905216542864126/

歲前要成為百萬富翁。她拚了命想要變有錢——為此，她不惜三更半夜還在狂讀教人致富的書。但她已經二十八了，在金融危機醞釀的同時，她看來岌岌可危地將成為一個平凡單純的成功人士。對於一個房間裡永遠比誰都聰明的女人來說，普通的成功不可能讓她感到滿足。

斯德哥爾摩，二〇一〇年六月。

斯德哥爾摩的宏偉皇宮前，賽巴斯琛・葛林伍德在碼頭上四處張望，他滿心感到沾沾自喜。瑞典王儲維多莉亞公主與丹尼爾・維斯特林（Daniel Westling）的婚禮，是該國十年來最盛大的活動。這樁喜事意義之重大，瑞典政府不惜宣布了長達十三天的國定連假，並名之為「愛在斯德哥爾摩二〇一〇」。世界各地的電視公司群集在此，爭先恐後要捕捉到皇家蒸汽船獵戶座號的完美鏡頭，就是為了這個場合，瑞典才特地將這艘老船修復。企業也為了廣告贊助的位置而爭得不可開交——Volvo汽車、愛立信與IKEA，都擠破頭想讓他們的知名商標跟「愛在斯德哥爾摩」沾上邊。

不知有什麼通天的本領，賽巴斯琛也替他的SiteTalk公司，拐到了一個可以跟家喻戶曉的大廠們平起平坐的廣告位置。[3]對這個替SiteTalk工作才短短幾個月，一臉青澀的三十三歲公關專員而言，這是一次重大的勝利。生涯的轉捩點？賽巴斯琛會這麼講也不為過。但話又說回來，只要是為了做效果，賽巴斯琛什麼話都說得出來。他是天生的公關。雖然本性有點害羞，但還在奧斯特拉雷爾（Östra Real）這所明星中學念書的時候，他就對自身的能力，極度自信，並非常清楚「作秀」的力量。[4]他的夢想是成為一名成功的企業家，而就在二十幾快三十歲的時候，他就已經架設了好幾個恥力極高的個人網站，裡頭滿滿的各種自吹自擂：「關於賽巴斯琛．葛林伍德有很多可以說的，」其中一條文案寫道，「但如果只能用一句話形容他，那你可以說你找不到第二個跟他一樣面面俱到的人才。」換句話說，賽巴斯琛為公關一職完美地結合了個人魅力，與鬼扯的能力。

這種組合，很顯然對「愛在斯德哥爾摩」的主辦單位有用，因為哪怕對SiteTalk這家公司只有一丁點的瞭解，他們恐怕都不敢賺這個贊助。所幸對賽巴斯琛而言，很幸運的是大部分人都沒聽過這家公司，畢竟SiteTalk來自於一個奇怪的平行宇宙，名字就叫「多層次傳銷」。

多層次傳銷的發明是個意外。在一九四〇年代，美國加州一小群頗具創意的維他命到府

3 Hässler, David, 'Pyramidpengar bakom bröllopskupp' (Real-tid.se, June 2010)

4 Ekström, J. and Wisterberg, E., 'Sebastian Greenwood pekas ut som hjarnan bakom OneCoin – riskerar 20 års fängelse: "Var en svärmorsdröm"' (Breaklt, 8 May 2020): https:// www.breakit.se/artikel/24885

推銷員，意識到他們每次募集到朋友成為推銷員，就會順便為公司創造出營收，但他們並沒有為此多領薪水。於是，他們產生了一個發想：為什麼不付一小筆佣金給推銷員，藉此感謝他們召募的推銷員為公司創造業績呢？登愣！一個嶄新的業種誕生了。時間來到世紀之交，多層次傳銷已經像癌細胞一樣朝千百種方向擴散，形成了一個整體而言價值數十億、甚至數百億美元的產業，當中不乏安麗、雅芳、賀寶芙與特百惠等知名業者。發起人（第一層銷售者）向公司購買產品——維他命、養生奶昔、咖啡，什麼都不奇怪——然後試著直接賣給顧客，並從每筆成交中抽成。唯真正的賺頭，是在召募被稱為「下線」的新業務員，然後從下線的業績中累積佣金。「愛在斯德哥爾摩」的那年，全球大約有一億人從事多層次傳銷。雖然也不是不合法，但多層次傳銷的爭議不斷，主要是在這個體系下，接近最高層的人富可敵國，但絕大多數人卻是一無所獲。而正是因為其名聲處於灰色地帶，多層次傳銷公司鮮少受邀成為大型知名活動的贊助商，包括像「愛在斯德哥爾摩」這樣的大型活動。

但話說回來，SiteTalk 也不是一般的多層次傳銷公司。

它有點特別。

在「愛在斯德哥爾摩」的前一年，一個四十幾歲名叫亞勒．托森（Jarle Thorsen）的挪威人，召集了該區域部分最頂級的多層次傳銷從業者，而他能做到這一點，是靠他承諾將對整個產業進行一場革命。[5]在典型的多層次傳銷業務中，發起人會買進維他命、化妝品或能量飲料，然後試著將這些東西銷出去。在多數案例中，多層次傳銷的企業員工都會落得滿車庫一箱箱賣不動的產品。現在什麼都在數位化，亞勒在斯德哥爾摩近郊那場會議中對一小群與會者說。臉書與谷歌沒有實體的產品，多層次傳銷為什麼要有？亞勒成立了一家叫做Enigro的傳銷公司（後來改名叫Unaico）。Enigro的主力產品不是維他命錠，而是一個嶄新的社群媒體平台——SiteTalk——的虛擬股份。就這樣靠著SiteTalk此一無形的產品，多層次傳銷踏上了數位化之路。

在美國這邊，多層次傳銷的發起人仍用一貫的老辦法推銷特百惠的保鮮盒：家庭派對或無聊的午餐研討會。但SiteTalk把斯堪地那維亞人改造成了科技中人，一張口就是「數位變革」或「社群網路」。但事實上，投資人究竟買了什麼東西很模糊，沒人說得清楚——相關的細節少之又少，頂多就是他們長期的假想敵是臉書——即便如此，在社群媒體人氣一路長紅的帶動下，SiteTalk也在短短兩年內，成為該區域大宗的一款多層次傳銷產品，多達十萬多人投資它的虛擬股份。一家由賽巴斯琛雙親經營的傳播公司被特別成立來負責SiteTalk的公關事務，而這也就是何以賽巴斯琛會在二〇一〇年六月出現在瑞典皇宮旁的碼頭上受訪，並在那兒對著媒體暢談SiteTalk與愛在斯德哥爾摩。

5 Gjernes, Knut and Skaalmo, Gøran, 'Pyramidepredikanten' (DagensNaeringsliv, June 2010)

SiteTalk的主管們很快就發現，賽巴斯琛只當公關太可惜了——他也是很有天分的業務員。幾分鐘前才聽過的一整套推銷話術，他就能一字不差地演繹出來（加上有個英國父親，賽巴斯琛說著一口沒得挑剔的英語）。他很快就得到了上台的機會，滿腔熱血在歐洲各地與SiteTalk的準投資人面對面。「我們的成長非常驚人，」他在二〇一一年初的一場斯洛維尼亞的活動上講得聲嘶力竭。「而那都要感謝今天在座的每一位！」[6]賽巴斯琛熱愛這份工作，沒多久就開始把大部分的人生用來推廣他口中的「下一個臉書」。

後來，公司看上了成長快速的遠東市場，而賽巴斯琛也以此為契機做出了一個改變生命的決定。他拋下了妻子海倫、兩個還小的孩子，以及斯德哥爾摩郊區舒服的家，一頭栽向了新加坡，他決心要在多層次傳銷上闖出個名堂。

索菲亞，二〇一一到二〇一三年。

像麥肯錫這樣的大公司遇到金融市場崩盤，基本上不會傷筋動骨，但皮肉傷還是免不了。二〇〇九年，麥肯錫的索菲亞辦公室遭到裁撤。經濟危機中難免有受害者與損失，但對於手腳夠快的人來說，這些危機也撕開了一些轉機。茹雅考慮要回到德國，並已於不久前在法蘭克福外圍置產。[7]但自從伊格納托夫家於一九九〇年離開後，保加利亞也改變了很多。二〇〇七年自從保加利亞於加入歐盟後，冷戰後移民的第二代就挾著良好的教育形成了一批海歸潮，茹雅看在眼裡既佩服同胞們敏銳的生意腦筋，又對保加利亞位於歐洲與俄羅斯之間的戰略要地興奮不已。還有一樣是，她沒想到自己對原生國度的羈絆竟如此強勁，以至於後來她曾對記者表示，她「在德國的日子一直想念著什麼。」[8]

留下來是個正確的決定，而茹雅也很快就跟對的人都湊到一起了。沒花太多時間，她就被目睹在祖國與資深政治人物打成一片——那些都是她在麥肯錫或牛津大學時代的人脈。有段時間，她甚至受雇進了保加利亞最大的投資公司——其經營者是茨維特琳娜・博里斯拉沃娃（Tsvetelina Borislavova），而她長年是保加利亞總理博伊科・鮑里索夫（Boyko Borisov）的伴侶。博里斯拉沃娃是個十分獨立且成功的企業女強人。她憑一己之力，就被《富比世》雜

6 'Sebastian Greenwood, SiteTalk Convention, Slovenia 2011' (YouTube, 28 March 2011): https://www.youtube.com/watch?v=5Q89YJ-C9Pg

7 Engert, Marcus, 'OneCoin konnte Milliarden stehlen, obwohl Banken die Behörden informiert hatten' (Buzzfeed, September 2020): https://www.buzzfeed.com/de/mar-cusengert/onecoin-banken-fincenfiles

8 'Businesswoman Ruzha Ignatova: I invested in the salon of the transvestite Ursula' (headline translated) (Blitz.bg, 1 November 2011): https://blitz.bg/article/27717

誌評為二〇一二年保加利亞「最有影響力的女性」。[9]茹雅十分景仰這名美麗且成功的女性前輩，她甚至鑽研起博里斯拉沃娃的舉止與打扮。

茹雅愛錢，而她心目中另外一項不輸給錢的摯愛，就是時尚。她很執著對風格與形象的追求。此時她的臉書大頭照是瑪麗蓮・夢露與賈姬・甘迺迪的蒙太奇：「我的理論是大部分女人不是賈姬，就是夢露，」她在底下寫到。「只有輪到我自己我決定不了。」她的這些興趣為她的交往敲開了不那麼傳統的圈子。她結交了一個小有名氣的髮型設計師叫波里斯拉夫・薩潘季耶夫（Borislav Sapundjiev），後來她甚至自己也跳下去開了一家美髮沙龍，叫「放克髮廊」（Funky Hair）。「浮華的需求永遠存在，」她當時是這麼說的。她出席索菲亞最大牌公關名人葉夫根尼・明切夫（Evgeni Minchev；他後來登上了保加利亞版的電視實境競賽節目《名人版老大哥》[10]）在場的派對，並且跟阿絲狄斯・蘭恩（Asdis Ran）這個號稱「冰后」的冰島《花花公子》快嘴名模變成麻吉，進而投資了蘭恩的時尚品牌。有段時間，茹雅計畫推出一個化妝品品牌叫RujaNoir（黑茹雅），但後來不了了之。[11]「她野心很大，」當時茹雅的一個朋友回憶說。**她不是在工作、在為了工作交朋友，不然就是在閱讀、在學語言，在添購行頭：「她無時無刻不在想辦法讓自己在某方面更上層樓。」**

綜合這一切，**到了二〇一三年初，茹雅的努力開始有了成果。她開始在索菲亞城的時尚圈、商界與政壇成為叫得出名字的一員。但她還沒有致富。**那潛力無法兌現的恐懼仍亦步亦趨，在她的身邊陰魂不散。此刻，她固然有一些自己想做的生意，但這些生意都還沒有賺到能改變人生的金錢。大約就在**這個時間點，茹雅開始研究起了比特幣**。

新加坡，二〇一二到二〇一三年。

SiteTalk並沒有成為下一個臉書。一如大部分的「下一個什麼什麼公司」，從炒作題材、到實際業績的轉型之路，讓SiteTalk走得非常辛苦。賽巴斯琛幾乎是一抵達新加坡，老闆們就把公司名稱從Unaico改成了「機會網」（The Opportunity Network），SiteTalk之前成長得有多

---

9 保加利亞的公司資料顯示，茹雅是CSIF旗下好幾家公司的董事或經理：Multineshanal Aset Portfolio Salport, Keptial Apartments, Teres Fond, Slavyanska Rial Isyeyt。CSIF是由博里斯拉沃娃所持有的公司。

10 譯註：老大哥（Big Brother）是源自荷蘭並經授權傳至美英歐等國的電視實境秀，老大哥一詞源自小說《一九八四》，指的是節目中有無所不在的攝影鏡頭監視共處一間房子內的參賽者。「《名人版老大哥》就是由名人擔任競賽者的「老大哥」。

11 'BIOEFFECT EGF Serum - парти 20.07.2011' (YouTube, 22 July 2011): https://www.youtube.com/watch?v=8fk11 CV3p2c/

快，這會兒縮水就有多快，搞得許多投資人虧本。雖然公司還是一跛一跛多撐了幾年，但賽巴斯琛還是在努力了一陣子想推廣產品但大體成效不彰後，雲淡風輕地於二〇一三年初的某個點離職了（根據一名前同事表示，賽巴斯琛是被開除才走的）。不過，這次經驗還是說服了賽巴斯琛，讓他確信多層次傳銷有利可圖。他心中那個經驗豐富的創業者，肯定已注意到SiteTalk要付款給其業務員，其過程有多複雜，在這一行已經是老問題了，畢竟傳銷的佣金比率每個禮拜都會改變，而銷售的發起人又遍布世界各地。之所以說賽巴斯琛肯定注意到了這點，是因為他離職後與一名SiteTalk的前同事比約恩·湯瑪斯（Björn Thomas）聯手，共同創立了一家新公司叫托瓦集團賽普勒斯（Towah Group Cyprus），其主打的賣點是，為多層次傳銷業者提供類似PayPal的第三方支付服務，由他們代傳銷公司來處理佣金發放的事務。[12]但這事沒成後，他又再試了一回，這次他的新公司是盧比恩（Loopium）。[13]賽巴斯琛的天才之處在於掌握機會跟讓人興奮起來，但他欠缺的是把理念轉化成成功事業的應用能力與耐性，因此過沒多久，盧比恩就開始苦無客戶了。離開瑞典時，他懷著靠多層次傳銷闖出名堂的夢想，但到了二〇一三年中，賽巴斯琛發現自己在新加坡與賽普勒斯跑來跑去，錢則愈燒愈光。

他原本可以返家回歸他雙親開設的傳播公司，但有一天，一名出身香港的SiteTalk前同事叫黃約翰（John Ng）找上了他。約翰曾參與SiteTalk遠東擴張計畫，並在當時注意到多層次傳銷在中國與香港的勃發。SiteTalk初期的成功得歸功於，其將多層次傳銷與最新科技結合得甚具創意。這次約翰找到了一樣比「下一個臉書」更令人躍躍欲試的東西，那就是「下一種金錢」，名字叫比特幣。

12 比約恩·湯瑪斯同時是賽巴斯琛在托瓦集團賽普勒斯與盧比恩兩家公司中的合作夥伴。托瓦是家惡名昭彰的支付服務業者，在斯堪地那維亞地區好幾宗「金字塔式變局」（pyramid scheme，台灣俗稱「老鼠會」）都是由他們經手，後來在二〇一一年間結束營運。托瓦集團賽普勒斯的公司登記可見於：https://opencorporates.com/companies/cy/HE287205. 托瓦與托瓦集團賽普勒斯之間的確切關係，外界並不清楚。

13 Gibraltar corporate registry: https://www.datocapital.com.gi/companies/Loopium-Ltd.html

| 第三章 |

比特幣與比格幣

網際網路一隅，二〇〇八年。

沒有人知道中本聰是誰，或他到底為什麼要這麼做，但他的思想根源對於任何有在關注的人，都一目了然：比特幣是一項政治計畫，為的是弱化不光是單一政府，而是所有的政府——後面加s的複數。

這一切要從一九九〇年代的「密碼戰爭」說起，當時一群屬於早期的電腦玩家聚集在一個小眾的網路論壇上，討論如何防止新興數位科技創造出小說《一九八四》中的那種監控惡夢。這幫想法異於常人的駭客、無政府主義者、放任自由主義者，自稱是「賽博龐克分子」（cypherpunks），又稱「電馭叛客」。有好幾年的時間，他們討論並設計著各種加密網路瀏覽器與匿名的電郵系統，想方設法要強化線上的個人隱私，並在過程中削弱橫行霸道的各國政府。但這當中真正讓賽博龐克分子興奮不已的一項科技，是跟錢有關的那一樣。是政府會以鐵腕把錢牢牢抓著——印錢的是他們，監控錢流向的也是他們，用錢來課稅的還是他們。他們設定利率來標註錢的價值，建置規定來決定誰可以擁有金錢。這一切看在賽博龐克的眼裡，都是政客的行徑。政客就是利用這種權柄搜刮私利而非照顧百姓。

多年來，賽博龐克想要發想出某種形式的虛擬貨幣來擺脫政府的掌控，但他們總在同一個地方卡住。想創造一種新型態的數位金錢，其棘手之處就在於，每個金錢單位都只是一串數字，所以很容易被複製。這個（被稱為「雙重支付」缺陷的）問題意味著，數位貨幣不具有稀缺性，而東西不稀缺就沒有價值。一個聰明的數學家叫大衛．喬姆（David Chaum）在一九九〇年一個「數位現金」（DigiCash）的計畫中解決了雙重支付缺陷問題，靠的是用一個設計巧妙的資料庫，把誰擁有多少金額都記錄下來，但這又創造出另外一個新問題：萬一資料庫的主持人決定中飽私囊，把所有錢都收為己有呢？多年來，這都是一個數位金錢領域中的戈耳狄俄斯之結[1]：如何創造出一種既安全又有價值的線上貨幣，但又不需要找可能靠不住的人來管理。這個問題看似無解，直到二〇〇八年十月，一個自稱中本聰的神祕人士，在一

1 Gordian Knot，出自亞歷山大大帝的傳說故事，代表常規手段無法解決的問題。

處隱晦的電子郵件論壇中貼文宣稱，他已經破解了這個問題。他給這個解決方案取了名字，就叫「比特幣」。[2]「我一直在研究一種新的電子現金系統，其特色是完全點對點（P2P），不需要可信賴的第三方。」他寫道。「好好解釋的話，它應該會對放任自由主義者非常具有號召力，但你要我寫碼可以，要我舞文弄墨就不行了。」

中本聰一開始的回應遭到很多人的質疑，但一等到賽博龐克們明白了這套做法的運作方式後，這些質疑很快就變成了好奇，接著便是讚嘆與驚奇。中本聰解釋說，一定量的比特幣就只是一串數字，你可以把這串數字寄給任何一個下載好專用軟體的人，就跟寄電子郵件沒兩樣。真正神奇的地方在於接下來發生的事情，那就是每次有人寄出比特幣，此舉就會被詳列在一種叫做「區塊鏈」的東西上，區塊鏈會負責完美地記錄每一筆交易，包括時間順序也不會有任何誤差。但不同於「數位現金」計畫的是，區塊鏈沒有管理員：取而代之的是，區塊鏈的完美複製品，會由數以千計的電腦在不同地方進行維持與核實，且每幾分鐘就會更新一遍，由此每筆資料只要進入區塊鏈，就沒人能竄改或編輯了。比特幣最讓人拍案叫絕的，是新比特幣的誕生方式。為了阻止各國政府插手他的發明，中本聰用程式規定了比特幣只能生產二千一百萬枚，並只能以事前設定的速率，從此刻開始釋出到二一四〇年。每十分鐘一批新的比特幣就會被創造出來（也就是俗稱的「挖礦」），而為了獲得新的比特幣，一台台電腦爭先恐後地進行數學上的解題。算是錦上添花，他賦予了比特幣加密與準匿名的屬性，而這也讓想把比特幣交易連結到現實世界中的特定人變得不是那麼容易。區塊鏈固然會記錄下每筆交易，但它並不會透露交易背後的人名。

即便是對有著科技頭腦的賽博龐克而言，比特幣也是需要一點時間適應的東西，不過很快地，他們就意識到比特幣確實與眾不同：這是一種供應量固定，而且擺脫了銀行、國境與政府掌控的數位錢幣。中本聰就此發明了加密貨幣。

雖然大家每天不經意地使用著，但錢其實是一種表現於外千奇百怪的東西。**說起錢，大部分人會想到鈔票跟銅板，但其實只要夠多的人相信，那錢幾乎可以是任何東西。貝殼、稀有金屬、陶板，甚至是香菸，都曾在特定時空下被當成金錢來使用**。直到上世紀，密克羅尼西亞的雅浦島都還在使用巨大的甜甜圈型石頭來當作貨幣，叫做「雅浦島石幣」（Rai）。雅浦島石幣大到無法移動，所以島民是用口頭記錄哪塊石幣是誰的，小到石幣的一個碎片都不例外。雅浦島石幣的具體位置並不重要：有塊石幣甚至位於海底，但這並不影響其在交易中的使用，因為雅浦島民對於誰是海底石幣的主人，是存在共識的。就某種角度來看，雅浦島石幣跟美元也沒什麼不一樣。曾經在好幾十年間，每一塊美元都可以兌換成等價的黃金，但

2 首批關於比特幣的電郵交流，歸檔在中本聰研究所（Satoshi Nakamoto Institute）：https://satoshi.nakamotoinstitute.org/emails/cryptography/12/#selection-89.0-89.125

自從美元在一九七一年放棄了金本位制後，強如作為主權貨幣霸主的美元也不復存有內在價值，其所恃的就跟其他貨幣一樣，都是社會相信「美元有其價值且將持續如此」的集體共識。最終使用者接受美元，還是因為他們知道其他人也會接受美元。

一開始，極少有賽博龐克圈外的人關注比特幣這種新型態的金錢，但就像美元或雅浦島石幣一樣，愈來愈多人對比特幣可能有某種價值一事慢慢形成了共識。到了二〇一一年，暗網上有比較創新的毒販看上了比特幣的匿名性，使其成為了毒品買賣的首選。吹哨網站維基解密也在PayPal與MasterCard，在美國政府壓力下與其一刀兩斷後，接受了比特幣作為付款工具。放任自由主義者與無政府主義資本家隨後也上了車，主要是政府無從干預、且供應量固定的貨幣，讓他們難以抗拒。很快地，「交易網站」或交易所應運而生，比特幣從此有了一個可以跟美元跟歐元進行雙向買賣的場域，就跟其他的外匯市場無異。比特幣的「匯價」並非由中本聰或任何人設定，而是完全看買賣雙方的意願。二〇一一年二月，比特幣兌美元的匯價來到了一比一。到了同年七月，一比特幣價值已經超過三十一美元。

固然比特幣不斷茁壯，但中本聰從未以真實身分示人。二〇一一年四月，他寄了一封信給某個賽博龐克同志說，他已經「開始去忙別的事情」，並從此沒有了聲息。其創辦人的神龍見首不見尾，只是平添了比特幣的神祕性。廣為人知的店家開始接受比特幣，警方開始取締比特幣，新聞媒體開始報導起比特幣。很快地，其他加密貨幣開始現身，但這些競爭者也都是基於中本聰的原始設計。二〇一一年，萊特幣（Litecoin）挾著更多的幣數與更快的挖礦速度加入戰局。兩年後，達世幣（Dash）主打強化的隱私功能問世。到了二〇一四年，數百種這類的「山寨幣」如雨後春筍興起，每一種都宣稱按中本聰的設計有所調整或精進。

外界的採用並不是一條平滑的曲線。暗網上的毒販搞臭了比特幣的名聲。雖然區塊鏈本身無法駭入，但某些使用者會把比特幣儲存在專用的交易網站上，而這些網站不時就會連同所有的加密貨幣，憑空消失（此時，最大的加密貨幣交易所Mt Gox，就發生了八十五萬枚比特幣遭竊的事件）。政府想控制比特幣或許力有未逮，但想要讓比特幣日子難過還是辦得到的。二〇一二年，美國聯邦調查局發行了一本內部文件的標題叫：《名為比特幣的虛擬貨幣：其獨特功能對遏止非法活動造成的特有挑戰》。[3]「比特幣理論上會吸引洗錢者、販運人口者、恐怖分子等各類型罪犯，」書中寫道，「他們會為了避開傳統金融體系，而使用網路來進行全球範圍內的金錢傳輸。」

政府找的這些碴，原本有可能徹底讓這場加密貨幣實驗胎死腹中，但歐洲的政治紛擾為加密貨幣提供了適時的概念驗證。二〇一三年三月，賽普勒斯政府宣布了一場具有爭議性的

3 Zetter, Kim, 'FBI Fears Bitcoin's Popularity with Criminals' (Wired Magazine, 9 May 2012): https://www.wired.com/2012/05/fbi-fears-bitcoin/

銀行紓困案，主要是為了籌措紓困的財源，賽普勒斯官方犧牲掉了一般存戶的存款。突然之間，比起由政客擺布的金錢，一種由鐵板一塊的數學與程式碼所規範的貨幣，感覺可靠多了。賽普勒斯的紓困案就像設計師一樣，給加密貨幣換了個「髮型」，使其由一個賽博龐克的幻想，變身成炙手可熱的華爾街投資標的。時間再來到二〇一三年四月，單枚比特幣已經價值兩百五十美元。而當新聞傳出有名的挪威人，於二〇〇九年花二十七美元購入比特幣，現在已經是準百萬富翁時，投資人便開始一擁而上朝比特幣踩踏而來，彷彿十七世紀的鬱金香狂熱重演。

而要說比特幣的狂熱，中國說第二，沒人敢說第一。滿手頭寸、且人數日多的中國中產階級，看比特幣是一種潛力無窮的投資，而共產黨的權貴則當然不會放過，這個能繞開中國嚴密外匯管控的機會。中國的搜尋引擎百度接受了比特幣作為特定服務的付費工具，於是幾乎是一夜之間，中國各地就冒出了幾十個堆滿電腦的倉庫，在拚了命開挖比特幣。

黃約翰眼看比特幣的狂潮席捲了該地區，意會到加密貨幣是下一個當紅炸子雞，便自己設計了他的山寨比特幣，並且取名叫比格幣（BigCoin），但他沒有把這種新幣拿到貨幣交易網站上去買賣，而是令其循多層次傳銷模式發展：先有人加入，買進比格幣，然後他或她再招募發起人去把比格幣賣給其他人，佣金則層層往上累積。他開始四處打電話徵詢各方加入的意願，而約翰接觸的其中一人，就是在SiteTalk的前同事，賽巴斯琛．葛林伍德。

賽巴斯琛跟黃約翰是一個天一個地，完全不同的兩種人。稍微年長一點的約翰，工作努力且有條有理，但他需要一個人來幫忙他鼓動群眾。賦閒中、且對新科技永遠有興趣的賽巴斯琛，就這樣在二〇一三年八月，從賽普勒斯飛到了在香港屬於高檔的九龍香格里拉酒店，參加了比格幣的發表酒會。[4]現場三百人聽著約翰先是講述貨幣的未來，然後解釋起何以比格幣是「改變遊戲規則」的劃時代產品。在多層次傳銷中，一瓶維他命或能量飲（料）都會被說成是「改變遊戲規則」的劃時代產品，但比格幣是真的打中了某個點。根據當天在場的某人所說，中國大陸來了農夫、教師、會計等形形色色的民眾。他們跑來九龍香格里拉酒店，全都是求著要投資比格幣。當中有人帶上了一個個滿滿的塑膠袋，裡面全都是現金。他們祈願著自己能找到下一個比特幣。

雖然他仍持續經營著自己設在賽普勒斯的支付新創公司盧比恩（二〇一三年底，他從賽普勒斯遠距出席了聽證會，結果他妻子海倫獲得了孩子們的完整監護權），但賽巴斯琛很快就遷居到了泰國。在泰國他開始定期出差到香港，並經常在那被看到出現在黃約翰身邊，兩人討論的不外乎銷售技巧與支付系統等話題。遇到有活動，他會登台對著潛在投資人一番操作。相對於約翰會準備好稿子並彩排投影片，賽巴斯琛會像散步一樣走上台，什麼筆記也不

4 比格幣早期少數被人提及的一次紀錄，出自一個中國的部落格網站：http://blog.sina.com.cn/s/blog_13785f6da0102vbfj.html

帶，然後就滔滔不絕講上半個小時的「金融革命」與「支付的未來」。短短三年，公關出身的賽巴斯琛已斜槓成了社群媒體專家，再轉型成支付專家。這會兒他又搖身一變，成了加密貨幣專家。在賽巴斯琛的幫助下，數十萬美元的資金湧入了比格幣。

二〇一三年的某個點上，就在單枚比特幣的價格漲破五百美元的同時，賽巴斯琛在新加坡參加了一場加密貨幣的小型研討會。會中的其中一名講者是保加利亞裔—德籍女性，據傳她是一個金融神童。

茹雅・伊格納托娃在會中的理念——基於加密技術的退休金方案——並不特別令人印象深刻。此外，她也不是什麼舌燦蓮花的講者。但是，她顯然對金融與銀行業都算內行。[5]大約在同一個時間，加密貨幣的世界開始分裂成兩邊，一邊覺得這就是個賽博龐克的玩意兒，另一邊則覺得加密貨幣應該被融入現有的銀行體系中。茹雅很顯然屬於後者——她眼中的加密貨幣是一種搖錢樹，一種很精采的創新，而不是什麼反體制的幻想。畢竟頂著麥肯錫前員工與牛津大學校友的經歷，茹雅本身也是體制的成員。

她發言告一段落後，賽巴斯琛上前自我介紹了一下。茹雅是兩年前第一次聽說比特幣，但沒把它當回事。後來，她讀到的資料愈多，茹雅的興趣也愈被挑起。同時在幾個月前，隨著比特幣的價格開始起飛，茹雅也意識到，憑藉她的銀行與金融背景，她其實可以自立門戶，創造一種屬於她自己、而且無政府主義色彩較弱的加密貨幣。她人在新加坡尋找募資的機會，好讓這個發想可以獲得起步需要的款項。「妳有考慮過多層次傳銷嗎？」賽巴斯琛試探性地問了一下，畢竟傳銷對他來說效果很不錯。茹雅則是聽都沒聽過。「我不知道那是什麼，」她答道。「聽起來不是很吸引人。」在賽巴斯琛解釋過傳銷是怎麼回事後，她還是不欣賞。但這名高階的企業女強人與多層次傳銷的騙子倒是一拍即合，這一點很不尋常，因為茹雅平日並不喜歡新面孔。但這一對有共同的愛好，他們都喜歡科技、喜歡金錢、喜歡時尚（賽巴斯琛在學校裡的小名是「閃亮亮」，主要是他很迷服裝打扮，就跟茹雅一樣）。[6]

多年之後，這對搭檔身邊的其他人，還是搞不清楚他們真正的關係。有一說是他們在上述的初次見面後就搞起了外遇，但沒有人確知這是否是真相。即便是茹雅的弟弟也在後來承認：「他們不太對勁。他們一度自稱是兄妹（賽巴斯琛是一九七六年次，茹雅是一九八〇年次），但你又會看到他們擁抱，看到他們十指緊扣……那真的是很奇怪的一種關係。」但在

---

5 作者被三個人分別告知過，茹雅與賽巴斯琛初次見面在一場「加密貨幣會議」上，時間地點很可能是二〇一三年底的新加坡。這一點也曾由湯米．沃里南（Tommi Vuorinen）在二〇一六年的一場演講中提及。只可惜相關細節少得令人扼腕。'Tommi Vuorinen OneCoin esitys' (You- Tube, 29 February 2016): https://www.youtube.com/ watch?v=Uk1g2KwECJo

6 Ekström, J. and Wisterberg, E., 'Sebastian Greenwood pekas ut som hjärnan bakom OneCoin – riskerar 20 års fängelse: "Var en svärmorsdröm"' (BreakIt, 8 May 2020): https:// www.breakit.se/artikel/24885

二〇一三年十一月，真正重要的是，茹雅與賽巴斯琛在同一個時間帶著大致相同的構想來到了同一個地方。他們同樣身處在遠東，同樣在橫掃世界的加密貨幣狂潮中想著，這東西若想拿來賺錢，可以如何利用。

第四章

當多層次傳銷遇上「華爾街的悍女」

在二〇一三年底前，賽巴斯琛說服了黃約翰雇用茹雅擔任比格幣的法務顧問，這樣他們就有人手可以處理賽巴斯琛最憎恨、無聊透頂的企業庶務。約翰覺得她有距離感，而且對人戒心十足，但他也看出她能幹、重視自己這個年輕男人的建議。到了二〇一四年初，茹雅每個月有幾天的時間會待在香港。她會配合賽巴斯琛去香港的日子安排自己去香港，好讓他們三個人可以一起力推比格幣。**他們三人的分工是，約翰負責新公司的整體策略與發展走向，賽巴斯琛專注在行銷與支付業務上〔他甚至開發了一款新的支付系統叫比格付（Big-Pay）〕，至於茹雅則負責提供法務、金融與企業營運的諮詢。**

比格幣的發展之順遂，賽巴斯琛很快就把他的另外一家公司盧比恩拋諸腦後。發票上的貨款開始無人支付。雖然他對外仍持續宣傳著盧比恩，但私下對某同事坦承公司營運出了問題。一名前友人回憶說，賽巴斯琛的薪水明明不錯，但他旅行時總是一只破舊的行李箱，而且輪子還是壞的，要換也換不太起的感覺。局面後來差到賽巴斯琛甚至指控盧比恩的股東竊占他的公司。[1]他請茹雅正式幫他把盧比恩收起來，而茹雅也在二〇一四年四月完成了這件事。[2]至少對黃約翰而言，這是好事一樁，因為這將解放賽巴斯琛，讓他有更多的時間推廣比格幣，[3]但賽巴斯琛與茹雅另有別的打算。

賽巴斯琛與茹雅確切是何時決定偷走黃的點子，外界不得而知，但可以確定的是，他們愈是推廣比格幣，就愈意識到他們自己來更好賺。從二〇一四年春初，這對搭檔就開始全職跟約翰一起忙比格幣的事，然後兩人每晚會偷偷在都會海逸酒店的商務酒廊中密會。就在可以俯望香港摩天大樓天際線那裡，他們開始設計起自己的改進版比格幣。[4]兩人之間也有很自然的分工。靠著沒得挑剔的履歷跟財金知識，茹雅可以負責貨幣技術的部份，並扮演新公司對外的臉面。至於賽巴斯琛，則主持多層次傳銷團隊的建立、並扛起業績。「你就當神奇的業務機器——而我則實際經手數字、法務事務，當你可靠、專業的後盾，」茹雅在電郵中對他說。「我們絕對可以闖出一番名堂——就像多層次傳銷遇上華爾街的悍女;-)。」[5]

但在私底下，茹雅其實對多層次傳銷還是感覺很抖。她在比格幣遇到的發起人，都一副汽車經銷商加小咖勵志講者的模樣，跟她在索菲亞認識的企管顧問或哈佛MBA畢業生，差得有點多。儘管如此，每天比格幣辦公室的人潮還是絡繹不絕，人手都是滿滿一塑膠袋的現金。到了二〇一**四年的春天，茹雅與賽巴斯琛還是沒掌握能創造出加密貨幣的科技，甚至還沒有自己的業務員網路，但他們有想法，同時也為自身不斷成長的雄心壯志準備好了名字：維卡幣**。

雖然興致勃勃，但賽巴斯琛並不知道如何從零創造出一家多層次傳銷公司。事實上，大部分的新傳銷公司都會在一年內崩潰，除非他們能爭取到已經站穩腳步的上線加入。他跟茹雅說，他需要一個業內的沙場老將來幫助他，而且他內心已經有了一個完美的人選：一個半禿、過胖、中年，胸前總吊著獎章的機關槍嘴，出生瑞典的尤哈·帕爾希亞拉（Juha

---

1 盧比恩的法務信件，寄於二〇一四年二月，當中對出資者有所抱怨（作者手中資料）。

2 茹雅首先在賽普勒斯登記了一家地址跟盧比恩相同的公司，使其成為他們新計畫的載體。這新公司原本叫做「祖必芮恩」（Zooperium），後來被更名為維卡幣公司。盧比恩在直布羅陀的公司登記細節可見於：https://www.datocapital.com.gi/companies/Loopium-Ltd.html

3 Ekström, J. and Wisterberg, E., 'Sebastian Greenwood pekas ut som hjarnan bakom OneCoin' (BreakIt, 8 May 2020): https://www.breakit.se/artikel/24885

4 Ekström, J. and Wisterberg, E., 'Sebastian Greenwood pekas ut som hjarnan bakom OneCoin – riskerar 20 års fängelse: "Var en svärmorsdröm"' (BreakIt, 8 May 2020): https://www.breakit.se/artikel/24885

5 United States Government Sealed Complaint v. Konstantin Ignatov (6 March 2019)

Parhiala）。[6]

尤哈不像賽巴斯琛那樣是個天生的業務員。他是在一九九〇年代被朋友介紹進多層次傳銷業，但那之後他失敗過好幾次，才慢慢開始賺到能把傳銷當飯吃的收入。有段時間，他任職於賣咖啡的傳銷公司歐加諾黃金（Organo Gold），用他老掛在嘴上那句「看別人怎麼做，我就跟著做」的座右銘，去招攬出不怎麼樣的業績。但同時他也是熱切的表演者，他會戴著鑲鑽的銀色骷髏頭手杖跳上台，激情地大叫著那年他在賣的又一種可以「改變生命」的產品。更重要的是，多年前尤哈搬家到泰國，已經在亞洲建立起廣大的多層次傳銷上線網絡，亦即只要他願意，尤哈隨時能將之引進維卡幣啟動新公司的運行。事實上，賽巴斯琛在香港與茹雅展開密謀的第一時間，他就已經去接觸了尤哈，希望他能成為計畫的一員。

尤哈用Skype聯絡了茹雅，而她則花了四十分鐘，用最簡單的說法跟他解釋這項科技。所有的加密貨幣，茹雅告訴他，都是靠著一種叫「區塊鏈」的專門軟體在運作，而區塊鏈是一種外力無法改變、且數分鐘就更新一次的資料庫。區塊鏈就像是貨幣的日記，隨時隨地有人使用了加密貨幣，區塊鏈都會將紀錄「出版」出去。而且靠著一些巧妙的數學設計，舊紀錄永遠無法從這本日記中被刪去。加密貨幣代表著金錢的未來，茹雅這麼告訴他，而這就代表誰投資加密貨幣，誰就有財可發。

尤哈邊聽邊點頭。掛上電話後，他轉頭看著賽巴斯琛，一臉迷惑的模樣。

「她在講什麼碗糕？」他說。「加密貨幣？我有聽沒有懂！」

「別擔心，」賽巴斯琛笑著跟他說。「我會教你。」

「你會教我？」尤哈說。那等於是一個瞎子給另一個瞎子帶路。

反正尤哈的工作也不是要理解維卡幣，他會賣就行了。賽巴斯琛答應尤哈他會是整座金字塔的最上線，畢竟他是新公司召募到的天字第一號員工。位於金字塔頂，就意味著比他晚投資的每個人，幾乎都會被他抽到一點佣金。賽巴斯琛的這項承諾打動了尤哈——尤哈同意成為維卡幣的第一名新血。他對維卡幣的理解趨近於零，但那也不要緊。多層次傳銷的上線其實不是那麼在乎他們賣的是什麼，因為他們的產品並不如表面上看到的是咖啡、維他命，還是加密貨幣，**他們真正的產品是一個人生會更加美好的夢想。事實上，一家優秀的多層次傳銷公司，其最重要的成分不是產品，而是「薪獎方案」，薪獎方案決定了上線如何賺取佣金。**賽巴斯琛與尤哈花了一整個夏天，在泰國搞出了維卡幣公司的薪獎方案，期間他們動輒一星期要給茹雅打十通電話。尤哈坐在他旁邊掛著一大幅白馬畫像的大木桌前，努力釐清什麼樣的獎金與分紅組合，才能讓販賣新穎產品的挑戰者企業得到最大的助益。「對一家新公司而言，」尤哈對賽巴斯琛說，「沒有什麼比簡單更要緊。」他們說好了用兩種主要的辦法

6 尤哈・帕爾希亞拉於一九五八年生於芬蘭，但他們家在尤哈三歲時就越過邊界，遷到了瑞典。

賺錢。**首先，誰賣出一枚維卡幣，就能領到百分之十的「直銷」佣金。第二，上線應該要能從他招募到的下線領到下線業績總額一成的「業績」佣金。這兩條規定簡單歸簡單，但是夠有吸引力。**想像一下在第一週，喬伊各賣給史提芬與愛紗價值五千歐元的維卡幣，合起來就是一萬歐元，那喬伊就可以領到一成的佣金：一千歐元。然後假設第二週史提芬與與愛紗，分別賣出一萬歐元的維卡幣，那史提芬與愛紗各自會領到一千歐元的銷售佣金。但神奇的地方來了：召募愛紗與史提芬的喬伊會有兩萬歐元的下線業績，以及一成的業績佣金：兩千歐元。[7]

茹雅很快就掌握到指數型金字塔成長的潛力所在。上述的模式只要重複十次——招募兩名下線，然後下線又有兩名下線，那麼總計就會有兩千人投資一千萬歐元，而喬伊光是位於金字塔頂端就賺進了一百萬歐元。尤哈與賽巴斯琛又多添了一些甜頭，像是取消了有些傳銷公司堅持要收取的月費或強制性的最低進貨量。[8]他們還說好了，所有的佣金都會以六成真錢、四成維卡幣的比例發給。

當然啦，**維卡幣的收入還會有第三種來源，而且還是最重要的一種。很快地在未來某個時點上，維卡幣將會在加密貨幣交易所上市，在那裡與真錢相互對換，就跟比特幣一樣。**而也跟比特幣一樣，茹雅說，維卡幣的價值會一飛衝天。就憑這一點，維卡幣公司幾乎跟其他多層次傳銷同業都不一樣。其他人沒有誰——包括：安麗、特百惠、賀寶芙在內——賣的是本身能夠增值的產品。

時間來到二〇一四年夏天的尾聲，維卡幣的三劍客就基本的經營模式與銷售定位達成了共識。**維卡幣將是「下一個比特幣」，並透過多層次傳銷販售。十趴的直銷佣金，十趴的業績佣金，其中四成將以維卡幣支付。投資人想賺取佣金，可以靠售出維卡幣或招募新人，再不然就是坐等手中的維卡幣增值。當然最理想的狀況就是，左右逢源。**

新加密貨幣可以說是遍地開花。但靠著把多層次傳銷與加密貨幣結合在一起，維卡幣鎖定了一個新市場：**那是一個無科技背景，對何謂「挖礦」或「區塊鏈」一無所知，但是對傳銷有概念、且想要發大財的族群。**創辦人都不是科技人也不是電腦宅這一點，或許也可以鼓勵到有興趣的人。維卡幣公司一共三個人，一個是中年傳銷上線，一個是嘴巴很會講的公關，一個是有財金背景的天才女商人。茹雅開始信心十足地告訴朋友說，維卡幣有望成為世

---

7 不同多層次傳銷公司會用不同的辦法來衡量業績，而尤哈推薦給維卡幣公司的是所謂的「雙軌」模型，意思是每個發起人會創造出兩支團隊，分別稱為「左腳」與「右腳」。每週的業績佣金取決於較弱那隻腳的業績，至於左右腳的差異，則會累積到隔週。這套模型中有一些小的條件與豁免。買到一定進貨量的上線，可以獲得較高的下線抽成。設計維卡幣的這三人，還設計了每週獲利不得超過三萬五千歐元的天花板，只不過具體金額，還是要看你在金字塔網路中的地位。一旦有業務員的業績超過天花板，他們用的術語是，「額度爆了」。

8 'Bangkok OneCoin – Event Guest Speaker Mr. Juha Parhiala' (YouTube, 3 March 2015): https://www.youtube.com/watch?v=WK5VhCRb78Q

界上前幾大的加密貨幣。甚至超越比特幣也不是夢想。

在賽巴斯琛與尤哈敲定薪獎方案的同時，茹雅則忙著創造新公司的企業結構：網站、員工、公司登記、品牌形象。她設立了一家登記在直布羅陀的維卡幣有限公司，其母公司是位在杜拜的維卡幣有限公司。[9]她將她一些保加利亞舊公司改名、其中兩家交給她的母親薇絲卡。另外，成立了第二家以杜拜為根據地的公司，叫RISG（RISG多半是創辦人茹雅・伊格納托娃、賽巴斯琛・葛林伍德的姓名字首），並讓這家公司負責控有她的私人財富。[10]她安排讓她的投資著述——這本書叫《獲利學》（*Learning for Profit*），寫成於二〇一三年，她在新加坡邂逅賽巴斯琛前不久——翻譯成四種語言，經過重新設計作為維卡幣的品牌推廣之用。

另外，她還在索菲亞著名的沙皇奧斯沃博迪特爾大道（Tsar Osvoboditel Boulevard）上，開設了一家看似不起眼的總部，並雇用了少數幾名關鍵員工，包括最要緊一對三十五歲上下的保加利亞人。一名叫做蒙姆齊爾・尼科夫（Momchil Nikov）的資訊科技專家，帶著深邃的眼窩與鬍渣永遠刮不乾淨的下巴的他，被任命為營運長。他邋遢的西裝與鬆垮的領帶常讓人誤會，其實他有著非常精明的腦袋與非常專業的工作倫理，畢竟他被賦予的重責大任，是要在短時間內把公司的ＩＴ系統建立起來，沒有這些人格特質，一個人是做不到的。不久之後，茹雅又雇用了伊里娜・迪爾琴絲卡，一個安靜、謹慎的已婚婦女，兩個小孩的媽媽。伊里娜擁有俄羅斯國立石油與天然氣大學的法學學位，她被起用為維卡幣公司的法務與法律遵循主管，負責確保公司營運能遵守加密貨幣跟多層次傳銷相關的各種法律與規定。

茹雅需要推出去的不光是維卡幣公司，還有「茹雅博士」。她不缺的是雄心壯志與聰明到令人髮指的腦袋，但她不適應聚光燈照在自己身上，也不習慣去討好那些她看不上眼的人。台上的她有點不知道手腳該往哪裡擺，她沒辦法像充滿個人魅力的賽巴斯琛那樣，在人前從容自在。在幣滿為患的加密貨幣市場中作為一款新幣的臉面，茹雅必須扮演「華爾街的悍女」，這是她自己的說法。她把自己的學位證書一禎禎掛在辦公室牆上，然後把這些證書的照片整合到企業的PowerPoint投影片上。「茹雅博士」開始一身雍容華貴、塗著深紅唇膏，

9 茹雅先在直布羅陀設立了一家新公司叫祖必芮恩，然後又改名為維卡幣有限公司。茹雅還架起了一個維卡付（OnePay）網站，來提供多層次傳銷支付解決方案——「一個全球性佣金支付解決方案，讓直銷公司得以一瞬間將款項支付給全球數以百萬計的經銷商」。這代表維卡幣公司早期的一個構想，仍是要延續盧比恩的概念，那就是提供支付服務給多層次傳銷的企業客戶。二〇一四年五月，茹雅將她一家原本在保加利亞的舊公司更名為比格付有限公司（BigPay Ltd）——可能是為了讓約翰相信這是協助推廣比格幣的一項工作。但之後，她又將比格付賣給了一家由她母親薇絲卡持有的公司。

10 RISG公司的地址是杜拜朱美拉酒店（Jumeirah Towers）一二〇三號。杜拜維卡幣有限公司的地址，就是同一條走廊上的朱美拉酒店一二〇九號。朱美拉酒店扮演的角色，有點像各公司的郵政信箱。馬丁·布雷登巴赫（Martin Breidenbach）是賽巴斯琛在替盧比恩工作時雇用的德國律師，他答應在酒店裡擔任祕書。

出現在一場場的會議上。根據維卡幣公司於此時推出的宣傳資料，「茹雅博士」曾經「擔任過多家加密貨幣企業的顧問」，而且「是新時代的金融專家——深諳加密貨幣」。[11] 二〇一四年六月，她註冊了網域名稱 www.onecoin.eu，其登入的頁面上寫著：「維卡幣，下一個比特幣。維卡幣志在天際。」[12]

「算我一份，」茹雅寫信給賽巴斯琛，「沒有回頭路了！」

隨著企業架構與薪獎方案雙雙到位，茹雅與賽巴斯琛與跟比特幣劃清界線的時機也到了。就在茹雅註冊維卡幣網站的當月，她跟賽巴斯琛飛到香港參加一場盛大的比格幣銷售大會，地點在九龍香格里拉酒店，而她也對比特幣的投資者提出了很酷的點子：拿他們手上的加密貨幣去兌換，她所創辦的 CryptoReal 投資信託的投資基金持股。但那很可能只是障眼法，為的是不讓黃約翰識破實情：賽巴斯琛與茹雅已經準備好自立門戶，推出跟約翰打對台的新產品。

一回到索菲亞，茹雅就只剩最後一項工作要處理：建立讓維卡幣真正獲得生命，比什麼都要緊的區塊鏈。關於這一點的具體做法，賽巴斯琛或茹雅（更不要說尤哈）都沒有概念。事實上，就算是維卡幣公司的資訊部專家蒙姆齊爾·尼科夫，都沒有完全掌握這項神祕新科技的精髓。茹雅另行接洽了一家保加利亞的資訊科技公司，而該公司又把部份業務外包給某些印度的開發者，而這些印度人所幹的，就是把原始的比特幣區塊鏈拿去「分岔」出某種微創新（說白了就是照抄比特幣，然後加上一點小改動，就說是自己的東西）。[13]一如中本聰一開始就決定好流通的比特幣上限是兩千一百萬枚，茹雅也得決定維卡幣的流通上線在哪兒。一旦這個上限被寫入程式碼裡，那就是板上釘釘，再也沒得商量了。茹雅跟她的開發者說，她想要**二十一億枚**。**這數字是比特幣的一百倍**。

到了七月，賽巴斯琛理應在南韓的比格幣活動上致詞。但沒有電話、沒有道歉——什麼都沒有。他單純放了所有人的鴿子。一名前同事記得幾個小時後，賽巴斯琛寄了一張他躺在醫院病床上、渾身是針管的照片給約翰。「我病得很重，」他說。不久後，賽巴斯琛就回到泰國跟尤哈狂打電話，為的是說服已經站穩腳步的多層次傳銷業務員，停止他們正在賣的所有東西，改投他們潛力無窮的新公司，維卡幣。

---

11 'OneCoin Presentation by Nigel Allan' (YouTube, 12 May 2015): https://www.youtube.com/watch?v=fakVq9UhuDw

12 維卡幣網頁的早期版本根據「網站時光機」（WayBackMachine）所示：https://web.archive.org/web/20140823011912/http://www.onecoin.eu/

13 「比特幣分岔」的理論在日後的法庭上，獲得了某ＩＴ跡證專家的證詞支持。該名專家來自德國的國家刑事警察辦公室（State Criminal Police Office），並有管道接觸原始的區塊鏈。

第五章

我們賣的是課程！

曼谷，二〇一四年八月。

茹雅敲定了二〇一五年一月正式發布維卡幣的區塊鏈，但她希望立刻就開始銷售。一整個夏天，賽巴斯琛與尤哈都抱著電話在打——「我要創造歷史！」尤哈對舊人脈與前同事說——但說是這樣說，簽下新業務員來推動維卡幣的工作可不輕鬆。這些業務員都沒聽過加密貨幣，同時他們原本的維他命跟能量飲也都賣得好好的。尤哈唯一斬獲的大咖是一個五十幾歲的英國上線，名叫奈傑爾・艾倫（Nigel Allen）。奈傑爾是一九八〇年代入行的沙場老將，期間短暫待過好幾家頂尖的多層次傳銷公司，包括賀寶芙。[1]奈傑爾在他透過多層次傳銷販售「碳抵換」（carbon offset，一種可以在市場上交易的碳權）的璀碳（Brilliant Carbon）

公司垮掉之後，暫時賦閒中，所以就答應成為維卡幣公司的首任總經理。

佩爾．卡爾森（Pehr Karlsson）與佩特里．瓦里拉（Petri Väliä）這兩名三十來歲的斯堪地那維亞傳銷業務員也屬於尤哈的人脈，而他們同樣也青睞尤哈的提案。[2]因為感覺有機會讓她的銷售團隊動起來，茹雅用商務艙將這兩人從赫爾辛基請到曼谷，希望說服他們加入這個初出茅廬的新公司。[3]但等他們真正抵達曼谷，並得知這種令人充滿期待的新興數位貨幣後，這兩人肯定會明白，自己嚴格講起來，根本不是要賣加密貨幣。

所有直銷人都明白「相關規則」。這些規則被印在了每一名多層次傳銷上線的腦子裡。正是這些規則，區別了哪些是合法正派的多層次傳銷公司，如安麗或特百惠，哪些又是非法的金字塔型騙局，如加拿大的動態商業公司（Business in Motion）或愛爾蘭的速球公司（Speedball）。金字塔型騙局是多層次傳銷裡的一個學壞的親戚——作為一種投資詐騙，金字塔型騙局是讓上線去販賣不存在的產品，然後透過無止盡的拉下線去創造佣金。以速球公司為例，他們賣的是一個「機會」。有了這個「機會」，你就能投資一種聽起來很厲害的節

1 奈傑爾．艾倫的 wordpress 主頁：https://nigelsallan.word-press.com/page/2/

2 Järvinen, Petteri, OneCoin – Suuri Bittirahahuijaus (Docendo, 2020)

3 關於這場早期會議的某些描述中，佩爾與佩特里聽取了多層次傳銷的兩個提案：一個就是維卡幣，另一個則是茹雅原始退休金計畫的修改版本。茹雅有無親自出席會議，不得而知。

稅方案，當然這種所謂的方案，根本子虛烏有。[4]但數以千計的上線還是簽了下去，並開始招募下線、賺取佣金。批評者主張傳銷與詐騙根本是大同小異，但自從一九七九年，那宗由美國聯邦貿易委員會所做成的分水嶺判決後，多層次傳銷就一直靠銷售實質產品給實質客戶的作法，而（大致上）維持在不違法的紅線內。如安麗的產品，就包括：高級的清潔用品、超高人氣的營養補給品；而特百惠則生意好到，特百惠這三個字就是塑膠收納盒的同義詞。這兩家公司也都確保了上線主要的收入來源，是真正的直銷而不是拉下線。

維卡幣在二〇一四年遇到的問題是加密貨幣還太新，新到大家都不知道它到底算不算是一個「實質產品」。當時還有傳言說，美國與中國官方考慮要把加密貨幣定位為一種「受監管資產」，使販售加密貨幣變成一種近似於買賣股票的行為，而那又是一個法務地雷區。

尤哈與賽巴斯琛的計畫是，**改賣教育**。賽巴斯琛對佩爾與佩特里解釋維卡幣的產品，也就是上線技術上會拿來賣的東西，是五款**「套裝課程」，當中包括：教育訓練的影片與一份長篇幅的PDF檔案，檔案中有關於金融、投資與加密貨幣的豐富建議與資訊。維卡幣是隨盒裝課程附送的贈品，等於免費**（精確一點來說，投資者隨盒裝課程拿到的是免費的「代幣」，而這些代幣可以透過中本聰所提出的另一種「挖礦」[5]的概念，被轉換成維卡幣。「這種將代幣轉換成維卡幣的概念，是一種重要的過程，其關乎的是加密貨幣之有效性與真實性，」賽巴斯琛在二〇一四年八月告訴茹雅，「挖礦在加密貨幣業內是一個眾人耳熟能詳的概念，」維卡幣的代幣還會每幾週就翻倍，而此一設計就是要激勵投資者把代幣留在公司內，而不要想把代幣轉成貨幣、並三兩下就拿去套現）。

最便宜的盒裝課程是**「新手包」，定價是一百歐元，當中的內容物有一份教育課程的PDF檔跟一千枚代幣**，大致可以轉換成兩百枚維卡幣（唯有靠著代幣的翻倍，也就是所謂的「分割」，最終能轉換出的維卡幣數會多達六百枚）。**由入門包往上，每種盒裝課程都會更**

4 美國聯邦貿易委員會表示：「金字塔式騙局如今已衍生出各種形式，所以很難一眼就認出來。但它們都有一項不變的共同特徵：它們都承諾消費者或投資人鉅額的獲利，而且獲利的來源主要是靠介紹新人加入，而不是靠任何的實質投資或靠對社會大眾進行實際的產品銷售。」某些批評者並不欣賞這種定義，並主張即便拿得出實質的產品，一家公司仍可能屬於金字塔式騙局，重點是該公司有沒有用不實的獲利前景去誤導他人。在最著名的多層次傳銷個案——一九七九年的「安麗案」——當中，聯邦調查委員會裁定安麗不屬於金字塔式騙局，理由是安麗旗下的顧問必須每個月售出七成的庫存給至少十名不同的客戶，才能有資格領到績效分紅——而且他們也有機會把庫存回售給安麗公司。其中可以回售這一點被稱為「安麗保障」（Amay Safeguard），而在美國，這一點也成了一家多層次傳銷公司是否是金字塔型騙局的檢驗標準。

5 中本聰在比特幣上的一大創新就是新幣的創造方式。任何人只要將他或她的電腦算力投入到區塊鏈交易的確認上，都可以在競爭中爭取成為極小量新比特幣的主人。所謂挖礦，具體而言，就是在破解一種數學謎題，而贏家的獎品就是少數新幣。假以時日，這些謎題的難度會愈來愈高，為的是維持穩定且可預測的加密貨幣供給。維卡幣也設有類似的系統：每個新投資者都會獲得代幣，而代幣可以被用來創造新幣，且用來「開採」新維卡幣所需的代幣數會逐漸增加。相對於中本聰的挖礦系統是為了保持供給恆定，維卡幣的則是設計來刺激銷售。

貴一些——交易者包、專業交易者包、高管交易者包、大亨交易者包，其中大亨交易者包定價五千歐元，當中有全套五份教育課程PDF**。大亨交易者包可換到多達四萬八千枚維卡幣。[6]雖然網站上宣稱這些盒裝教育課程，是要賣給那些「有心想讓交易技巧更上層樓的人」，但事實上盒中的PDF品質相當低劣，且幾乎不含任何有用或具新意的資訊（「我們都知道人生充滿了起起落落，最終我們都得面對這些人生起伏，」其中一份檔案如是說。「人生要沒有起起落落，除非你是個死人。」[7]所以**投資者真正買的，其實是課程中那些號稱「免費」的維卡幣**。[8]確實，大亨包中的四萬八千枚維卡幣，在當時價值完全是零（事實上除非維卡幣的區塊鏈先建好，否則這些貨幣技術上並不存在）。但公司抱的希望是，他們能走上比特幣走過的路。那對斯堪地那維亞的搭檔，對加密貨幣所知不多，但多層次傳銷他們略知一二。維卡幣的薪獎方案一點也不小氣，規則也不複雜，相關技術又令人期待。這聽起來像是他們可以賣的東西。

雖然到了二〇一**四年八月底，公司還沒有建起公有的區塊鏈，但奈傑爾・艾倫、尤哈與斯堪地那維亞搭檔，仍行銷起了維卡幣的盒裝課程**。佩特里回到芬蘭創立了一個小組，由小組架了網站來跑一些線上廣告。奈傑爾・艾倫用電話聯絡了一些人脈，辦了些線上研討會，而尤哈則跑去旅泰外國人的臉書社團發文。他們忙得跟狗一樣，但大部分人都沒興趣拿五千歐元，去跟一家保加利亞的加密貨幣公司，交換還未真正存在的維卡幣。最終整個八月分，他們拉到的投資金額只有兩萬歐元，只能勉強支付索菲亞總部的經營成本。有些員工沒領到薪水，而根據一名早期的投資者表示，尤哈已經開始提供免費的盒裝課程給任何願意加入的人。

創業以來的第一場維卡幣活動辦在赫爾辛基，時間是二〇一四年九月二十七日。截至此時，維卡幣公司只賣出了二十七盒課程，而且大部分買單的都是芬蘭或瑞典的投資者。[9]茹雅——此時的她，已開始擔心該不會自己一路以來對多層次傳銷的看法，都是對的吧——答應佩爾，若他能說服五十人參加這場活動，那她就親自從保加利亞飛過來致詞。佩爾不知怎

---

6 嚴格來說，大亨交易者包配置有六萬枚代幣。然而大亨交易者方案的代幣也會「分裂」兩次，所以投資者只要等上幾個禮拜，就可以擁有二十四萬枚代幣。在二〇一四年底，這種「代幣—貨幣」的兌換（挖礦率）是五枚代幣換一枚維卡幣，相當於二十四萬枚代幣可產生四萬八千枚維卡幣。然而經過一兩年，此一挖礦率就已經增加到二十枚以上的代幣換一枚維卡幣，這樣能換到的維卡幣數就少了。所以嚴格來說，我們很難確切地說一盒課程內含多少維卡幣——這全都要看你購入盒裝課程的時間點與當時的「挖礦率」高低。

7 這屬於所謂「維卡學院」中一年級的課程內容；網站時光機上顯示，維卡幣官網在二〇一五年二月的顯示內容是：https://web.archive.org/web/20150206000933/http://www.onecoin.eu/page/details/about One- Coin.eu

8 新手包裡有一千枚代幣，交易者包五千枚代幣，專業交易者包一萬枚代幣，高管交易者包三萬枚代幣，大亨交易者包六萬枚代幣。

9 Järvinen, Petteri, OneCoin – Suuri Bittirahahuijaus (Docendo, 2020)

地還真的辦到了，於是在濱海會議中心（Marina Congress Centre），一個普通到不能再普通的會議室裡，茹雅自信地描述了維卡幣將未來如何成為世界排名前三的加密貨幣，這也是她第一次發表了這樣的談話。雖然與會者對於這種聽起來很瘋狂，畫起來足足有幾十億美元的大餅有點不知該做何解，但「茹雅博士」描繪的願景與那堅定的自信，確實讓他們聽得熱血沸騰。佩爾肯定注意到了群眾反應中的某樣東西。活動結束後，他跑去找茹雅打賭說，維卡幣會在二〇一五年一月的正式推出前募得一萬名成員。

多層次傳銷的精髓所在，一字曰之為「動能」（momentum）。動能發生在團隊大到足以靠自身力量成長的瞬間，就像病毒的繁衍達到一個勢如破竹的臨界點。大部分新的多層次傳銷公司還沒來得及達到這個臨界點，就在一兩年內無疾而終了。所有人，包括茹雅與賽巴斯琛在內，都很擔心維卡幣還未推出便已瓦解。

赫爾辛基的活動結束後，奇怪的事發生了。當然沒有人可以指著某分某秒說，吶，這就是轉捩點，這中間也沒有風向不變或發生戲劇性的新聞事件。但口碑確實如佩爾與賽巴斯琛所預料，開始長了腳。朋友開始聽朋友說，保加利亞出現了一種讓人血脈賁張的新加密貨幣。為數不多的維卡幣上線，開始注意到他們晚間時段的宣傳有了比較熱烈的反應，硬打的電話也不再被發無聲卡，而是會換得一些小心翼翼的好奇心；所以它跟比特幣一樣嗎？你真的覺得它合法嗎？我確定可以賺到錢嗎？佩爾與佩特里開始火力全開。奈傑爾的一些老同事上了車，就這樣一些原本玩比特幣的人也跳槽了。二〇一四年十月初的一天，茹雅一登入系統，就看到美屬薩摩亞有人購買了訂價五千歐元的大亨交易者包。隔天，則是芬蘭賣了幾盒新手包，愛沙尼亞賣出了一盒專業交易者包。再來，是馬來西亞、接著輪到西班牙、新加坡、德國，然後是……她不知道這些買家是怎麼聽說維卡幣的。口耳相傳？線上研討會？家人間的臉書訊息？這就是多層次傳銷的妙處：茹雅不需要知道那麼多。業績自然就會成長。

過沒幾星期，茹雅與賽巴斯琛已經開始收到維卡幣上線從全球各地傳來的訊息，大家都巴不得她以創始人之姿來拜訪他們的城市，壯大維卡幣的聲勢。十一月初，賽巴斯琛與茹雅規劃了為期一週的行程要前往放眼世界，維卡幣根扎的最深的一個角落：馬來西亞（包括吉隆坡）、新加坡與香港。

「我睡不著。我睡不著啦！」人在馬來西亞古晉的賽巴斯琛，對著把宏偉的默迪卡飯店二樓擠得水洩不通的一百五十名準投資者這麼說，那天是二〇一四年十一月七日。他在偌大的飯店廳內巡來巡去，一手握著麥克風，另一手握著投影片的遙控器。「維卡幣是一生只有一次的機會，就像比特幣也是一生只有一次！」[10]

現場群眾的頭點個不停。他們的興奮之情不輸賽巴斯琛。

10 'OneCoin Ruja Ignatova in Malaysia' (YouTube, 25 November 2014): https://www.youtube.com/watch?v=fe76hk4jQ4M

雖然在未來的幾個月當中，有些細部的調整會根據現場的環境與聽眾的背景，但茹雅藉由這首次的東南亞之行，所測試出的銷售話術已基本成形，接下來的三年間都沒有太大的更動。她這套說詞的樞紐是一個強大的論述：**比特幣是好東西，但維卡幣是好上加好**。茹雅把比特幣的問題通通挑了出來，並一一加以改正。

比特幣太複雜——包括使用者需要建立他們專屬的「錢包」，還得管理他們的「私鑰」，一切才能順利運作。**維卡幣就簡單多了：你只需要登入網站就搞定了——只要登入網站，你就能搞懂這個奇異的新天地。茹雅在馬來西亞稱它為「平民百姓的貨幣」**。

比特幣的本質是投機，只有實力雄厚的交易者才玩得起。作為一種加密貨幣，它又慢又沒效率。但維卡幣是日常使用型的產品：未來所有的商家都會接受它。有朝一日，市面上會有維卡幣的信用卡，有投資者可以用現金無痛買賣維卡幣的交易所。

比特幣有去中心化與匿名的特質，而這兩點往往是犯罪者與無政府主義者的最愛，但維卡幣是中心化且有人監管的加密貨幣。不論登入的是誰，索菲亞的總部都很清楚，而且總部還會從事KYC（認識你的客戶）的檢查，並管控區塊鏈來確保其沒有被濫用的情形。**比特幣減去犯罪，就等於維卡幣**。

比特幣的創辦人是沒有人知道長什麼樣的中本聰，而就連這個名字也只是一個假名，更別說中本聰已經如一陣煙消失了。**維卡幣的創辦人肉眼可見，而且還頂著牛津大學的學位**。

「這種人才不是你天天都遇得見的……特別是在這個（多層次傳銷）圈子裡，」賽巴斯琛對愈來愈投入的聽眾們說。他的一項本事就是能察覺懷疑並防微杜漸。茹雅像隻綿羊般地笑著。

不過，賽巴斯琛也沒有騙人。茹雅確實不同於一般的多層次傳銷者。她不是什麼話都敢說，也不是什麼事都敢衝。她只是凡事都講邏輯，只是訴諸凡人的常識。但這反而將更多的力量注入了她的主張：不論從哪一個方面去看，維卡幣都把比特幣比下去了。

茹雅解釋了維卡幣的科技與願景，賽巴斯琛則負責收尾並搞定交易。雖然維卡幣在技術上還未真正存在，但賽巴斯琛告訴全場，等維卡幣的區塊鏈在二〇一五年一月啟用後，公司就會在內部設立名為「維卡交易所」的貨幣交易網站，屆時投資者就可以前往，把他們的維卡幣換成歐元。至於匯率，他說，將是一維卡幣等於零點五歐元。維卡交易所是一個內部的市場，其宗旨是讓維卡幣的用戶相互交易，但有朝一日，茹雅與賽巴斯琛保證維卡幣會「公開上市」。換句話說，維卡幣將掛牌在大型的公開交易所，接受世界上所有投資者的買賣。

沒有人問賽巴斯琛怎麼會在事前就知道兌換價格。茹雅稍早搬出了「需求與供給」的道理，但台下的聽眾已經忙著在腦中心算。大亨交易者包要價五千歐元，可換得四萬八千枚維卡幣，而每顆維卡幣價值零點五歐元。

「投資五千歐，」賽巴斯琛激情地說，「你就幾乎可以保證在三個月內拿回兩萬四千歐。」而那還只是起價而已。「你能想像維卡幣的價格會因為持有者的成長而上漲得多快嗎？」賽巴斯琛裝模作樣地問。怎麼可能想像不到！台下滿腦子只剩下這件事情。前一個小時的茹雅解釋了何以維卡幣優於比特幣，而如果維卡幣可以達到比特幣目前的價位，那一盒五千歐的大亨包就會……嗯，價值好百萬歐。

這很離譜嗎？台下聽眾都讀過《紐約時報》與《衛報》上，介紹金錢的未來何以屬於加密貨幣的文章。他們想起了那個在二〇〇九年買進二十七美元比特幣的挪威人，四年後這二十七塊變成了九十萬美元。**已經錯過比特幣的他們，不想再重蹈覆轍**。馬來西亞有將近七百人，在賽巴斯琛與茹雅此行後註冊了維卡幣。這對搭檔在香港與新加坡重複了同樣的把戲，兩次他們都先在機場受到一小群熱情新粉絲的歡迎、並搶著跟他們自拍，然後才被載到滿場「準投資者」迫不急待的會議室裡。等茹雅回到正值冬天的歐洲，賽巴斯琛也回到曼谷之後，他們留下了一批有著投資者與上線雙重身分的新信徒，他們很激動能加入茹雅的金融革命，也等著在這個過程中翻身致富。

在看到她的新幣所激發出的能量與熱情後，茹雅在索菲亞的總部裡設置了一個「會員櫃台」。每次各地的上線辦活動——德國的研討會、東京的見面會——維卡幣的總部人員就會注意到業績跳一下，主要是有人某週買了一盒大亨包，隔週就開始把大亨包賣給朋友。光是二〇一四年十一月，就有將近兩千人合計投資了超過一百萬歐元，地點遍布：澳洲、中國、愛沙尼亞、寮國、馬來西亞、新加坡、巴基斯坦、挪威、羅馬尼亞、美國……傳聞開始出現了涓滴效應。各地開始有人賣車、不吃飯、跟銀行貸款，就是為了買更多的維卡幣。

伴隨著維卡幣的成長，索菲亞總部也改頭換面，從一個臨時的工作場所，變身成朝氣十足的科技新創，像小蜜蜂一樣圍繞著筆電與咖啡機勤做工的，盡是二三十歲的年輕員工。「待在那裡讓人覺得很刺激，」一名員工後來這麼回憶。而且不同於大部分的科技公司，索菲亞總部的扛壩子都是女人：除了茹雅，還有管法務的伊里娜・迪爾琴絲卡、管財務的薇涅塔・琵瓦（Veneta Peeva）、管行銷的賈桂琳・高徹瓦（Jacqueline Gotcheva），至於茹雅的老朋友瑪雅・安東諾娃（Maya Antonova）則負責客戶。還有一個人穿梭在辦公室裡，不時壓低聲音咕噥著保加利亞語，她是茹雅的母親薇絲卡，也有點像是茹雅編制外的私人助理。

動起來的不只是維卡幣，「茹雅博士」這個精心打造出來的人設，作為一名「加密貨幣大師」，也慢慢開始小有名氣。即便跟員工開個短短的小會，茹雅都會全副武裝，穿得好像晚上有舞會等著她赴約。二〇一四年十一月底，她在索菲亞中部一場耀眼的活動上，獲頒「保加利亞年度最佳女企業家」的獎項，為此她讓兩名芬蘭員工以及她的老公比約恩・斯特列爾，都搭飛機過去同歡。「兩個月內我們做成了超過兩百五十萬歐元的生意，」她在接受頒獎的致詞中，用無縫轉換的英文與保加利亞語說。「我們很了不起，我們會留在這裡繼續努力。」她的臨別雋語改編自她的偶像瑪麗蓮・夢露說過的名言：「這是個男人的世界，但我喜歡在裡頭當個女人。」

只不過，事情並不能用一帆風順來形容。隔天早上茹雅參加了一場會議，是由索菲亞一個小歸小、但非常認真的比特幣社群所舉辦，而她在會上受到的待遇就沒那麼友善了。茹雅在席間聽著開發者討論比特幣當時面臨的各種問題：暗網上的毒販拖累了比特幣的名聲；駭客盜取他人的比特幣；媒體似乎鐵了心要把剛誕生的數位貨幣往死裡黑。茹雅自信滿滿地對這些技術專家講，她是前麥肯錫的員工，並已打造出一個「更好的比特幣」。但沒有人對她關於嶄新加密貨幣的理念感興趣。「她整整兩天都一副不可一世的模樣，」一名不太以為然的與會者回憶說，他只覺得茹雅在「胡說八道」。但茹雅倒是在離開這場活動後感到前所未有的自信，她更加確定，有朝一日維卡幣將壓倒這個暫時名氣比較大的對手。[11] 事實上在不久之後，她就輸掉了她跟佩爾．卡爾森的賭注。

隨著維卡幣的計數器在聖誕節的前幾天突破了第一萬名會員，辦公室裡響起了如雷的掌聲，茹雅還為此開了一場慶功派對。他們累積出了那樣東西，動能。

11 作者訪問了該比特幣社團會議的其中一名與會者。

第二部

動能

| 第六章 |

創世區塊

香港，二〇一五年一月二十日。

大部分成功的公司都有一個創始的故事——在爬山過程中的一道靈感，一場命中注定的會議，一個「我知道了！」的瞬間。但事實上，他們的誕生方式只有一種：**公司申請文件會被送進一處空氣不太流通的公司登記處。一款加密貨幣的誕生，相對之下則開始於區塊鏈創造出其第一組貨幣的瞬間，而那組貨幣就是所謂的「創世區塊」**。

中本聰在創造比特幣時，發明了一種全新的方式來記錄資訊。他的做法是用簡單、但聰明的數學，把每筆比特幣交易綁成一條堅不可摧的鎖鏈。比特幣的創世區塊裡含有發送於使用者之間的所有比特幣紀錄，外加幾條技術上的細節。中本聰用程式碼寫出了一個演算法，藉此將全數內容縮小成獨特的二五六位數字串——把數字像報廢汽車一樣壓扁。這個獨一無二的二五六位數字串，會變成第二個區塊的第一行。二號區塊——在擁有一號創世區塊的二五六位數字串之餘——也會自行被壓縮並形成三號區塊的第一行。大約每十分鐘，就會有一個交易紀錄區塊被壓縮成二五六位數，並開啟一個新的區塊。這就是區塊鏈之名的由來：**交易紀錄區塊一個鎖一個，形成了一條鏈**。透過把所有的區塊織進其周邊其他的條目，之前的條目就會免疫於刪除與竄改。目前比特幣有七十多萬區塊在鏈中，每一塊都代表某十分鐘內的活動紀錄，並與前一個區塊有所參照。唯一的例外——天字第一號——創世區塊。

中本聰明白創世區塊具有的「戲劇性」。作為祕密訊息，他在當中塞進了當天報紙的一則頭條：二〇〇九年一月三日的《泰晤士報》，「財政大臣處於對銀行釋出第二波紓困的邊緣」。每一枚比特幣都在控訴著那則頭條中的兩方如何「狼狽為奸」。銀行——永遠大到不能倒。政府——永遠用紓困在幫銀行解套。

香港那棟高聳、有著一千零二十六個房間的悅來酒店，是維卡幣發表區塊鏈的絕佳地點。它距離機場很近，地點很方便，畢竟投資人與上線都要搭飛機過來，再者就是那兒的宴會廳——廣受喜歡把婚宴辦得盛大又昂貴的中國人的歡迎——足以容納預期中的五百多名來賓。「難忘的一夜，」一張官方傳單上如是說道。原本索菲亞似乎是理所當然的選項，但畢竟自茹雅與賽巴斯琛的十一月之行以來，南亞的業績呈現了超高速的增長。維卡幣甚至於十二月在香港島上的海富中心，新設了一個「樞紐」辦公室。悅來酒店的宴會廳租金並不便宜，而且茹雅還打算提供公關票與機票補貼給頂級的上線，但錢對現在的她而言已經不是問題。此前的幾週銷售相當瘋狂：光是二〇一五年的一月，就有至少一千五百萬歐元投資了維卡幣。[1]動能，果然是最有力的推銷員。

賽巴斯琛・葛林伍德與尤哈・帕爾希亞拉是當然的座上賓，一如維卡幣的總經理奈傑爾・艾倫與營運長蒙姆齊爾・尼科夫。兢兢業業的芬蘭與瑞典員工也在邀請名單，外加茹雅來自索菲亞的頭號閨密——「冰后」阿絲狄斯・蘭恩——會特地飛來助陣，擔任現場的共同主持人。眾人都懷抱著熱切地期待，都想見證維卡幣如何從對業務員的承諾，變成有數學護體的現實。茹雅一身藍色絲質禮服，用一張看得出緊張的臉，站在有高度的舞台前進退應對、握手寒暄。入場券在活動前可說炙手可熱：現場有種半個中國都跑來了的感覺，有些出席者不得不從室外聽觀看現場實況。空氣彷彿通了電，讓人有種大事就要發生了的感覺。

「泥豪（你好）！」賽巴斯琛大喊。身穿黑色燕尾服與蝴蝶領結的他只會兩句中文（你好算一句，另一句是謝謝），有機會他就會盡量用。「這是個千載難逢的機會！」他對著面前五百名高舉著照相機的與會者宣告。「我們能放進這個體系裡的人，沒有上限！」[2]費南多・萊斯（Fernando Rhys）作為新上任的香港辦公室經理，很積極地從旁翻譯，包括在當中加入很多的修飾語。茹雅看著她人來瘋的共同創辦人，笑得合不攏嘴；賽巴斯琛已年近四十，但幹勁不輸二十五歲的小伙子。「在場所有人都會發大財！」他喊著。不同於在四個月前的赫爾辛基，這話聽起來已不再像是天方夜譚。

隨著茹雅登台，在場所有人紛紛起立鼓掌。她把一隻手放在一顆宛若凡得格拉夫靜電發電機（一種科學儀器）的透明大球上。五、四、三、二，然後一數到零，那顆球就旋轉起來，爆發出了各種色彩。金色的彩屑從天花板落下，整個房間爆發出歡呼聲、香檳開瓶聲，還有照相機聲，茹雅幾乎就要被搶著自拍的人擠扁。

至此創世區塊算是正式推出了，第一組新幣也被「開挖」出來了。房間裡的人肯定都在想這些術語是什麼意思。喔，他們全都複述起這些字眼——創世區塊、挖礦、演算法——但少有人知道，那背後到底是什麼的科技，在發生著什麼樣的事情？比特幣的挖礦過程既透明又分散——誰都可以參與，事實上也確實有好幾千人在這麼做。但**維卡幣的挖礦過程神神祕**

1 來自臉書的貼文實例：https://www.facebook.com/makeincomedaily/posts/709935209122099; https://www.facebook.com/groups/546215405482356/ permalink/609648362472393

2 關於賽巴斯琛在維卡幣區塊鏈發布會上的演說，可見 'onecoin launch programme in hongkong' (YouTube, 2 February 2015): https://www.youtube.com/watch?v=fpTAKw-f9N6g。他很貼心地列出了銷售網中最大的十個國家：中國、泰國、馬來西亞、芬蘭（「這國家本身不大，」賽巴斯琛說，「但那裡的幹部非常盡心盡力。」）、越南、瑞典、印度、俄羅斯與印尼，外加大家可能想不到的，美國。

祕。群眾中有人聽到一些傳聞，說有兩台「超級電腦」在不為人知的地點破解著數學題，由此產生出新幣，然後這些新幣會被轉進投資者的帳戶中，數量則要看他們購買什麼課程包。不過大部分人並不在意這麼小的細節就是了。他們唯一聽進去的是，這是下一個比特幣。

創世區塊出現在維卡幣的區塊鏈一共花了十一分鐘。「那是我這輩子最漫長的十一分鐘，」茹雅在幾週後說。但無論如何，維卡幣總算開始被產出，並在一兩天內進入投資人帳戶。更大的好消息是，維卡交易所蓄勢待發要接受交易，一枚維卡幣的定價是零點五歐元，一如賽巴斯琛十一月在馬來西亞許下的諾言，**維卡幣終於可以開始兌換真錢**。**為避免發生擠兌，茹雅很睿智地設置了單週提領金額的暫時性上限**，即便如此，還是有人馬上賣幣。「我知道有兩個人已經把錢領走，而且他們完全沒有理由騙我。」一名早期的瑞典投資人寫道。[3]但大部分人仍選擇坐等升值。還記得二〇〇九年那個買了二十七美元比特幣的人嗎……

此前，茹雅說，她希望維卡幣可以成為世界「前三大」加密貨幣。在香港推出告捷後，她開始放眼成為世界第一。尤哈、佩爾與佩特里都是一流的業務員——他們已創造出讓維卡幣得以走到這一步的動能。比他們更厲害的角色不是沒有，而茹雅也決心將他們網羅。

3 https://www.flashback.org/t2546019#. 作者從原文翻譯而得。('Jag kan inte mer än hålla med, Ja tror verkligen på denna valuta och jag vet folk som verkligen tjänar stora pengar bara på att sprida budskapet. Så ta chansen och bli en del av detta innan det är försent...' Also: 'Vet dock 2 stycken som inte har någon anledning alls att ljuga som berät-tade att dom har tagit ut pengar redan.')

｜第七章｜

販售夢想

伊格爾．阿爾伯茨每天早上著裝的行頭，都經過精心搭配。某天是黑色與金色的鞋款，黑色與金色的打褶西裝，黑色與金色的襯衫、黑色與金色的太陽眼鏡，還有一枚黑色與金色的厚重戒指（除了戒指，都是同一個牌子：杜嘉班納）。「看一眼我的衣服，你就知道什麼叫做**自**、**我**、**要**、**求**，」他說。一旦伊格爾．阿爾伯茨穿上粉色內衣褲，他的下一步就是在衣帽間中來回地走，不找到搭配的粉色襯衫與粉色長褲，他絕不罷休。

伊格爾並不是從小就擁有那間人可以直接站進去，裡面塞滿設計師配件的衣帽間。他成長在一個平凡無奇的阿姆斯特丹郊區，雙親經營一間綜合型園藝用品店。販賣她母親的盆花是他與業務工作的第一類接觸，在一九八〇年代中期念完書之後，他先是留在家中幫忙生意。二十出頭時，伊格爾已經準備好自立門戶。有天，一個朋友跟他說起了一家多層次傳銷公司，叫做安麗。

所有的多層次傳銷公司，都是安麗的徒子徒孫。安麗的起始可追溯到一九四〇年代在加州賣維他命的創始公司，就是那家公司開創了一整個傳銷產業。安麗首創的招募技巧與薪酬制度，就這樣被所有的多層次傳銷公司延用至今。伊格爾在一九八七年加入公司時，安麗已經是門十億美元級的生意，旗下有上百萬經銷商，在全世界為其販賣保健、美容與清潔產品。[1]八〇年代是安麗公司的黃金年代：全美大部分城市都有規模達到一定水準的安麗銷售網，若干頂級的上線，還是口碑良好的商人、慈善家，甚至於政治人物。

但即便是像伊格爾這種生來就是吃銷售這行飯的業務員，多層次傳銷一開始都曾讓他們感到失望，而且這一點還不是特例：大部分研究顯示，多數新進的傳銷業務員都只撐得了幾個月，然後他們就會意識到，想長時間賣東西給別人——乃至於鼓勵他們成為你的下線，替你賣東西——遠遠沒有他們想像中容易。伊格爾想在安麗創造出動能的過程，雖然也十分掙扎，但他不曾氣餒。他喜歡自己當老闆（用多層次傳銷的話來講，就是每個上線都代表一門

1 'Igor Alberts Celebrates 32 years in MLM With $110 Mil- lion In Lifetime Earnings' (Business for Home, 19 October 2019): https://www.businessforhome.org/2019/10/igor-alberts-celebrates-32-years-in-mlm-with-110-million-in-lifetime-earnings/

獨特的生意），他崇拜安麗的傳奇，如戴克斯特・耶格（Dexter Yager）這個身價破百萬、且據稱名下有五十輛車的「安麗之父」。伊格爾外向的個性與看不到邊的野心，讓他非常適合這個產業，畢竟傳銷吃的就是積極進取。就連他不一般的外表都推了他一把：任誰見了伊格爾，都忘不掉他那卡通般的臉蛋與驚世駭俗的穿搭。他是那塊料，但就是還差了能在傳銷業闖出一片天的技巧。

二十七歲的時候——那個一般人意識到自己不會永遠年輕的年紀——伊格爾存錢去了美國，在那兒參加了一系列的研討會，主持人是當時在多層次傳銷業裡不可一世的超級巨星，金克拉（Zig Ziglar）。金克拉是東尼・羅賓斯（Tony Robbins；美國知名的勵志大師）的原形：集推銷員與激勵講者於一身。世界各地都有人專程參加金克拉的研討會，沒有人不希望學會「開發自身與他人體內的卓越」。伊格爾聽著金克拉解釋，他能在好幾家組織中成為頂尖的銷售者，是靠著何種哲學，直感到振聾發聵。「你的態度會代替你的優秀程度，決定你的高度。」他曾這麼說。

在金克拉看來，銷售是一種精神勞動，而多層次傳銷的從業者必須終其一生不斷超越自我。傳銷是熬煮與蒸餾出精華的美國夢，是一個你只要夠努力、夠相信自己，就什麼都做得到的地方。伊格爾曾短暫、不領錢擔任過金克拉的私人助理，期間他忙得像狗，只求在金克拉擠得水洩不通的商業課程中有個免費的位子。這次經驗讓伊格爾在做法上改弦易轍。金克拉說，你在賣的，不是你的產品。他說，你賣的是一種生活方式。一款哲學。一個夢想。產品不是重點。金克拉的口頭禪（你先幫助別人得到他們想要的東西，你自己的人生就沒有得不到的東西），也成了伊格爾的座右銘。

一九九〇年代，伊格爾帶著滿腦子金克拉那種「有志者事竟成」的哲學，回到了阿姆斯特丹，並自此打開了一片不同的展望。**多層次傳銷的祕密不在賣維他命或保鮮盒，而在用夢想去推動其他人，好讓他們成為你的下線，替你賣東西**。金克拉的真言就是這個意思——**你先幫助別人，接著你就可以賺到佣金**。就這樣到了二〇一二年，伊格爾已經在賣咖啡的多層次傳銷商歐加諾黃金中，成為首屈一指的業務員，並建立起一大批忠心耿耿的下線。

傳銷業務員中的狠角色都很愛表演，伊格爾更是肢體語言超誇張的「默劇咖」，台下都對他的演出樂此不疲。在台上他曾經購入免費的產品送人，有一回他還在台上向女朋友求婚。他自創了讓人琅琅上口的口號，包括「成為你注定要成為的人」，並昭告眾人，只要大家按照他的建議去做，跟他一樣有錢就不是夢：別賣產品，你該賣的是夢想！多層次傳銷的核心是自我成長，是開創新人生！他從來沒有告訴準下線的是，除非他們能爬到金字塔頂的萬人之上跟極少人之下，否則他們的傳銷人生將幾乎注定是窮忙一場。畢竟為了幫助別人得到他們想要的東西，他不方便要他們去閱讀一份研究，主要是該研究調查了三百五十間多層次傳銷公司，結果發現九成九的人去參加傳銷，最後恐怕都是一毛錢也賺不到。[2]

二〇一四年，伊格爾的私生活拖慢了他往上爬的速度。在義大利推廣歐加諾黃金的時候，他邂逅了一名二十來歲且胸心萬丈的年輕上線，名叫安德莉雅．辛巴拉（Andreea Cimbala），重點是她有著不輸電影明星的美貌。當時，她在家經營一個為歐加諾黃金召募下線的小團體，名叫「咖啡俱樂部」。伊格爾「當場就陷入了愛河」，並一五一十把愛意告訴了她。「我不拐彎抹角——我這點很荷蘭，」他後來表示。他跟（第四任）妻子瑪麗亞離了婚，然後搬去與安德莉雅同居（後來，伊格爾與安德莉雅在荷蘭一座城堡裡辦了婚禮，兩人分別打扮成中世紀的國王與王后）。歐加諾黃金的內規是禁止團隊交往，主要是這會讓忠誠關係與上下線關係變得複雜。於是在二〇一四年中，這對夫妻被迫離開了公司。

那年夏天，正當伊格爾在尋找產品推銷時，一名歐加諾黃金的老同事，叫做尤哈．帕爾希亞拉的，給他撥了通電話，還在電話中跟他說了一項提案。「我們要打造一款加密貨幣，」尤哈解釋說，並問伊格爾願不願意協助他擬定薪獎方案。伊格爾對加密貨幣一無所知，於是禮貌婉拒了。

之後他試了一家電子菸公司，但事情沒成。然後他又拿香水銷售試了試身手，依舊沒有做出成績。

像伊格爾這種等級的業務員處於自由之身，消息是藏不住的。幾個月後，另外一名歐加諾黃金的前同事艾隆・史坦凱勒（Aron Steinkeller）也打來了電話。艾隆家的三兄弟都是多層次傳銷界的明日之星，其中艾隆離開歐加諾後也加入了一家新公司，剛好跟上次打來要他加盟的尤哈是同一家。[3]艾隆邀請伊格爾與安德莉雅參加維卡幣接下來辦在杜拜的大活動「淘金熱」，日期是二〇一五年五月十五日。下了驢但還沒找到馬的夫妻，答應了。

杜拜，二〇一五年五月。

多層次傳銷的活動分兩種。一種是天天在進行小型的宣傳——在地聚會、咖啡俱樂部、線上研討會，與特百惠收納盒銷售派對在上線的主辦下，不厭其煩地反覆輪迴，一為賣出產品，二為募得新血（這類主題的書籍會建議新手上線要交替著拍馬屁跟畫大餅，來創造出席

2 Taylor, Jon M., 'The Case (for and) against Multi-level Marketing' (Consumer Awareness Institute, 2011): https://bit.ly/3EeT6Oq

3 艾隆是三兄弟之一（另外兩個是克里斯琛跟史提芬），他們來自瑞士的德語區。艾隆在歐加諾黃金時的層級要高伊格爾一級。史坦凱勒三兄弟在二〇一四年離開歐加諾後，先開了一家自己的傳銷公司叫科利加斯（Coligus），並在二〇一五年初將該公司賣給了維卡幣。

率。艾瑞克・沃里（Eric Worre）在暢銷書《晉身專業——成為網路行銷專家的七種辦法（暫譯）》（*Go Pro – 7 Ways to Becoming a Network Marketing Professional*）中解釋說，「一旦你劈頭就像有急事，而且很客氣地捧對方，對方就很難否定你的邀請……這步驟聽起來很簡單，卻扎扎實實地讓你開口的成功率翻倍。」[4]）但此外，也有另外一種比較有派頭的例行企業活動，會由總公司負責召開。這種場合也會有銷售環節促進業績，但其真正的目的在於，讓公司底下的上線共聚一堂，讓他們獲得激勵，讓他們重新充滿飢渴再回到外面的世界。這種企業活動是傳銷工作的一種福利，因為現場有香檳，有響亮的音樂，有閃亮的燈光，有要你站起來歡呼的節目，那是一種介於AGM（年度大會）與搖滾演唱會之間的存在。

在杜拜，當伊格爾與安德莉雅抵達豪華的朱美拉古城運河酒店渡假村（Madinat Jumeirah）時，首先他們就被入口處的洶湧人潮搞得不得其門而入。然而，等他聽到賽巴斯琛說出八股的例行話術，如「改變你的人生」與「一個帝國的興起」後，伊格爾便開始納悶起大家在起鬨什麼：同樣的台詞他聽過上千次了，咖啡或清潔用品都被這麼說過。但就在此時，伊格爾看見了茹雅。

那跟伊格爾早已習慣的多層次傳銷演說都不一樣。只見茹雅身穿金色禮服與紅色耳環，在偌大的舞台上毫無懼色地巡視著，對全場講述著成長、支付與區塊鏈，那感覺比較不像是推銷，更像在演講。然而，與會者聽得如癡如醉。她一宣布維卡交易所將被她稱為xcoinx的獨立交易所取代，並且xcoinx已經同意讓維卡幣在其平台上以每枚一歐元的起價或買或賣，使其與比特幣在加密貨幣的地位上平起平坐，會場立刻陷入了暴動。她解釋說，這代表xcoins一啟用，大家就可以在開放、獨立的市場上，將手中的維卡幣變現。而且公司的成長十分驚人。他們已經累積了十萬名會員，並在維卡幣之區塊鏈上線的二〇一五年一月，投資共計一千六百七十萬歐元，三月的投資總額變成六千五百萬歐元，四月再變成八千萬歐元。這樣的發展只能說非同小可。

總公司所有的活動都有一個壓軸，那就是「表揚」。某個業務員達到特定的單月業績時，他們就會獲頒一個頭銜加一份禮物。每家多層次傳銷公司都有自身的階級體系，來激勵人們往上爬（安麗的階級體系是用貴金屬與寶石來命名，從最底層的銀獎章、到可以呼風喚雨的皇冠大使，一共有二十二個層級）。下線愈大的人，階級與佣金就愈高，免費的福利也愈傲人。二〇一二年，伊格爾第一次突破單月營業額五萬美金時，他在數千名尖叫的上線面前，獲頒了「歐加諾黃金騎士」頭銜，還煞有介事地領到了一把劍。

維卡幣的上線若能達成下線單月業績有七千歐，那他們就會成為藍寶石成員。四萬歐的單月業績——這可不是開玩笑的表現——會讓妳晉升為紅寶石成員。從鑽石開始就是大聯盟

---

4 Worre, Eric, Go Pro – 7 Ways to Becoming a Network Marketing Professional (Network Marketing Pro Inc, 2013), p. 50

了，鑽石成員的下線起碼每個月要賣出二十萬歐元等值的維卡幣。黑鑽石會員的單月下線業績要一百五十萬歐元，為此他們將在好幾十萬歐元的佣金上，再領到一只免費的勞力士錶。在組織中屬於人上人的皇冠鑽石會員，堪稱維卡幣公司裡的C羅（Cristiano Ronaldo，歐洲身價最高的職業足球員），月收將近百萬歐元，下線單月業績則至少八百萬歐元起跳。杜拜大會的表揚人員感覺沒完沒了。公司明明才成立幾個月，但紅寶會員竟已多達六千六百三十三人，鑽石會員破百，受邀上台時幾乎要把舞台擠爆。此外公司還有七名黑鑽會員，每一個都領到了金色的勞力士，以及三名皇冠鑽石會員……光是這場活動的表揚獎品，維卡幣就砸下了八十萬歐元。

皇冠鑽石會員已經有三個人了？歐加諾黃金，甚至是安麗，看到這種動能都自嘆弗如。

在他要動身回到阿姆斯特丹之前，伊格爾見了尤哈。伊格爾在多層次傳銷界中，一直是兩人裡比較發達的那個。但這次他見到的尤哈，簡直判若兩人——他身處於維卡幣銷售網的頂端，身分是皇冠鑽石會員。每次他所率領的上萬名上線裡有人成交，他都可以分一小杯羹。而他的這一小杯羹實在來自太多人，所以尤哈的身價已經相當驚人。算是示好加上想讓他有動力加入，尤哈給了伊格爾一堆免費的維卡幣——這些幣很快就能拿去xcoinx交易所裡變現，幾乎等於現錢（只不過伊格爾堅持要用買的）。伊格爾想賣什麼東西給誰都不成問題，但區塊鏈與挖礦與創世區塊於他，真的是異世界的概念，搞得他不太尋常地有點緊張。

伊格爾謝過了尤哈，但沒有當場加入維卡幣。為此，他很快就會後悔莫及。

被在杜拜的見聞弄得既開了眼界又一頭霧水的伊格爾，看起來是鐵板一塊，但茹雅還是堅持要把她廣招菁英的計畫執行到底，特別是在總經理奈傑爾．艾倫因薪資糾紛而辭職之後，她感覺更是用人孔急。卡里．瓦爾盧思（Kari Wahlroos）點頭加入（「在經過與茹雅十分鐘的懇談後，」卡里後來說）。卡里曾經是芬蘭版「角鬥士」（Gladiators；起源自上世紀九〇年代中後期的「美國角鬥士」電視運動競賽秀，後有各國版本）的參賽者，看起來一身肌肉，同時也是專業的嘻哈伴唱歌手，很會炒熱氣氛，他上台時甚至會搭配自己的主題音樂大喊，「你們知道我為什麼戴太陽眼鏡嗎？因為我們前途真是太光明啦！」加入之後，卡里被委以歐洲大使的重任。[5]來自紐西蘭的艾德．拉布魯克（Ed Ludbrook）作為一個比較沉穩的專業人士，也隨著一些安麗與歐加諾黃金的前上線成為了維卡幣的新血。

艾德．拉德布魯克與卡里．瓦爾盧思這類人才的加入，再加上區塊鏈與交易所的加持，讓公司業績一飛沖天。**時間來到二〇一五年的夏天，五千歐元的大亨交易者包已經滿足不了需求的成長。七月，維卡幣推出了要價一萬兩千五百歐元「至尊交易者包」（Premium Trader package）。新聞稿中宣稱，這產品是「所有成員只要意識到維卡幣未來的發展，想要盡量累**

5 Järvinen, Petteri, OneCoin – Suuri Bittirahahuijaus (Docendo, 2020)

積維卡幣的人，都不容錯過的課程包」。至尊交易者包的內容物有全部五個等級的課程內容，外加大約四萬枚維卡幣，每一枚都價值一歐元。

巴菲特作為享譽全球的股神，每年的投資報酬率也就百分之二十。相較之下，至尊交易者包的投報率直逼百分之三百，還不用等上一年：投入一萬兩千五百歐元，就能拿回四萬歐元。這會不會好的有點太不真實了？這個節骨眼上的比特幣拿去加密貨幣交易所賣，一枚可以賣到六百美元，三年前才九塊美元。一切的一切，看來都充滿了可能性。當然草創期的陣痛也不是沒有：有投資人發現，他們不是每次都能如茹雅所保證地在xcoinx上套現，主要是每日有提領上線，新建的網站也常會故障。但維卡幣依舊蓬勃發展中。靠著頂級交易者包，維卡幣打破了多層次傳銷的單月獲利紀錄，並很快就把觸角拓展到了一百七十五國。

在二〇一五年八月，維卡幣的所得已經突破一點五億歐元，而且還沒有到頂。等到二〇一五年九月，伊格爾在一場總公司辦在澳門的活動上去找茹雅時，僅僅四個月前在杜拜的那場「淘金熱」，已經相形見絀。這次的出席人數肯定不下五千人，且所有人都身陷維卡幣的銷售狂熱中。這股狂熱的症狀，包括：比出維卡幣的手勢（就是用食指與拇指圈出一個零，類似OK的手勢），還有滔滔不絕地聊著「貨幣的未來」。一輛輛藍寶堅尼被停在外頭。一小撮硬核的粉絲甚至付一萬美元的人頭費，只為了到後台跟茹雅見上一面。

維卡幣正從令人滿懷期待的新創公司，變身成國際性的傳銷名門。那個略顯尷尬與疏遠的顧問已經無處可尋，取而代之的茹雅博士，是生意規模達到好幾百萬美元、眼光過人的加密貨幣天才，是下一個賈伯斯，下一個祖克伯。如今，她的衣著都是由頂尖的裁縫精心設計，不管她去到哪裡，後頭都會跟著一名御用化妝師跟一組攝影團隊。她雇用了一組維安人員，而這些保鑣會默默游移在室內眼觀四面，留意有沒有熱情過度的粉絲惹出麻煩。在她土生土長的保加利亞首都，茹雅身為高科技領域的「索菲亞之光」之名，也開始不脛而走：從杜拜的大會到澳門的活動之間，茹亞主持了在索菲亞很有名的俄羅斯舞會，同時她的三十五歲生日派對，也登上了當地的報紙。

維卡幣公司的急遽成長——還有她個人聲望的水漲船高——都迫使茹雅不得不從外部找人幫忙。她雇用了一名區塊鏈的稽核人員，來負責按時發布科技月報。另外，還組了一個「搜尋引擎最適化」的團隊，來強化她的公關形象。她新獲得的財富，也讓她更愛惜羽毛、更注重自身的安危。當維卡幣在二〇一五年中達成讓人不容小覷的數據後，茹雅接觸了一個叫法蘭克・史奈德的男人，拜託他進行了一次「安全與聲譽風險稽查」。

法蘭克曾以行動處長（Director of Operations）的職稱，服務於盧森堡的內部情治機關SREL（Service de Renseignement de l'État Luxembourgeois；盧森堡國家情報局），平日負責調查金融詐欺。在二〇〇八年離職後，法蘭克自行開設了一家叫做「砂岩」（Sandstone）的徵信公司。[6]憑藉他的人脈與經驗，法蘭克在有權有勢之人的圈內累積了不錯的口碑。身為一個口風很緊、思慮周密且言談得體的情報員，法蘭克在茹雅身邊那群凡事都能講得天花亂墜的傳銷上線之間，給人一種十分清新的感覺。假以時日，他將成為茹雅信賴的幕僚。

伊格爾一直眼睜睜看著維卡幣的成長，看到他都懷疑自己是不是犯了一個天大的錯誤。原本很掙扎的前同事，如今突然在維卡幣內部有賺不完的錢。於是，他決定去澳門參加那場盛大的活動，算是重新確認一遍。他注意到茹雅站在一大群粉絲之中，身穿綠色的設計師禮服，還有脖子上那條謠傳要價上百萬元的鑽石項鍊。「她看起來就像女王，」伊格爾後來說。「她感覺君臨天下。」兩人在寫著ＶＩＰ的貴賓室裡小聊了一下，期間她即興分析了銀行體系、支付與利率的弊病，然後再問他一次想不想加入維卡幣大家庭。茹雅的邀約依然成立。

後來，隨著他坐著聽完更多的演說與宣言，伊格爾滿腦子都是自己比台上講者優秀不知道多少倍。比方說，好的傳銷業務員都知道最有利於銷售的室溫是十八度——稍微比這熱都會讓潛在的買家關機。所以你會檢查再檢查！有時伊格爾會為此先去找場地的維護人員溝通，算是以防萬一。但這次在澳門的現場溫度起碼二十七度起跳。伊格爾看著安德莉雅說：「我們還不遲，我們可以超越這裡每一個人。」

一回到阿姆斯特丹，伊格爾的腦袋就開始運轉。確實，他還不是很確定維卡幣的「價格」——此時每顆二點四五歐元——是怎麼訂出來的。一開始茹雅說，那是市場價格。但如今她又說那是繁複的演算法算出來的，當中納入考量的因子，包括：投資者購入的幣數、挖礦的難度、電力的成本，還有交易量的大小〔後來維卡幣宣稱他們的訂價，是根據其電商平台Dealshaker（維卡商城）上的交易活動熱度〕。接下來隨著公司跨過了動能門檻，線上出現了針對維卡幣的批判。其中一個專業的黑粉網站叫「傳銷爆料網」，尤其氣壞了茹雅。傳銷爆料網的操盤人，是一個視傳銷為眼中釘的人物，對外的代號是「奧茲」。維卡幣在赫爾辛基正式上路才短短幾週，奧茲就發表了一篇長文，描述該公司是一快速致富的詐騙手法，並表示「其運作無異於其他點數制的龐氏騙局，唯一的差別就是維卡幣用的是加密貨幣的幌子」。[7]奧茲在多層次傳銷的從業者間，可說是無人不知無人不曉。他在二〇一〇年設立了傳銷爆料網，作為一站購足式的最新傳銷機會指南。此後，他對多層次產銷產品與薪獎方案的無情剖析，始終讓茹雅寢食難安。

多數上線都覺得，奧茲不過是另一個把合法傳銷公司貼上「詐騙」標籤的網路酸民，畢

6 這包括與俄裔以色列億萬富翁阿爾卡迪．蓋達馬克（Arcadi Gaydamak）的合作。合作的宣誓書在此：http://www.less-entiel.lu/lup/06_2013/sandstone_affidavit.pdf

7 'OneCoin Review: 100-5000 EUR Ponzi point "cryptocur- rency" ' (BehindMLM, 23 September 2014): https://behindmlm.com/mlm-reviews/onecoin-review-100-5000-eur-ponzi-point-cryptocurrency/

竟安麗偶爾也在網上被說成是，在紐約證交所上市的金字塔型騙局。維卡幣一方面有著顯而易見的動能，一方面又讓人無法徹底放心。於是，猶豫不決的伊格爾有了一個想法。他登入維卡幣的網站，找到了尤哈在杜拜給他的免費維卡幣。那些幣已如尤哈預料的，從一千歐增值到兩千五百歐。接著伊格爾登入xcoinx.com網站，那兒看來跟他用過的其他外匯交易網站大同小異。由於平台有單日的交易限額，因此伊格爾只能每天賣掉他部分的趴數，但他還是用接下來幾週交易的一部份維卡幣，換得實實在在的真錢，他可以去店裡花，可以用來付員工薪水，可以買更多衣服的真錢。這些真錢說服了他。

維卡幣的存在終於感覺合理了。加密貨幣與多層次傳銷的組合可以創造出綜效。先用傳銷網路去炒高幣價，再用炒高的幣價去拓展傳銷網——一個銷售帶動成長，成長又帶動銷售的良性循環，就此成形。他打電話給下線中的資深成員，包括他在歐加諾黃金等公司裡的同事們。他在電話裡說：我們要改推維卡幣了。

第八章

錢的問題

多層次傳銷推銷給世界的一個迷思就是：傳銷很容易。臉書廣告與YouTube上的資訊型廣告，在宣傳「賺點外快」與「我的未來不是夢」之餘，幾乎都會避而不談要硬著頭皮撥出的「冷電話」（cold call），也就是亂槍打鳥的電話行銷，也不會提到聽到會吐的「不需要，謝謝」，更不會說到你得默默在每一頓午餐中置入產品的行銷。每隔幾年，就會聽說某家大型傳銷公司被捲入法律訴訟中，然後被迫——在他們律師的極力阻止下——揭露獲利資料。就是在這樣的過程中，世人得知了賀寶芙一面說著「我們給人機會成功並改變人生」，一面有百分之八十七的維他命業務員，賺著中位數只有六百三十七美元的年收，同時絕大多數的傳銷從業人員，幾乎是毫無所獲。[1]老闆們喜歡強調的都是那些極少數的成功案例：那些屬於前百分之一的伊格爾與尤哈。

自己會是下一個伊格爾的可能性（相信自己，你就可以！）誘使了全球一億兩千萬人進入了這個產業，當中大多數是女性（維卡幣算是多層次傳銷業內的特例，因為一反常態，他們是由女性高層率領男性大軍）。[2]即便是那些能爬到金字塔頂的少數幸運兒，仍需要一種斯達漢諾夫運動（Stakhanovite movement：蘇聯在一九三五年，也就是其第二個五年計畫期間，推行了一個社會主義勞動競賽運動，而斯達漢諾夫就是當時的樣板礦工）般的工作倫理。伊格爾原本就保持著每天工作十五個小時的習慣，但在從澳門回來（並很快去了一趟索菲亞，在《經濟學人》主辦的活動上看到茹雅精彩的演講）之後，他便開始前所未有地拚命工作。

雖然伊格爾在台上像活動默劇，表情動作十分浮誇，但私底下他其實相當腳踏實地且凡事都有規劃。他研究了維卡幣的課程包分類、代幣系統、挖礦機制。他分析了公司的薪獎方案，並研究出了能將利益最大化的下線建立模式[3]（伊格爾從沒做過進貨然後賣貨這種事情——他都是在建立下線的團隊，由下線成員直接跟他當時合作的公司簽約）。他用PowerPoint設計出把維卡幣吹捧成蘋果與谷歌的投影片，並開始相信自己是一場金融革命中的成員。這些想法有些來得自然而然，畢竟早在比特幣問世很久前，伊格爾就已經把多層次傳銷本身描述成某種形式的「財務自由」。每星期，伊格爾都會找時間指點他的新下線，藉此傳授他們多層次傳銷的禮儀與技藝：不要猛灌人資訊；先確定對方有空，再去把機會告訴他們；**記住你賣的不是產品，而是一種生活風格**；不要在臉書上推銷產品——你該在臉書上讓人看到成功人士的生活。

維卡幣是無懈可擊的傳銷產品。它有出自尤哈的手筆，**簡單明瞭的薪獎方案，有會增值的無形產品，還有一個念法律的老闆跟她的名校 PhD。更棒的是，索菲亞總部滔滔不絕地推出下不為例的特別優惠，確保了投資人永遠有要繼續往下買的壓力。每隔一段時間，投資人已購入的代幣就會翻倍**（術語叫「分裂」），由此每到分裂之前，維卡幣就會出現搶購潮。另外一個發明，叫做「維卡幣保險箱」（CoinSafe）的存幣機制，但把維卡幣存在這裡你領的不是利息，而是「贈禮」，而公司會有這種設計，是因為投資人當中出現了愈來愈多的穆斯

---

1 Taylor, Jon M., 'The Case (for and) against Multi-level Marketing' (Consumer Awareness Institute, 2011): https:// bit.ly/3EeT6Oq

2 Liu, Heidi, 'The Behavioral Economics of Multilevel Marketing (Hastings Business Law Journal, 2018): https://repository.uchastings.edu/hastings_business_law_journal/ vol14/iss1/3/

3 這則尾註也是寫給真正對多層次傳銷感興趣之讀者。維卡幣的內部有一種叫做「對等獎金」（matching bonus）的制度設計，意思是上線除了可以從他們帶進公司的下線手中領到相當其業績一成的佣金以外，還可以額外從下線的下線手中多拿到其業績一成的佣金，加上從下線的下線的下線手中拿到其業績兩成的佣金。也就是說，你從愈下面的下線手中取得的佣金分成愈高。對等獎金所確保的是，讓上線有動力去幫助下線建立他或她的下線。

林，而不能領利息是他們信仰上很重要的顧慮。公司甚至從巴基斯坦請了一名神職者來發布證書，上頭明言維卡幣保險箱，使維卡幣符合了伊斯蘭教法。

要說維卡幣有什麼缺點，伊格爾只想得到一個，那就是：美國。經過長時間的籌備，維卡幣原定要在二〇一五年的七月四日，以「獨立紀念日」之名盛大推出，但最終卻出現了延誤，主要是茹雅顧忌美國證券交易委員會（SEC），據傳籌畫要大舉掃蕩加密貨幣。即便如此，那年夏天在美國還是有一些維卡幣的推廣活動，只不過原本計畫中的規模沒了。到了九月，美國證券交易委員會表達了比特幣需要接受更多監管的立場，於是茹雅判定風險過大，公司也正式喊停了在美國所有的註冊計畫（部分上線仍持續賣幣，並指示投資人在他們的公司註冊表格上填入「美屬維京群島」）。[4]

即便少了美國，他們還是有一票其他市場可以去征伐。在二〇一五年十一月，也就是他改投維卡幣的第一個月裡，伊格爾就賺了九萬歐元。他在歐加諾黃金最好的月分，也沒賺過這麼多。十二月他更賺到二十三萬歐元。但即便是這種數字，都還是輸給尤哈，因為尤哈那個月的進帳是一百五十萬歐元。不過伊格爾輸給他也不冤，因為這一百五十萬歐是那個月傳銷界的世界第一人。不一會兒，伊格爾就開始一個月進帳一百萬歐元，並靠這種收入在阿姆斯特丹郊區的高級住宅區買了一棟八層樓的豪宅，其前屋主是電視實境秀的老大哥億萬富翁創辦人小約翰・德・摩爾（John de Mol Jr）（伊格爾偶爾會帶訪客參觀小約翰・德・摩爾，顯然想到這個節目靈感的房間）。他購入了奧斯頓．馬丁跟瑪莎拉蒂跑車各一輛，在他的花園裡擺滿了原尺寸的玻璃纖維動物，還在入口處安裝了十呎高的鑄鐵大門，上面還寫著幾個大字——「美夢成真」。[5]每當一群上線前來受訓，伊格爾總是會帶他們稍微參觀一下家中的室內泳池、三溫暖、撞球間、施華洛世奇的水晶、他收藏的兩百多雙鞋子、他放在盒子裡那些要價不菲的名錶、他那些手繪的杜嘉班納包包。這是一個良性循環——他賺的錢愈多，買的東西就愈貴；他買的東西愈貴，就有愈多的人想加入他的團隊。

這種故事在拉丁美洲、在亞洲、在非洲，都看得到。只要是頂級的上線都在訓練一批批的業務員新血，然後大賺超誇張的佣金錢。賽巴斯琛買了摩托車、汽車，還在巴拿馬置產，買了一打獨立產權的奢華公寓。尤哈在泰國買了一處私人渡假村。卡里，維卡幣那位墨鏡不離身的「歐洲大使」，更是在豪車上一擲千金，當中最惹眼的有法拉利488，有賓利，還有藍寶堅尼旗下俗稱「小牛」的Huracán。

4 美國證券交易委員會在二〇一五年九月十八日判定，比特幣是一種大宗商品，而這一點很可能就是導致美國監管政策丕變的主因。

5 想表達「美夢成真」之意的伊格爾，似乎誤解了其原話What Dreams May Come的意思。這句話出自莎士比亞的劇作《哈姆雷特》，並且是主人翁哈姆雷特在第三幕第一景的知名獨白：等我們捨棄了俗世的操勞，在那死後的長眠中，我們會做起什麼樣的夢呢？（For in that sleep of death what dreams may come, when we have shuffled off this mortal coil.）

但公司真正的業績引擎不是這些高層，而是比伊格爾或尤哈低十萬八千里的那些人，那些他們訓練出來，然後派到全世界的業務員。到了二〇一五年底，維卡幣公司已經有大約兩萬名活躍的鑽石、紅寶石與藍寶石會員，合計他們每個月貢獻數千萬美元的營收。這當中不乏累積了十幾年傳銷經驗，跳槽自其他公司的專業業務員，但也有很多人只是初嘗傳銷的滋味，使盡渾身解數想把業績衝高。這些人在基層沒有五星級飯店可住，也沒有私人噴射機可搭——他們有的只是日復一日的辛苦工作，而他們終日在忙的，就是把茹雅承諾的夢想推廣到世上的每一個角落。

在美國，一組基督徒的上線三劍客搞起了一個一週兩次的線上研討會。當中他們宣稱，維卡幣是上帝直接找上他們，並給予他們的「神聖干預」。雖然茹雅對在美國銷售下了禁令，但全美各地都有人從親朋好友那裡聽說，有一個新的「發財機會」：一個代表以色列贏過歐洲歌唱大賽冠軍的紐澤西居民，名叫艾斯黛爾．扎巴爾（Estére Tzabar），投資了她已故老公的身家；蒙大拿一名名聲在外的腫瘤科醫師唐諾．貝爾多（Donald Berdeaux），光在二〇一五年就投資了將近二十五萬歐元。[6]許多美國投資人在線上研討會中聽到了茹雅的履歷，也聽到了比特幣那個用二十七美元發大財的故事。二〇一五年八月，有一名這樣的準投資人叫克莉絲汀．葛拉布利斯（Christine Grablis），她是一名五十來歲，出身田納西州的單親媽媽，同時她存了超過十萬歐元，原本打算買一個房子當家。但克莉絲汀身為虔誠的基督徒，很快就拿出了兩萬五千歐元投資維卡幣。再過不到一年，她就已經把老本全拿去買了維卡幣，甚至她身邊有些朋友也同樣這麼做。

在英國這邊，蕾拉・比甘姆（Layla Begum）是名倫敦地方議會裡的一名年輕公務員，而她在住家不遠處的阿爾得蓋特，參加了一場大型的維卡幣會議，邀請她的是她家的友人兼議會的朋友，賽勒・艾哈邁德（Saleh Ahmed）。蕾拉對加密貨幣一無所知——她之所以去參加會議，只是因為賽勒是朋友。但她注意到現場的每個人都盛裝出席、且好像都功成名就，還有就是大部分與會者好像都是穆斯林。她見到一名很有說服力的荷蘭人叫伊格爾・阿爾伯茨，他在台上大談財務獨立與財務自由；另一個講者則解釋了他是怎麼從洗碗工變成百萬富翁。第三個講者驕傲地向聽眾展示了一份符合伊斯蘭教法的維卡幣證書。蕾拉在日記上寫道：「討人喜歡、專業但謙遜、穿搭很帥氣、金融革命的興起。」[7]在活動後不久，賽勒打了電話給她。「妳工作得那麼辛苦，我希望妳能過好日子。我不想看妳住在地方議會（政府）提供的福利房[8]裡。」他跟她說，只要投資四萬歐元，幾個月內他就可以將之變成三十

6 Emem, Mark, 'OneCoin Scam Victim Files New York Lawsuit after $760,000 Loss' (CCN, 10 July 2019): https:// www.ccn.com/onecoin-scam-victim-files-new-york-lawsuit-after-760000-loss/

7 Somerville, Hannah, 'Ex-council employees among those embroiled in alleged global scam' (East London Advertiser, 19 April 2019): https://www.eastlondonadvertiser.co.uk/news/crime/onecoin-promoted-to-east-london-residents-3624864

8 Council house，由地方議會提供的低價出租房，性質上屬於一種「社會住宅」。

到四十萬歐元。足以讓蕾拉買下她一直存錢想買的房子。她匯了七千五百歐元到賽勒的銀行帳戶。「妳做了妳這輩子最對的決定，」賽勒告訴她。很快在第一批投資之後，蕾拉又買進了兩盒大亨包跟一盒至尊包課程。幾週之後，她帳戶裡的維卡幣增值了一倍。她母親跟兄弟趕忙加碼了一萬五千歐。

這種情節到處可見。但真要說，有哪個地方最能代表維卡幣的瘋狂，那只能是烏干達了。多年來，多層次傳銷公司如AMGlobal與GNLD，都在該國經營出一片天。他們的產品像走馬燈——這個月是維他命，然後就變成床單，再來又跑出各種折價券——不變的是公司的承諾：只要你願意，公司歡迎所有人。在烏干達的大城市裡，幾乎沒有人不認識身邊一兩個人在兼做傳銷賺錢。遇到某個叔叔或表姊莫名其妙打來，你都可以未看先猜他們有凍齡乳膏或磨砂洗面乳要你買。雖然有人被詐騙的報導層出不窮，但烏干達人還是只聽得見少數幸運兒成為烏干達先令百萬富翁的現身說法（先令是當地貨幣的名稱）。

賽特戴・大衛醫師（Dr Saturday David）放棄了準牙醫的學業，加入傳銷公司賣起了維他命。但面對在地的一票競爭者，賽特戴發現業績一直起不來。這樣的他一聽說維卡幣——雖然他對加密貨幣的科技一頭霧水——就立馬轉了檯。[9]他被灌輸的訊息跟其他人並無二致，只不過多添了一點「非洲味」的視角；維卡幣提供非洲居民繞開跟搶劫一樣的匯款費用，跟非常靠不住的銀行體系（超過四分之一的烏干達成年人沒有銀行帳戶，因為他們信不過銀行）。[10]大衛成為烏干達推廣維卡幣的史上第一人，而他也開始召募起了下線。一開始他的進度相當慢，但很快地醫師、醫療工作者、教師與農人就荒廢起白天的正職，成為大衛醫師的下線。短短幾個月，他手下已有紅寶石與翡翠級的成員，帶著茹雅的照片當令箭，到處去敲門。「這個女人是天才，」他們會說，「她會帶你發大財。」到了二〇一六年，烏干達的維卡幣投資人已累積達到五萬。辦公室——還有競爭的其他下線群——在整個國境內如雨後春筍興起。

這座金字塔不斷地往下扎根，透過親友的牽線深入一座座小村。此時，烏干達金字塔裡其中一名新血是普魯登絲，她是一名三十出頭的藥師，平日在一個叫坎姆帕拉（Kampala）的貧民窟裡，經營一家貨品不算很齊全的小藥局。都說是貧民窟了，當地有高達六成居民沒取得飲用水的管道就不奇怪了。很多人聽說賣維卡幣可以變成「將來的億萬富翁」，就暫停了白天的工作，普魯登絲也不例外。她的上線們給了她一輛很漂亮的車，還塞了一只智慧型手機給她，叫她打扮打扮去各個村子闖闖。「鎖定那些剛收成的農夫，」他們跟她說。「這

9 關於維卡幣是在何時進入烏干達，眾說紛紜。按照賽德戴醫師的說法，引進維卡幣的是一名叫做大衛．隆巴迪（David Lombardi）這名義大利上線。若根據培德里．亞爾維能（Petteri Järvinen）的說法，則引進維卡幣到非洲的是一個叫做卓科．朱沃農（Jouko Juvonen）的傢伙。

10 'Corruption Perceptions Index 2018' (Transparency International, 2018)

時的農夫最有錢。」但普魯登絲發現，眾人巴不得趕快加入維卡幣，以至於他們賣房子的賣房子，賣地的賣地，賣牛的賣牛，所有東西都被他們拿去換錢投資。[11]

普魯登絲招募了丹尼爾這名住得離她不遠、且野心勃勃的二十二歲年輕人。丹尼爾賣了他養的山羊，買了維卡幣，再從坎帕拉往西開六小時的車，回到他在烏干達與盧安達邊境上，位在姆巴拉拉（Mbarara）附近的小村莊，全村不過十戶。在他母親的混凝土小屋裡，丹尼爾把他母親也拉進了維卡幣。她是芭蕉農，二十年來每天都在她的小小土地上耕作。多年來的操勞讓她身形枯槁，但她也這樣存下四千歐元買了一間玉米店鋪。丹尼爾把茹雅的願景從頭到尾鉅細靡遺跟她說了：貨幣如何演進、加密貨幣何以是未來的主流。他們可以如何用現在投資的獲利去買下未來的十間玉米店。丹尼爾的母親其實聽不太懂兒子在說啥。她英語不通，也不曾擁有電話或電腦。但這些都不妨礙她最終買下一盒大亨包，加入夢想的行列。

對投資人而言，好玩的部分在於規劃維卡幣公開上市後的財富要怎麼花。關鍵字是：公開上市後。維卡幣終將在網路上的大型加密貨幣交易所掛牌，屆時它就可以經由自由買賣被兌換成傳統的貨幣。Xcoinx只是開胃菜——那只是一個精品店等級、且不是那麼穩定的網站，投資人在那兒就是能把一些零星的維卡幣換成美元或歐元。但只要維卡幣在大型交易所上市，像是克拉肯（Kraken）與幣安（Binance），投資人就能一口氣把持幣通通倒給大眾，到時他們就能大削一筆。

從二〇一五年初，茹雅就開始承諾上市的日子快了。對那些在組織中位階不高，只買了一兩盒五千元大亨包的成員來講，維卡幣上市代表著他們久違的假期，代表了大學的教育基金，代表了新車、新房與新衣。對丹尼爾在烏干達的母親而言，她等的是退休。蕾拉．比甘姆打算買棟房子，然後辦場婚禮。對在美國田納西州的克莉絲汀．葛拉布利斯而言，她要拿錢去奢侈地度假，然後為受虐的母親和小孩設立一筆慈善基金。藍寶石與紅寶石會員——這些在現實中往往只能勉強度日的基層傳銷人員——會在維卡幣的活動上見面，然後搖身一變，成為擁有紙上富貴的準百萬富翁，他們會討論著自己在維卡幣上市後要買什麼顏色的賓利。至於那些靠近頂峰的會員，則做起了更大的夢。伊格爾．阿爾伯茨覺得，有朝一日他會「富過比爾．蓋茲」，畢竟他已經買下或賺到了數百萬枚維卡幣。賽德戴．大衛博士身為烏干達維卡幣界的第一把交椅，很快就累積到了兩億歐元價值的維卡幣，由此他跟朋友說，他要興建一座通行維卡幣，專屬於他的「加密貨幣城」。

光是貪婪的人性或孤注一擲的心態，都不足以解釋何以維卡幣能這麼快突破關鍵的動能門檻，因為貪婪與豪賭的情緒並非維卡幣獨有，而是每間多層次傳銷公司裡都看得到，包括

11 在烏干達，投資人拿著現金到維卡幣據點付款是很常見的事情。他們在據點處有由上線替他們開立的帳戶，並被發給了密碼可以存取這個帳戶。相對之下在歐洲或美國，投資多半是透過銀行轉帳進行。

以失敗告終的業者。所以肯定有某項更強大的因素在發揮作用，而這個因素簡單講，就是英文裡說的FOMO——Fear of Missing Out——害怕錯過。大部分在此時拿出錢來的維卡幣投資者，都說了類似的話：他們不懂科技，但他們聽說過比特幣，而且對早先沒有投資比特幣悔不當初。二〇一三年，隨著比特幣一飛衝天，普通人一夕致富的故事開始傳得沸沸揚揚，而這些凡夫俗子之所以能夠翻身，不是靠什麼技術或專業，而是因為他們買了比特幣，而且進場得夠早。大多數這些卡位成功的投資人不算潦倒，但通常也就是過得普普通通。維卡幣的出現讓他們感覺這輩子總算有那麼一次，他們也走運了。

兩萬名「掛階」傳銷大軍的通力合作——再加上幾萬名一個月也能賣個一兩盒維卡幣的打醬油會員——讓維卡幣的銷售得以更上一層樓。在伊格爾加入的那個月，二〇一五年十一月，維卡幣公司剛突破十億歐元的營收大關。臉書花了六年才做到的事情，維卡幣十五個月搞定。光是一個十二月，公司就狂撈了快三億歐元。那簡直是太瘋狂了：投資人提著一個個裝著滿現金的塑膠袋，來到索菲亞的維卡幣辦公室，就為了買維卡幣。公司得有人拿著預先儲好值的帳戶密碼，從金融部門衝下樓到櫃檯，跟上門的客人一手交錢一手交貨，接著那些現金會被拿到三樓一個門禁森嚴的房間，放進一個冰箱大小的保險箱內。沒有多久，那個原本已經很大號的保險箱就不夠裝了。茹雅甚至在香港買了一棟公寓，專門用來存放現金，其中一個房間的紙鈔，從地板堆到天花板。

但推動維卡幣直上雲霄的動能，也造成了一個問題。公司成長得太大也太快，這一點在格林威治標準時間每週一下午四點最讓人有感。維卡幣的各層上線稱之「快樂星期一」：佣金的發放日。如果紅寶會員說服了哥哥或弟弟或某個親戚，買下定價五千歐元的大亨包，那他們的維卡幣帳戶就會在這一天多出五百歐元（一成的直銷佣金，且按公司薪獎規定，當中的六成是以真正的歐元支付，四成是以維卡幣支付。只有歐元部分可以立即提領）。如果某名上線聽從了伊格爾的建議，成功打造出一個自己專屬的下線網，那他的佣金就可能五倍、十倍、二十倍。有時同城的上線，會趁這一天聚在一起慶祝發錢。

付錢給分屬一百個國家的兩萬名維卡幣上線，是後勤上的一場惡夢。公司大約三分之一的營收，會以佣金的形式又流出去。遇到有些生意比較好的星期，那代表公司要進行數千萬歐元的週轉。理論上，這事也沒什麼難的：有人買了一盒維卡幣，他就會被授予一個銀行帳戶的細節（通常是某個維卡幣公司開在杜拜的銀行企業帳戶），然後買的人會被告知要把款項轉進帳戶。同時買家還會收到一則密碼，其作用是確保他們的人與款項會被登記到召募他們的上線名下。佣金經過計算，便會從某個維卡幣控制的銀行帳戶轉到該上線的個人帳戶中。

隨著維卡幣的公司規模愈來愈大，上述過程的掌控也愈來愈困難。至少一個月一次，發錢這件事都會出亂子，主要是總有茹雅的某家往來銀行心生疑竇，覺得怎麼會有大到這種程度的錢被搬來搬去，進而凍結交易，而導致的結果就是公司的新帳戶愈開愈多。「我們在

（杜拜）馬士禮格銀行的帳戶已經不接受匯款，」二〇一五年九月八日的一則新聞稿如是說道。「煩請使用新的銀行資料：維卡幣有限公司，努爾伊斯蘭銀行，杜拜多種商品交易中心分行，杜拜。」茹雅動輒就會在辦公室裡對電話另一頭的銀行經理大吼大叫，原因不外乎是對方拒絕了某筆轉帳，或關閉了公司的某個戶頭。「錢的處理讓她一個頭兩個大，」她身邊的一名同事後來回憶說。進來的錢太多。IMS是一家替維卡幣經手款項收支的德國公司，而這代表他們一次得處理來自熱情投資人的數千筆存款——短短兩天，維卡幣公司透過德國IMS公司在施泰因富特地區儲蓄銀行（Kreissparkasse Steinfurt）中開立的帳戶，就湧進了兩百五十萬歐元，而這也觸發了該銀行向北萊茵—威斯伐倫邦的主管機關，通報了疑似洗錢的狀況（進而讓德國IMS公司的銀行帳戶在二〇一六年八月遭到凍結，唯這項判決後續獲得了逆轉）。

有段時期，茹雅很可能嘗試了馬爾他博弈網站，這個遊走在法律邊緣的灰色世界。馬爾他對於想把錢搬進搬出歐盟的人來講，是個知名的「門戶」國家，而這個小島國本身又具有蓬勃發展的博弈產業。透過保加利亞一家替人成立公司的代理業者，茹雅或者她的心腹在馬爾他設立或購入了若干家公司，且全部都登記在同一個地址：莫斯塔鎮，天堂鳥路一號。[12]這些公司大都又隸屬於其他設在加勒比海小島庫拉索上的信託公司。另外，她還找上了萬那杜的一個外匯平台——上頭有不同的貨幣進行交易——名叫SmartHubFX，經營者是一名來自模里西斯，雲遊四海的金錢掮客。不過說來說去，茹雅最具創意的操盤，還是她處理掉杜拜金流問題的手法。

茹雅在（杜拜所處的）阿拉伯聯合大公國，有不只一個個人與企業帳戶。但隨著維卡幣的成長在二〇一五年中直衝雲霄，該國的若干銀行開始緊張了起來。她在馬士禮格銀行的各個維卡幣企業帳戶，便一下子開始每個月接收到千百萬來源不明的款項，而且轉帳的公司名字都怪怪的，不是叫什麼「快速電子有限公司」，就是叫「世界創造電子有限公司」。再者就是這些錢進來得快，出去得也不慢：賽巴斯琛．葛林伍德光在二〇一五年五月，就領到了九百五十萬歐元，另外有五百萬歐，則流向了一家叫做「皇家遊艇與船隻」的公司。時間來到秋天尾聲，麻煩開始蠢蠢欲動。九月，馬士禮格銀行發出了一份「可疑交易報告」，給阿拉伯聯合大公國的中央銀行；幾週後，又有杜拜商業銀行做了一樣的通報。二〇一五年九月十四日，茹雅跟賽巴斯琛說，她在杜拜有「五千萬歐元卡在太空中」——遭到了凍結。

但茹雅想到了一個很聰明的解法，直視著眼前的她：比特幣。就在這一期間，茹雅飛到杜拜去見了人面很廣的某人一面。這個人叫謝赫．薩烏德．賓．費瑟．阿爾．卡西米

---

12 事實上，她更早就把觸角伸向了馬爾他博奕業者。二〇一五年五月，茹雅就創立了一家叫做 Coin Vegas 的線上賭博網站，並將之當成是維卡幣家族的一員來行銷，這公司後續並沒有什麼實際的發展。

（Sheikh Saud bin Faisal al Qassimi），是沙迦[13]皇室的成員。年紀不大的阿爾・卡西米，大約三十五歲上下，是阿拉伯聯合大公國首富之一的兒子，也是一名眾所周知的科技迷。在兩人會面後不久，據信茹雅與謝赫・阿爾・卡西米達成了一項大膽的交易。雖然遭到阿爾・卡西米的法務代表質疑，但據瞭解，茹雅把維卡幣公司賣給了阿爾・卡西米，並交付了三張馬士禮格銀行的支票，總金額達到大約兩億一千萬迪拉姆（聯合大公國通用貨幣，此金額約當五千萬歐元）。[14]

作為交換，阿爾・卡西米交給了茹雅——在長達七個月的時間跨度中——四個USB隨身碟。這些隨身碟裡有大約價值四千八百萬歐元的比特幣。[15]不久之後，阿爾卡西米也任命了茹雅擔任他在紐約慈善基金會的「特別顧問」，而這項任命，也可能讓她獲取了若干形式的外交豁免地位。[16]

或許謝赫（尊稱，即阿爾・卡西米）對這種奇特的新加密貨幣有獨特的偏好，並希望能提早卡位。這是一種可能。另外一種（遭到阿爾・卡西米的律師團質疑的）可能性是，人脈關係良好的謝赫可以接手、並解凍茹雅資產作為自用；而茹雅則可以獲得立刻可動用的數位

13 組成阿拉伯聯合大公國中七個酋長國中的一個。另外一個拉斯海瑪（Ras Al Khaimah）酋長國也歸阿爾・卡西米皇室統治。

14 啟動這筆交易的「維卡幣有限公司銷售協議」，簽署於二〇一五年十月一日。技術上這筆交易是簽定於阿爾・卡

西米與希薩・德葛拉希亞斯・桑托斯（Cesar Degracias Santos）與瑪里希拉・雅斯敏・希蒙斯・黑伊（Marisela Yasmin Simmons Hay）之間，其中後兩者在文件上與名義上是維卡幣有限公司的負責人。一份由茹雅簽署、但沒有日期的「聲明書」，闡述了這筆交易的本質：「我，茹雅・伊格納托娃在此聲明，我從謝赫・薩烏德・費瑟・阿爾・卡西米閣下處，收到共四個 USB 隨身碟存有二十三萬枚比特幣，這代表的是購買維卡幣公司的全額款項。」這份聲明書還解釋了她將三張支票交給了阿爾・卡西米，壓的日期分別是二〇一五年九月七日、九月二十日與十月六日，總金額為兩億零九百八十六萬八千零一十元迪拉姆（AED；阿拉伯聯合大公國的貨幣；截至二〇一五年十月七日參考 xe.com 的歷史匯率資料，此一金額相當於五千零七十一萬九千歐元）。關於精確的日期存有一些不確定性。所謂「銷售協議」提到比特幣，從二〇一四到二〇一五年五月間被分批被轉給茹雅・伊格納托娃，由此有可能這筆交易，是在二〇一五年十月之前的某個點上談成。另外還有至少兩份授權書牽涉到阿爾・卡西米：其中一份是由希薩・德葛拉希亞斯・桑托斯與瑪里希拉・雅斯敏・希蒙斯・黑伊授予阿爾・卡西米，並曾於二〇一六年十月四日於塞席爾群島獲得公證。另一份單獨由茹雅授予阿爾・卡西米的授權書，則在二〇一六年九月二十七日於杜拜完成公證。

15 此一計算的根據，是二〇一五年十月一日的比特幣兌美元匯率與美元兌歐元匯率。那四個隨身碟當中，分別有：四萬三千六百一十八枚、三萬零八百五十枚、六萬零七百枚、九萬四千八百三十二枚比特幣。價格計算是參考匯率與交易當下的比特幣價格。根據馬士禮格銀行的內部文件，茹雅的維卡幣公司帳戶中有五千萬美元與一千五百萬歐元。證據顯示，該交易似乎圍繞著馬士禮格銀行的各帳戶進行。其他任何一家杜拜公司的帳戶餘額都不為外界所知。

16 資料來源是二〇一六年底，由阿爾・卡西米寄給杜拜檢察總長埃薩姆・伊薩・阿爾・胡邁丹（Essam Issa al Humaidan）的信件。這封信的發信者是由阿爾・卡西米擔任「特命大使」的跨政府聯合卓越行動基金（Intergovernmental Collaborative Action Fund for Excellence），簡稱 ICAFE。流出的其他文件，還包括茹雅交給 ICAFE 的外交身分影本，當中她的稱謂是「特別顧問」。茹雅所屬的慈善機構「世界大同基金戶」（One World Foundation）也被提及。

貨幣。的確，幾個月後，阿爾．卡西米寫信給杜拜的檢察總長，並在信中解釋說，茹雅的銀行帳戶已遭到無端凍結，而他手中有茹雅的授權書。最後他表示，此舉嚴重「冒犯」了茹雅。[17]

此時，包括茹雅在內，都還沒人意識到這筆交易非同小可。

在杜拜的比特幣交換、萬那杜的匯兌平台、庫拉索信託公司持有的馬爾他賭場：茹雅的金融操作愈看愈符合各種要件，愈來稱得上是鋌而走險。[18]茹雅想要找一種比較正經的做法。幸運的是，她有能夠伸出援手的人脈。幾年前，可能是她任職於麥肯錫的期間，茹雅認識了一名以佛羅里達州為根據地，五十來歲的金融家，名叫吉爾伯特．阿曼塔。將吉爾伯特．阿曼塔引進維卡幣公司，終將成為茹雅一輩子最大的錯誤。只不過在當時，他完全是她需要的答案。

17 二〇一六年底由阿爾．卡西米寄給杜拜檢察總長埃薩姆．伊薩．阿爾．胡邁丹的信件。信中含有公證過的授權書。檢察總長的回應不詳。

18 其中馬爾他的博奕平台又特別名不虛傳，確實很多組織罪犯會透過這些平台來洗錢：記者達芬妮．卡魯安娜．加利齊亞（Daphne Caruana Galizia）之所以遇害，就是因為她針對賭博與組織犯罪在馬爾他島上千絲萬縷的關係上，採取了包含報導在內的許多動作。

第三部　金錢

第九章

費內羅基金

要是他沒有進入金融與科技業，吉爾伯特．阿曼塔肯定成為一流的傳銷業務員。畢業於弗雷斯諾州立大學的他，開朗、聰明、閃亮。他愛錢，愛打扮的程度不下於茹雅，由此他在老家佛羅里達的勞德岱堡出席會議，身上的行頭會包括：菲拉格慕的襯衫、宣誓態度用的名錶，還有身價不凡的豪車。他向後梳著一頭用髮膠固定的老派油頭。以背景論，他同樣出身新興科技——在二〇一〇年代初期，他經營過一家頗具規模的電信公司，登記在加勒比海的庫拉索群島，名叫庫拉網（Curanet）；後來，他又在拉丁美洲買下了若干家電信業者。雖然整體而言，頗具親民的魅力，但吉爾伯特若根據利弊判斷需要扮演大哥大的角色，他也不難隨時切換人設。「他就是個大混帳跟騙子，」這個時期的前同事回憶說。「他很會講，但深度不怎麼樣。」

茹雅不缺金融業與銀行界的人脈，但吉爾伯特——他也是扎拉集團（Zala Group）與費提斯（Fates）這兩家投資公司的負責人——的特別之處是，他已經在喬治亞共和國入主一家叫JSC資本的小型獨立銀行，當起了其持股過半的大股東。時間來到二〇一〇年代中期，吉爾伯特搞起了處於灰色地帶的金融業務，包括提供預付信用卡給做發薪日貸款業務的公司，此外也提供支付解決方案，給登記在加勒比海國家的網路賭場業者。二〇一五年的某個點上，他也開始提供銀行服務給茹雅。隨著維卡幣的款項流入，吉爾伯特用他的名字設立了多個企業帳戶，來接收維卡幣投資人匯入的金額，然後用他掌握的JSC資本銀行發行MasterCards的預付卡，並將之當成佣金付給維卡幣的上線們。[1]二〇一五年九月，茹雅在杜拜的一間往來銀行，匯了總計八千五百萬美元到吉爾伯特在美國聯信銀行（Comerica Bank）的扎拉集團企業帳戶。[2]

---

1 吉爾伯特手中的扎拉集團，原本是透過加勒比海的一家銀行規劃了預付卡，當時還另外取了一個名字OneNet。但等這個方案破功之後，他就透過自家的JSC資本銀行發行了這類卡片，供維卡幣的上線們登記領取。領到卡片後的維卡幣上線只要先刷個幾塊歐元，之後就可以等著佣金逐週直接匯入他們的卡片——接著他們就可以把卡片當成正常的MasterCard預付卡使用。

2 United States v. Mark S. Scott, S10 17 Cr. 630 (ER)。根據後來羅莎林德．阿克托博（Rosalind October），這名在重大經濟犯罪局任職的資深金融情報分析師所提供的法庭證詞，四筆共計八千五百萬美元的轉帳，發生在二〇一五年純粹的專業態度並沒有在兩人之間維持太久。即便兩人算是都很剛愎的一丘之貉，但茹雅與吉爾伯特卻相互吸引著，以至於在某個點上——應該是二〇一五年——兩人談起了戀愛。他開始參加維卡幣的活動，並在澳門的活動上（也就是讓伊格爾對維卡幣刮目相看的那場）偕茹雅與賽巴斯琛坐在主桌。茹雅與請吉爾伯特找人來幫忙管理她快速成長的個人資產。而吉爾伯特正好有人選。

馬克．史考特這人不是特別溫暖或討人喜歡。但所幸企業法這行不需要什麼個人魅力，而他替客戶設計起交易的架構總是拚上老命。確實他在工作上相當有一套，甚至有陣子連前網球名將波里斯．貝克都是他的客戶。幾年前，吉爾伯特買賣電信公司的大案子，馬克也出過力，當時兩人就合作得相當愉快。[3]就在最近，馬克在一家聲譽卓著的洛克律師事務所中成了合夥人，並計畫要跟他女朋友莉迪亞．柯勒斯妮柯娃（Lidia Kolesnikova）生幾個小孩。他也在想法設法為自己增加一些收入。

聽吉爾伯特說起茹雅，馬克一開始不覺得這女人跟他工作二十五年來服務過的許多客戶有多大不同。這些客戶幾乎都有同一種需求：利用境外公司、企業架構與低稅管轄區的各種排列組合，來合法保護他們辛苦賺來的錢。新進的百萬富翁常擔心自己一個不小心——離個婚，打了場官司什麼的——他們好不容易發的財就會砰一聲成為過眼雲煙。「她是朋友兼客戶，」吉爾伯特於二〇一五年九月告訴馬克。「請把她當成家人一樣支持。」馬克與茹雅安排了一場Skype視訊，而他也在行事曆上輸入了極不尋常的提醒：「電（話）會議討論轉帳／洗錢課題。」

「資產保護，」茹雅告訴他。「是門有賺頭的生意，而我有一些個人資產需要保護，我有一些讓我擔心的風險。」[4]她希望把自己的錢轉換成各類資產：企業股份、基金、不動產，而不要只是一直呆呆地存在杜拜的銀行帳戶中。這一點馬克確實幫得上忙，但他的收費是資產管理規模的一成。這收費可不便宜——但一分錢一分貨，只要他能看好她的錢，那這錢就花得不冤。

「投資基金」一詞在商界稀鬆平常，但多數人並不清楚它到底指的是什麼。假設你突然發現自己手裡多了幾百萬歐元，那將之存在銀行就不聰明了，畢竟那點利率根本敵不過通膨。與其如此，你不如將之交給由專業人士操盤基金，由基金管理者用他們的知識，替你把

的九月，匯款者是雷文爾資本（RavenR Capital）在杜拜的努爾伊斯蘭銀行帳戶，收款人是扎拉集團在美國聯信銀行的戶頭。二〇一五年十月，兩筆總計一千三百九十萬的金額，被從連信銀行轉帳至扎拉在美國的「區域銀行」（Regions Bank；屬於美國區域金融公司（Regions Financial Corporation）旗下的銀行」戶頭。

3 Lehmann, John, 'Boris Makes Racket over $1m deposit' (New York Post, 23 January 2003): https://nypost.com/ 2003/01/23/boris-makes-racket-over-1m-deposit/.

4 雖然無法得知通話本身的內容，但我推測兩人確實討論過資產保護的問題，理由是茹雅在掛上電話後，寫給馬克的簡短電郵中是這麼說的。

錢投進績優的股票、有上漲空間的物業、潛力十足的新創。有些基金不挑投資標的，每年從全球的投資人手中募得數億歐元，但也有一些基金專攻特定產業，如能源或高科技。高淨值的人士可能會丟個幾百萬給某支基金，由專業經理人在看到有投資良機時動用。標準普爾指數顯示，美國的前五百大上市公司，自一九五〇年代以來的年均成長是百分之八。這對像馬克這樣的優秀投資經理人來說，只是基本款。

馬克的想法是：設立四支每支一億美元的投資基金。這涉及大量的文書工作，而茹雅已經撂話說她很急。「愈快愈好，」她在二〇一六年一月這麼告訴他。「你說說我們可以怎麼布局？」為了增加安全性，茹雅給他送去了一支加密的手機，基本上沒人駭得進去，就算你是FBI也一樣。

馬克所屬的洛克律師事務所也額外接下了茹雅的一些委託，替她經手一些預定在倫敦進行的置產計畫。在二〇一六年一月與四月之間，洛克律師事務所開了一張八萬五千六百八十七美元的帳單給茹雅，收的是處理置產事務的服務費，但馬克的投資基金計畫則不含在其中：那是馬克個人的接案，他沒讓洛克律師事務所知道有這件事（事務所裡的律師強調維卡幣公司從來不是他們的客戶。他們說馬克·史考特並不是代表事務所替維卡幣提供服務，並表示事務所直到他離職近兩年後，才知道他在忙些什麼）。

洛克律師事務所的加密貨幣專門顧問勞勃·庫爾特內吉（Robert Courtneidge）被維卡幣

私下僱去設計「路徑圖」，協助維卡幣公司獲取加密貨幣業界的認可。所謂路徑圖，就是要讓維卡幣一方面進入公開的加密貨幣交易所，一方面獲得商家的接納。庫爾特內吉給維卡幣的建議，是把公司分拆成兩個獨立實體：維卡幣作為一款加密貨幣可以持續在技術上以杜拜為根據地，但維卡幣公司的多層次傳銷網路——實際上在販售維卡幣的那些上線——在二〇一六年六月十一日變成「維卡人生」，並把公司開在貝里斯（按照庫爾特內吉的說法，將公司一分為二的理由，是把加密貨幣跟多層次傳銷的業務分開，有助於維卡幣成為比特幣的競爭者——還有一個重點是，茹雅真這麼做下去，對其企業的實際營運也不會有任何實質上的影響）。[5]

二〇一六年一月三十一日，馬克寄了第一張發票給茹雅，金額是四十二萬五千美元。他說，那是給「我們新專案」的一筆前金；還說，這筆錢會涵蓋「我在管轄各地必要的律師與CPA（註冊公認會計師）費用，外加出差的交通費、公司的成立與解散手續費」。他還請茹雅停止使用他在洛克律師事務所的電郵信箱。[6]那四支投資基金「會保護好妳所有的資

5 勞勃．庫爾特內吉替茹雅工作了不長的天數，替維卡幣在加密貨幣端的業務提供了建議，其中最重要的就是，在二〇一六年初幫維卡幣擬了一張詳細的路徑圖，讓維卡幣能有所本地去「成為大眾市場中的加密貨幣」，且具備「穩定的價格」。但從二〇一六年底之後，茹雅就不再需要庫爾特內吉的服務了。

6 United States v. Mark S. Scott, S10 17 Cr. 630 (ER), Document 318

產」，他向她保證。

發票在二十四小時內就全額付清。

在她給馬克開了綠燈的幾天後，茹雅就飛到了倫敦，進駐了不是誰都住得起的公園街四季酒店，在頂樓套房安營紮寨。茹雅對四季酒店情有獨鍾。一千英鎊一晚的標價，買他一個黑色的大理石大廳跟舊世界的優雅，值了。她住了兩星期，期間只偶爾搭飯店租的勞斯萊斯去開個會或吃個晚飯（但她倒是騰出了時間拍公關照。攝影師留意到她的門外有一名保鑣，這點讓人有點納悶。他幫不只一位好萊塢明星拍過照，貴為威爾・史密斯也不會在飯店請保鑣）。

馬克在二〇一六年二月九日飛抵倫敦，跟茹雅約在四季酒店見面時，這是這兩個人第一次面對面溝通。他口中的「費內羅基金」，會由四支每支一億美元的基金組成——三支登記在英屬維京群島，一支登記在開曼群島。[7]這些基金會在歐盟範圍內投資經營陷入困難的科技公司，其中又以英國跟愛爾蘭為重點。雖然錢還是她的錢，但茹雅的名字不會出現在基金公司的書面上，因為名義上持有這些費內羅基金的，是馬克設立在英屬維京群島的一家投資管理公司，叫英屬維京群島MSSI國際顧問公司，而英屬維京群島MSSI國際顧問公司，又由馬克持有多年的佛羅里達的MSS國際顧問公司持有。這些基金買入的一些資產，會交由他另行設立在愛爾蘭的若干公司持有，而那些愛爾蘭公司同樣由英屬維京群島MSSI國際顧問公司持有。[8]這每一支基金與每一家愛爾蘭公司，都會擁有由馬克所控制的銀行帳戶。[9]

真正困難的部分，其實是把錢轉進基金。最簡單的辦法就是用大筆金額一次次匯出（每次五百萬或一千萬歐元）——而茹雅已經準備好各家公司來遂行這項任務。從二〇一六年二月到三月，茹雅——透過杜拜一名公司成立代理——與合稱IMS（International Marketing Service，國際行銷服務）的三家公司簽署了三筆服務協議。IMS的負責人是法蘭克·瑞奇茨（Frank Ricketts），這名年近六旬，出生在烏干達的白人，重點是他對多層次傳銷的規則與漏洞比誰都清楚。他之前已經有過跟維卡幣合作的經驗——事實上在二〇一五年十二月，被通報給德國有關當局的，正是他其中的一個德國IMS公司帳戶。在與維卡幣合作的幾年前，他還曾經與賽巴斯琛在SiteTalk合作。根據這些協議，IMS同意提供的服務，包括：「全新企業

---

7 它們分別是費內羅股權投資有限合夥公司（正式登記是在二〇一六年三月一日）、費內羅金融瑞士公司、費內羅股權投資二號公司，以及費內羅股權投資（開曼）一號公司。

8 馬克已經接觸了一家都柏林的法律事務所叫梅森·海斯與庫蘭（Mason Hayes & Curran），去替其各家愛爾蘭公司擔任公司秘書（company secretary，所謂公司秘書非傳統意義上的秘書，而是一種負責公司的法遵事務的高階行政職務，台灣正在推動其正名為公司治理長）；二〇一六年三月十一日，梅森·海森與庫蘭將馬克介紹給愛爾蘭銀行（愛爾蘭前四大的商業銀行）的高層，於是這些高層就替他開了好幾個銀行戶頭。

9 費內羅股權投資有限合夥公司與費內羅金融瑞士公司的帳戶開在開曼群島DMS銀行；費內羅股權投資（開曼）一號公司與費內羅股權投資二號公司，則把帳戶開在開曼群島德意志銀行。

架構的安裝、後勤補給與建立，以及跨越不同管轄權的全球銀行服務⋯⋯」（根據瑞奇茨的說法，茹雅「背著我們」掌控了IMS）。[10]

吉爾伯特·阿曼塔的其中一家公司，叫做費提斯的，已經握有她大量的錢，所以也可以轉一些金額過去。此外，茹雅還請了伊里娜·迪爾琴絲卡，她的法務主管，去創立一家叫做B&N的顧問公司，負責搬動剩餘的錢。[11]等錢通通轉到某支費內羅基金之後，馬克就可以按照茹雅的意願進行各種投資。

茹雅肯定非常滿意於馬克的計畫。她終於進入了超級有錢人的世界：一個錢永遠不會是一攤死水的地方，一個永遠有聰明的人全年無休不分晝夜地幫你把現金轉成資產與股份，好讓你變得更加有錢的地方。馬克返回了佛羅里達（然後轉身又去了英屬維京群島與開曼群島）把文書工作收尾，並開設銀行帳戶。但茹雅完成費內羅基金計畫後，並沒有離開四季酒店。她還有其他，甚至更重要的事情，在倫敦等待著她去處理。

10 本書作者私人取得的一份服務協議，描述IMS將提供「全新企業架構的安裝、後勤補給與建立，以及跨越不同管轄權的全球銀行服務⋯⋯」而這份協議是由歐洲暨聯合大公國集團DMCC，分別與新加坡IMS公司（二〇一六年三月二十五日）、德國IMS公司（二〇一六年三月二十一日）與英國IMS公司（二〇一六年三月十五日）簽署，其中DMCC的代表，是一名叫做艾得里安·歐頓（Adrian Oton）的公司成立代理。

11 事實上B&N顧問是經伊里娜買下，一家原本就存在的公司。伊里娜在二〇一六年二月二十九日成為了B&N顧問的有限合夥人。

| 第十章 |

倫敦行

自從茹雅離開大學之後，就過著工作優先的日子。多一分鐘拿去休息，就少一分鐘拿去做點有生產力的事情。至於到了忙於維卡幣的前兩年，她更是擁抱工作狂的人生，就像回到麥肯錫時代一樣：她的生活就是自虐的會議馬拉松，就是三更半夜的電話，就是飛不完的長途航班，就是萬眾矚目的簡報與演講。維卡幣成了她的生命，她呼吸的空氣。她有崇拜她的粉絲遍布各大洲，有她想花也花不完的錢，有一家承諾要實現金錢革命的公司，跟在公司裡至高無上的權力。歷經千辛萬苦，她終於開始兌現自己的潛能了。

但實現最初的夢想，鮮少能讓有野心的人心滿意足太久。這十餘年來，她除了工作還是工作，如今的茹雅已然三十好幾。按照其身邊朋友的說法，茹雅在維卡幣起飛後不久，就決定想要當母親，於是在二〇一六年初，維卡幣員工與高階上線間，流出了她打算找代理孕母的傳言。在密集的公開演說行程中，她從未在任何時間點上——一直到生產的數日前——顯露出肉眼看得到的懷孕證明。這段期間的情報相當有限，但確定的是，在她倫敦雙週行期間，茹雅發現她的預產期落在二〇一六年的晚秋。

茹雅一方面驚喜莫名，但同時也意識到這代表她的人生將出現巨變。她的倫敦行不只為了見馬克．史考特一面，也替為人母的新生活進行規劃。茹雅覺得比起法蘭克福、索菲亞或杜拜，倫敦更適合養小孩。於是在馬克動身前往佛羅里達，去處理費內羅基金的事情後，她便把心思放在如何在倫敦市中心成立一家「家族辦公室」。

家族辦公室有點像私募投資基金，只不過其看顧的不是一群投資人的財富，而是一個人的財富。作為這辦公室的主人，茹雅可以撥一些錢，然後由家族辦公室精選一支團隊來提供投資意見。家族辦公室也可以作為家族成員間大筆金流動的理想管道——眼看著這種需求將愈來愈迫切。

茹雅待在四季酒店的頂樓套房裡好幾天，為的是面試家族辦公室的員工。話說此時，她已經給辦公室取好名字了，就叫做「雷文爾資本」，英文寫作RavenR（意思是渡鴉的Raven，取自她一頭黑髮，大寫的R則是茹雅的字首。事實上，雷文爾資本不是一家公司，而是兩家：一家在杜拜，成立於二〇一五年，負責持有茹雅的個人資產，另一家在倫敦）。

蓋瑞・基爾伏是一名年近五十，曾短暫任職於花旗銀行的合格訴訟律師。茹雅向他保證，雷文爾資本不會有運作資源不足之虞，同時她會尊重專業的經營，於是基爾伏答應加入成為董事。茹雅還另外雇用了幾名很精明的金融專家，包括：一對分別叫安東・哲列博佐夫（Anton Zherebtsov）與安納托利・葛爾洛夫（Anatoly Gorlov）的俄羅斯人，還有麥克斯・馮・阿爾寧姆（Max von Arnim），這名兼職為雷文爾資本擔任外部顧問的私募基金專家。

倫敦慢慢地成為了她首選的城市。二〇一六年三月二十三日，她開價一千三百六十萬英鎊被接納了，肯辛頓一層豪華的四房頂樓公寓外帶附屬的游泳池，成了她的財產。[1]事隔不久，她又在同一塊街區買下了第二戶公寓，主要用來放她的東西，或是給保鑣或訪客住。幾天後她簽下了三年的租約，租下了她家族辦公室雷文爾資本所需要的辦公空間，地點位在英國最能代表身分地位的住宅區，騎士橋，而且地址還是錦上添花的：騎士橋一號。

只不過在她能專心致志在她的未來之前，茹雅得先把她過去某樣陰魂不散的東西搞定——那是一個她不曾告訴投資人與銷售網路的祕密。這個祕密對維卡幣、對雷文爾資本，乃至於對茹雅迄今努力建立起來的一切，都是致命的威脅。於是，就在雷文爾資本的新辦公室開幕後不久，茹雅就低調回到德國去接受法律制裁，為的是她五年前犯下的一宗罪。

1 這棟倫敦頂樓公寓的地址是「聖瑪莉艾伯茲排屋，艾伯茲公館，第二十三號公寓」（Abbots House, 23 St Mary Abbots Terrace）。

第十一章

瓦爾滕霍芬鑄件工廠

二〇〇九年，德國南部，瓦爾滕霍芬。

卡洛斯．吉爾（Carlos Gil）很擔心。當了三十多年工會硬漢的他，是一個貨真價實的施瓦本（Schwabe，德國佬，意思是他作風太像德國人，太一板一眼了），所以一家工廠出了問題瞞不了他。瓦爾滕霍芬鑄件工廠的麻煩絕對不小，而他的當務之急就是拯救員工。最好是一百四十個工人通通都救下來。這工廠的行政作業已經搖搖欲墜好幾個月，至此他們已經失去了六十個夥伴，但公司在巴伐利亞還算是老字號，那一帶都知道他們生產的機器鑄件品質很好。

找到買家相對容易。比較難的是確認買家會把員工照顧好。工會代表在德國是有實權的，而且這權力還大到可以決定一場交易的生死。事實上，卡洛斯也曾判過交易的死刑。不把他的勞工兄弟放在眼裡的買家，他是不會點頭同意的——沒什麼話好說。每多救下一個崗位，對他都意義重大，但鑄件廠的特別之處在於，那兒很多工人都是代代相傳，在同一間工廠裡面對同一座高爐，幹著同一份炎熱的粗活兒。

茹雅．伊格納托娃二〇一〇年初盛裝走進他辦公室的時候，卡洛斯正懷疑著他究竟有沒有辦法找到適合的人。他已經對三家潛在的買家說不，原因是他們想要削減工資。茹雅的出現，讓他幾乎在第一時間就知道自己挖到了金礦。茹雅感覺有條有理，冷靜且專業。她帶來了試算表、投影片與一張無從挑剔的履歷。真要雞蛋裡挑骨頭，她的資歷有點好過頭了。但最棒的部分，還是茹雅提議要與她父親普拉門聯手買下工廠，而普拉門曾經在保加利亞的鋼廠工作過好些年。一名商業顧問加一個鋼鐵工人，要頭腦有頭腦，要肌肉有肌肉，這簡直是再完美也不過的組合。萬事俱備，現在就只差在上頭綁一個漂亮的蝴蝶結。

「聽著，」卡洛斯堅定地說。「我們的一百四十名老員工，現在只剩八十個還留著。我們必須給他們加薪——並且把那六十個人找回來。」這要求對他而言，沒有談判的空間。

「沒問題，」茹雅點頭說。「我們不會解散工會，然後我們還會盡可能回聘失去的工人。」

這句話就是卡洛斯想聽的。她的開價是兩百二十萬歐元買工廠，並向一間德國銀行申請到貸款（作為貸款的擔保品，茹雅與普拉門會用上他們在保加利亞的兩座高爐，其價值接近一百萬歐元。他們父女同意將高爐遷過來，並安裝在工廠裡）。卡洛斯對合約上的小字沒興趣——那是給銀行家跟生意人看的。他只要能多救幾份工作回來，就心滿意足了。

二〇一〇年春天，也就是距離第一枚維卡幣被開挖出來已經快五年的時候，茹雅與他父親成為了德國南部一家鋼廠的共同負責人。

前五個月一切都很順利。生產如常地進行，工人也能按時領薪。茹雅天天坐鎮在廠內的角落辦公室，母親薇絲卡則擔任她的助理。普拉門常在工廠走動，為的是監督生產和跟工人聊鋼鐵經。茹雅一家唯一一個缺席的成員，就是她弟弟康斯坦丁，他在德國的圖賓根大學（Tübingen University）念新聞與政治課餘，還要忙著在金屬樂團裡擔任貝斯手。慢慢地，卡洛斯把瓦爾滕霍芬鋼廠的事給忘了。他還有其他工廠的其他工人要照顧。卡洛斯的工作就是這樣——他只介入那些出問題的工廠。

一天早上，大約是茹雅買下工廠的一年之後，一名不是很開心的員工致電給卡洛斯。

「卡洛斯！伊格納托娃有一家顧問公司，她自己當老闆，叫里拉資本（RilaCap）。重點是，她自己雇用自己的顧問公司，然後拿工廠的錢付給自己。」[1]

「她這麼做是想幹嘛？」卡洛斯問。他從來沒聽過有這種事情。「我不確定，」該名員工回答。其實也不只他，工廠裡所有人都是一頭霧水。

卡洛斯拿這事去問茹雅，而茹雅說，她只是想稍為推動工廠的品牌重建——請卡洛斯不用擔心，員工們都有按時領到薪水。只不過慢慢地，廠內的工作環境開始走樣。員工開始被要求無償加班。廠商請款的發票也被無視。假日上工的薪資加成也大不如前。就在這種烏煙瘴氣中，有天茹雅還在上班後抱怨她的公務車——那是輛保時捷的凱燕休旅車——在不久前去保加利亞時被偷了，搞得公司氣壓更低。事情不對勁，已經不言可喻。

茹雅與普拉門答應要從保加利亞運來的兩座高爐，也始終沒有出現。但工廠正苦於設備過於老舊，望新式高爐若渴，因為只有新規的高爐才能把產量拉高。一開始是等待幾個禮拜，接著變成幾個月，然後就是一連串五花八門，要大家再多等一星期或一個月的藉口。

「我們現在就需要高爐，」卡洛斯說了不只一遍。

「你管這麼多幹什麼？」茹雅冷冷地說。茹雅是很少動氣的人——生氣無助於生意。「員工的薪水我都有付啊——這樣還不行嗎？」

卡洛斯——此時，他已經從根本懷疑起那些高爐的真實性——他突然殺到工廠現場去見茹雅，但走出辦公室的茹雅卻一副目中無人的模樣。身為工會首腦，卡洛斯從來沒遇過有誰敢給他這樣的臉色看。

1 里拉資本是茹雅在大約這個時期成立的顧問公司，其網站上寫著：「里拉資本獨資有限責任公司化危機為轉機。我們是一家積極投資落難企業，並尋求利用營運優化來創造價值的顧問業者，為此我們會讓公司專注在高獲利的領域。」詳見 internet achive (2011): https://web.archive.org/web/20111014235641/http://www.rilacap.com/pages/ view/22

一天早上，卡洛斯接到一通電話，另一頭又是一名工廠員工。

「卡洛斯，茹雅把工廠賣了，」他話說得驚慌失措。「你說什麼？你說她把工廠賣了是什麼意思？」

「茹雅用一歐元把工廠賣給了一個男人，」他說。那天早上都有正常到班，但人來了才發現，工廠已人去樓空。現場亂成一團，沒人知道該怎麼辦才好。

「她人呢？」卡洛斯問。

「她跑了。」

卡洛斯放下手邊的一切，衝到工廠。那裡就像電影場景一樣。很顯然工廠高層走得很倉促：現場有資料不見了，有文件被燒到一半，有被弄壞掉的筆電。卡洛斯的電話一打再打，但茹雅不接就是不接。卡洛斯開車殺到她的住處，但他在那兒也撲了個空。等開始調查書面資料，卡洛斯才赫然發現，員工說的是真的：茹雅將瓦爾滕霍芬鑄件廠賣給一個德國商人，總價一歐元。三十年來，卡洛斯處理過的狡猾老闆與騙錢手法也不在少數，但今天他算是開了眼界。這間工廠已經死透了——這一點無庸置疑。他們不會再有新的買家。短短幾週，瓦爾滕霍芬鑄件廠就永遠關門大吉，也拖累了一百四十名員工的生計。

這之後的好幾年，卡洛斯都一直念著這個奇怪的女商人，他忘不了她是怎麼把他所代表的一家工廠搞到破產。有些日子裡，他會想像茹雅購廠的出發點是好的，只是有些事情人算不如天算。

還有些日子，他會認定茹雅從一開始就存心不良。重點是那些員工！他一說起他們還是非常痛心。每隔一段時間他就會在街上與他們擦肩而過，當中不少人至今還是找不到工作。

二〇一五年的一天，地方報社的某人用臉書傳了一篇文章給他。「卡洛斯，」對方寫道，「這個你看過了嗎？」

一瞬間他的心臟幾乎停止了跳動。那就是她。同樣的自信、同樣的衣服、同樣的紅色唇膏。但文章裡的茹雅．伊格納托娃不是那個把鋼廠搞到破產，毀了一百四十名員工的人生，之後就逃之夭夭的無良老闆；她搖身一變成為名人，成為標竿企業家、「加密貨幣女王」。

「這怎麼可能？」他心想。「怎麼會有人相信這個女人？」難道他們不知道她都幹過些什麼事情嗎？他納悶著她會不會再次人間蒸發——就像她在瓦爾滕霍芬做過的那樣。

二〇一六年四月十二日星期二，茹雅站在奧格斯堡地方法院裡的被告席，奧格斯堡是距離鋼廠大約七十公里的一座小鎮。她授權的辯護律師是馬丁．布雷登巴赫。馬丁曾跟賽巴斯琛合作過，後來也曾協助她設立維卡幣的各公司，深得她的信任。她對於破產、詐欺、積欠與侵吞員工薪資、違反會計義務等事項上，通通認了故意背信的罪名。[2]

在臉書文章曝光後，卡洛斯的工會朝普拉頓與茹雅這對父女撲了上去，各種訴訟紛紛出

2 Beck, Sabine, 'Hoffen auf Gerechtigkeit' (Schwäbische Zei-tung, April 2016): https://bit.ly/3paSWTX

籠。卡洛斯的工會計算出她捲走了大約一百萬歐元——包括訂了貨但從來沒有收到過的廠商，被她騙了十二萬歐。萬一得進去關，那對茹雅來說，將是災難一場。她不僅經不起信用破產，更將缺席維卡幣兩個月後在倫敦的一場大型活動。

法官判了她十四個月的緩刑跟一筆一萬八千歐元的罰款。未出席的普拉門則得繳納一萬兩千歐元的罰款。卡洛斯心想，她毀了這麼多無辜者的人生，這樣的處罰也未免太輕，但沒辦法，法官的心證就是，茹雅是「聰明的年輕女性」，還有「大好前程」在等著。

開完庭她溜出了法庭，返回了保加利亞，就像什麼都沒有發生過一樣。不到兩個禮拜後，茹雅——塗著她正字標記的紅色唇膏，頂著一臉專業妝容，身穿剛過中午就換好的黑紅蕾絲晚宴禮服——在索菲亞斯拉維科夫紀念廣場（Slaveykov Square）的佩特科路六號之A剪斷了紅色綵帶。那兒，是維卡幣的全新總部。茹雅在剪完綵後面對數十名心情高亢的員工，隨口發表起了演講，搞得恰巧路過的通勤族一頭霧水。

這個新總部是一棟正面非常氣派的六層建物，除了可以俯瞰林蔭步行街區中穿梭的地面電車以外，也象徵著公司業績與量體的蒸蒸日上：偌大的茹雅肖像懸掛在主會議室中，同時茹雅還在接待處旁邊打造了一間「加密貨幣中心」來表彰她的願景，宛若一間祠堂。這間中心有金帶黑色的櫃台，跟主牆上巨大的類「藏頭詩」，寫著：grOwth, sustaiNability, safEty, bloCkchain, lOyalty, stabIlity, ceNtralised。光看這七個字，意思是：成長、永續、安全、區塊鏈、忠誠、穩定、中心化，若只看藏在其中的七個大寫字母，則意思是ONECOIN，也就是維卡幣。

她擺出了一個全尺寸的人形立牌，供前來朝聖的粉絲在進場時觸碰（後來幾個月，受到她欽點的上線，在加密中心獲得接待後，會被帶往茹雅位在四樓的個人辦公室。至於那些失寵的，則被留在加密中心，一晾就是好幾個小時，有時甚至誰也沒見到就直接被趕回家）。加密中心的訪客可以在這裡選購周邊商品、紀念筆、帽T等紀念品，而那裡的展示也對茹雅的種種成就如數家珍，當然當中不會出現瓦爾滕霍芬。

第十二章

生日快樂，加密貨幣女王

倫敦，二〇一六年五月。

二〇一六年五月三十日剛天黑，數十人在精心打扮後聚集了起來，他們人在南肯辛頓著名展覽路上的維多利亞與亞伯特博物館外。這棟恢弘的老建築，其基石是由維多利亞女王所奠下，且建物本身可以追溯其根源到一八五一年的萬國工業博覽會，那是一個展初英國傲視全球的工業與設計能力，供人嘆為觀止的場合。萬國博覽會比現在的什麼微軟或蘋果新品發表會，都熱鬧跟有趣一千倍。六百萬人，包括：查爾斯·達爾文、查爾斯·狄更斯、麥可·法拉第與卡爾·馬克思，通通都在現場瞪大眼睛，見識了新時代的奇珍異寶：顯微鏡、氣壓計與電報。

這一晚，博物館被租了出去，因為有人要

向人類產業的現代奇人致敬。這天是茹雅博士的三十六歲生日。

茹雅博士的派對——聖誕節與每年的夏天——都是維卡幣相關人士最期待受邀的饗宴。這些派對保證閃閃發光（像這場生日派對就耗資大約一百萬歐元），同時受邀代表的是茹雅的肯定。這些派對的地點也有其象徵意義。在之前的幾個月中，茹雅花在倫敦的時間愈來愈長。雷文爾資本的家族辦公室團隊已經快速成長為十人的規模，為茹雅尋找潛在的投資標的——外匯、不動產、科技公司。他們每天不是在研究茹雅的個人資產可以怎麼用得聰明（蓋瑞・基爾伏說，雷文爾資本從未有片刻是在代表維卡幣投資），就是在說服她不要輕舉妄動。每個一段時間，剛從保加利亞飛來的她，會拿著英國連鎖輕食店Pret a Manger的三明治，跟她在路上順手買的健怡可樂進到辦公室，然後宣布她考慮投資一家成人玩具業者，或買下某家中國的牙膏工廠。基爾伏這名董事得花好幾個小時，才能讓她打消這些天馬行空的想法。把她的派對辦在倫敦，暗示著她的生活重心正在從索菲亞與多層次傳銷轉到英國來，也轉到更正經的金融操作上來。

雖然傳銷網現在已經有數十萬人，但只有區區一百五十名幸運兒，能收到、並打開那封金中帶黑裝飾藝術風的邀請函：

請陪我們一同慶祝這個奇女子的大日子！誠摯邀請您蒞臨茹雅・伊格納托娃博士的

限定版生日宴會：女士記得穿得耀眼／男士請著全套正式西裝。

每個人收到這張鍍金的「敬請回覆」，第一件事就是立刻回覆「沒問題」。這些燒了好香的人，包括當中一些飛了大半個地球來赴約的，都在走進博物館後，受到了免費粉紅色香檳、生牡蠣、雪茄與壽司的招待。對貴為執行長的人很少見的是，茹雅常會親自參與大型活動的規劃，包括：她會幫忙挑選開胃菜、海報、喝到飽的飲料。對她而言，細節才是一切的關鍵——**人們會記住的都是細節，是細節為她創造出她想留給人的印象**。

賓客名單等於茹雅生活中的名人錄。索菲亞辦公室與倫敦雷文爾資本員工都列在上頭，只不過這兩邊的人愈來愈針鋒相對。賽巴斯琛不在話下。維卡幣時代前的老朋友也來敘舊。冰后阿絲狄斯．蘭恩。茹雅的先生比約恩．斯特列爾。在保加利亞當過部長的克拉希米爾．卡特夫（Krassimir Katev）吸了一口古巴雪茄。她最有價值的傳銷上線像是尤哈與卡里．瓦爾盧思，都在人群中穿梭微笑加拍照。為了不被人比下去，茹雅到場搭乘的是勞斯萊斯魅影，那是她從四季酒店處租來的座駕。

她弟弟康斯坦丁有點恍惚地在博物館四下晃來晃去，大部分時候都在跟爸媽薇絲卡與普拉門聊變了個人的姐姐，不然就是在婉拒免費的酒精飲料（他已經滴酒不沾好幾年了）。這一切於他是如此地超現實。他平日會從遠處追蹤姐姐的動態，也會跟朋友提起他有個愈來愈出名的姐姐，但他上次見到茹雅已經是去年在索菲亞的生日派對上。他注意到她在短短一年間變得很有錢，也注意到她現在穿的衣服有多貴，再來就是她身邊那些傳銷業務員都把她當神一樣崇拜。茹雅對男人是調情加馬屁，對女人則是各種恭維齊發，她就用這樣的操作在會場一路介紹著自己的小弟。

她終於學會了怎麼迷倒人。雖然臉上看起來堆滿了笑容，但康思坦丁注意到，那些被引薦認識的傳銷人心中有個空洞。他們開口閉口都是銅臭：他們的名車、他們招募的新人、他們的杜嘉班納、他們的公司排名。對話圍繞著他們又開啟了多少下線，或是他們這星期業績又有多亮眼。正常的人際互動已被掏空，取而代之的是一隻名為佣金的寄生蟲，所有有意義的事情都變得像塑膠一樣毫無生氣，只是對外說得很好聽，什麼想成功，就「先從助人做起」。他們聊著自己看了什麼書，不是為了打發時間，而是為了學習怎麼贏得朋友，怎麼讓人被他們左右。他們會約親戚喝咖啡，不是因為好久不見，而是要告訴他們現在有機會可以賺錢。人在多層次傳銷裡做個幾年，就會換上這樣一張臉。只有剛進來的人會注意到這種差別——幾個月的時間就能讓你沒了感覺，有朝一日康斯坦丁也會成為內心空虛的一員。

這晚的活動進行到半途，一個上頭帶有王冠的五層金色生日蛋糕被推了出來，最上頭的字眼寫著：「生日快樂，加密貨幣女王」。重金禮聘來的知名老牌歌手湯姆．瓊斯（Tom Jones）來到了台上，為他們進行了專屬的表演。賽巴斯琛與茹雅分享了一支慢舞，而尤哈．

帕爾希亞拉則手握有銀色頂端的手杖，站在前頭對著群眾高歌，湯姆．瓊斯反而站在一旁變成觀眾。康斯坦丁拍下了自己在跳舞跟一起唱著《吻》（Kiss，湯姆．瓊斯的代表作之一）的影片，將之發到了ＩＧ上。茹雅為此把他數落了一頓。但誰知道這種場面這輩子還會不會有第二次？

派對的幾天後，康斯坦丁在斯圖加特的家中接到了茹雅的電話。她剛發現賽巴斯琛跟她的一名私人助理搞上了。兩人甚至考慮修成正果。知道有這麼回事後，茹雅當場就氣瘋了。她的一些同事覺得茹雅生氣是不是因為嫉妒。賽巴斯琛與茹雅是一對的傳言，從來沒有停過，只不過真相如何從來沒有人看得懂。小題大作原本就是茹雅的作風，但她不會沉溺在情緒裡太久。這次不一樣的地方是，她開除了助理。「我需要一個不會背著我亂來的助理，」她跟康斯坦丁說。「你可以過來幫我嗎？」

康斯坦丁對目前的生活算是相當滿意。他在附近一間保時捷工廠操作堆高機的待遇是兩千八百歐一個月，算不上頂天，但他的生活與朋友都在斯圖加特。就許多方面而言，他跟姐姐都是南轅北轍。在地的健身房他一週起碼會去四次，同時他還在狗狗的庇護所當志工，甚至偶爾也會把一些被救援的狗狗領回家。同時他也不太瞭解姐姐在做什麼生意。下線、區塊鏈什麼的，對他都像文言文一樣難懂。但他信得過茹雅，而茹雅要他別擔心，助理的工作不外乎處理出差的交通住宿、安排開會行程、經手她的發票，等她血拚完把東西搬回來。

從很年輕時，茹雅就跟他講過很多忠心有多要緊的大道理。如果他從小就奉為偶像的姐姐需要他，那他當然義不容辭地揮別德國。同時這也讓他有機會多跟爸媽相處，主要是他們的爸媽在茹雅發達後就返回了索菲亞。她也答應錢的方面不會虧待他。[1]茹雅讓康斯坦丁即刻辭職、並飛到倫敦參加幾天後要舉行的公司活動。她希望他能在場聽她做出重大宣告，她有一則大消息，關乎「一種全新的區塊鏈」。

1 美國政府的資料顯示，康斯坦丁的月薪超過一萬歐元，且茹雅還幫他在索菲亞買了一棟價值三百萬歐元的房子。但康斯坦丁聲稱，他替茹雅工作的月薪只有三千歐元，並表示索菲亞房子的價值則僅約十五萬歐元。

第十三章

錢進來了

二〇一六年，英屬維京群島卸下了她軟柿子的形象。在當了許多年監理鬆散的祕密避稅天堂後，英屬維京群島終於引進了嚴謹的規範，來對應費內羅之屬的大型投資基金。首先有一樣就是，所有註冊在BVI（英屬維京群島）的基金，都要指派一名獨立的「管理員」來確保其運作之專業性，也確保投資人的利益不會受到損害。[1]管理員的定位是擔任投資基金的後台。他們會負責設立銀行帳戶，發股利給投資人，評估資產價值，完成金錢轉帳，甚至撰寫會議紀錄。稱職的基金管理員會把無聊的事情都攬在身上，好讓基金的運作可以算得上順暢。但如果他們感覺有什麼法所不容的事情在進行，譬如洗錢，他們也可以喊一聲卡，讓錢的流動中止。[2]像馬克・史考特這樣的基金經理人會三不五時與他們的基金管理員起衝突，只因為後者的職責是要讓基金誠實地按規矩做事。

保羅・史本迪夫（Paul Spendiff）就是這樣一位基金管理員。他所屬的Apex公司旗下，管理世界各地的數千支投資基金。其中光是保羅負責的倫敦分公司就管理逾百支，且從二〇一六年五月十日起，這百餘支基金中也包含了費內羅股權投資有限公司。[3]保羅與其團隊看著馬克上個月傳給他的書面資料，感覺不出什麼異狀。馬克近期剛成為英屬維京群島的一名「合格基金經理人」，這代表他可以不用歷經冗長的審核程序就逕行操作基金。馬克告訴保羅說，新基金的投資人是他之前合作過的「富裕歐洲家族」。基金的任務宣告也相當制式：「費內羅的成立是應以歐洲為根據地的卓越家族跟企業之邀，希望能掌握潛在的企業綜效利益。」在沒受過專業訓練的人看來，企業蜘蛛網可能看起來很可疑（費內羅持有在英屬維京群島MSSI國際顧問公司手中，而英屬維京群島MSSI國際顧問公司又持有在佛羅里達MSSI國

1 根據英屬維京群島的《合格基金法》（*Approved Funds Act*），接受監理的私募基金必須指派一名管理員。

2 與Apex公司的協議規定，普通合夥人（馬克・史考特）有法律義務，要在他擔心或懷疑投資人在從事洗錢時通知Apex，又或者他若發現投資人的狀態有所變動，他也一樣要將這一點通報給Apex公司。

3 保羅初認識馬克・史考特是透過二〇一六年四月的一封電郵，中間人是他在Apex紐約辦公室的一名同事。事實上，馬克・史考特曾嘗試透過另一家叫Appleby的基金管理公司去進行基金的註冊，但沒有通過對方的盡職調查（實質而非程序性的審查）。Apex還替費內羅公司管理了第二支叫做費內羅金融瑞士有限合夥公司的基金，但該基金在Apex介入管理後，即無太多的活動。

際顧問公司手中，然後佛羅里達MSSI國際顧問公司又持有在馬克手中）[4]但經年累月下來，保羅早已見過那種幾頁寫不完的公司結構。Apex對馬克進行的背景調查沒查到什麼問題。而據保羅所說，馬克沒有一次提到過茹雅．伊格納托娃或維卡幣的事情。

Apex一替費內羅股權投資有限公司在開曼群島的DMS銀行開完帳戶，馬克就立刻把好消息告訴了茹雅與伊里娜。背景調查已經通過，他們可以開始把錢轉進費內羅基金的某個銀行帳戶了。[5]

「嗨，馬克，」維卡幣的大會計瑪雅．安東諾娃寫道。「我們轉帳時的款項訊息該怎麼寫？」

「就寫：認購基金的部分款項，」他答道。[6]幾乎就在同一時間，大到誇張的金額就湧進了帳戶。

六月二日，分開的三筆款項共計五百萬歐元，從德國IMS公司的德國商業銀行帳戶轉入費內羅股權投資有限合夥公司的開曼群島DMS銀行帳戶。

六月三日，另外五百萬歐元從德國IMS公司的德國商業銀行帳戶轉入。

六月六日，第三個五百萬從德國IMS公司的德國商業銀行帳戶轉入。

六月七日，第四個五百萬從德國IMS公司的德國商業銀行帳戶轉入。

六月八日，第五個五百萬從B&N顧問公司的保加利亞DSK銀行帳戶轉入。

六月十五，第六個五百萬從德國IMS的德意志銀行帳戶轉入。

六月二十，第七個五百萬從新加坡IMS公司的OCBC銀行帳戶轉入。

這樣的轉帳模式維持了一整個夏天。上千萬，然後是上億的歐元，就這樣一筆筆流入馬克的費內羅基金帳戶。[7]有兩年之久，維卡幣的投資人一直購買著價格在一百歐與一萬兩千五百歐之間的課程包，並努力不懈地把他們的錢轉到世界各地的一個個銀行帳戶。那些錢如今都被揉成了一團團的五百萬，轉到了加勒比海上的一支投資基金裡。數以千計的那些普通人——不論來自烏干達那位變賣了一切的丹尼爾，還是田納西的克莉絲汀·葛拉布利斯，抑

---

4 如前所述，梅森·海斯與庫蘭作為在都柏林一間聲譽卓著的法律事務所，替馬克在愛爾蘭的幾家公司擔任公司治理長。他們與愛爾蘭銀行接洽並替他設立了帳戶。根據史考特為愛爾蘭銀行填寫的問卷，其愛爾蘭公司的預期帳戶往來金額，會落在每年一千萬到兩千五百萬歐元之間。

5 Apex在二〇一六年五月九日寄出了一封意向書給開曼群島DMS銀行。

6 United States v. Mark S. Scott, S10 17 Cr. 630 (ER), 14 November 2019, p. 152

7 United States v. Mark S. Scott, S10 17 Cr. 630 (ER), 31 August 2020. 吉爾伯特的費提斯集團分三筆匯款，發出了近一千萬美元給費內羅股權投資二號公司，時間落在二〇一六年六月與九月之間，但這似乎是一支獨特的基金——該基金收到錢就這三筆而已。

或是大家一起湊錢的印度村子——沒有一個人知道，他們的錢最後都進了天高皇帝遠的銀行帳戶裡，也落進一個叫馬克・史考特的男人手裡。

二〇一六年六月，馬克告訴Apex公司說，他為基金找到了第一個投資機會。他希望Apex公司授權支出七百萬歐元，去入股倫敦一家叫做「支付卡科技」（Payment Card Technology）的公司。茹雅在雷文爾資本辦公室的顧問看著數據，心想這是一個買下來很聰明的標的，且就Apex的立場而言，這也符合其任務宣告：支付卡科技是一家正派合法的倫敦公司，往來的都是財務健全的正經客戶。Apex分五筆把錢轉了過去，讓費內羅基金順利買進了其處女標的。

但這只是隻小蝦米。費內羅基金接下來買的，就是大咖了：他們將以百萬美元為單位投入重金買下一塊油田，而且交易中將涉及香港排名第二的鉅富，外加美國某任前總統的男性手足。

第十四章

我會讓你們的幣數翻倍

倫敦，二〇一六年六月十一日。

茹雅在後台踱來踱去。**我會讓你們的幣數翻倍，我會讓你們的幣數翻倍。**

三千人滿心期待在等她出場，當中大部分都是像克莉絲汀．葛拉布利斯或蕾拉．比甘姆的投資人：慢慢對維卡幣投入愈來愈深，所以想親耳聽聽高層現身說法，順便與其他「幣友」相見歡的普通人。溫布利體育館作為倫敦頂級的室內場地，最有名的就是有世界級的樂團在這兒演唱過。但這場「加密幣掏金熱」（CoinRush）活動的搶手程度才叫真正的破表，即便票價是驚人的兩百歐也澆熄不了其熱度。好幾名中國籍會員原本要出席，但他們的簽證遭到了英國內政部拒發。維卡幣公司花了至少五十萬歐元才把這場企業活動辦起來，但這點錢他們只用新業績就賺回來了。茹雅與若干公司高層在她生日後與倫敦活動前，留在了倫敦，且此間大部分時候都以雷文爾資本在騎士橋的辦公室為據點，進行作業。一如以往，活動的前一晚，有一場所費不貲的晚餐宴請中倫敦所有的頂級上線，當中大部分人都下榻在肯辛頓的希爾頓飯店。

之所以要辦這場「加密幣淘金熱」，其用意正如杜拜與澳門的企業活動：**重新喚起銷售網的熱情，讓上線們可以帶著新鮮的決心重返職場**。當天從中午開始，銷售網中的明星業務員就上台分享他們的成功故事，希望用演講激勵其他同仁。

總是噱頭十足的卡里・瓦爾盧思在舞台上衝來衝去，像個瘋子一樣，一邊還大喊著大家發大財。紐西蘭多層次傳銷專家艾德・拉布魯克最自豪的就是，他比普通的傳銷人來得惜字如金，不輕易大放厥詞，但就連這樣的他也說，他「從沒見過這樣的事情」。來自《金融資訊科技》（*Financial IT*）雜誌的克里斯・普林西比（Chris Principe）開場來了個「巷仔內」的笑話：去年搶銀行的人數減少了百分之三十七……但搶人的銀行數卻增加了百分之百。許多維卡幣投資者都是金融的好學生，他們讀了一大堆資料都說，銀行可以如何印鈔票，然後再跟人收利息，所以這個笑話獲得了滿堂彩。卡里・瓦爾盧思一身帥勁十足的藍色西裝，宣布了維卡幣已經靠銷售佣金創造出三百二十位百萬富翁，並用維卡幣的增值創造了另外兩千五百名百萬富翁。近乎宗教信仰的熱情曾出現在澳門，如今又在倫敦重現：信徒帶著維卡幣頒發的獎章在現場走來走去，並相互比出了維卡幣的專屬手勢。

網路上的評論者，尤其是一路緊迫盯人的傳銷爆料網，始終對事態的發展目不轉睛。從二〇一四年，傳銷爆料網刊出第一篇關於維卡幣的文章以來，網站創辦人奧茲（Oz）就從沒有片刻放過維卡幣公司，他動輒就會一個月連發數篇文章，來批判該公司不尋常的高速成長與膨風的承諾。他的努力換來了一群追隨者，然後到了二〇一六年，一群鍵盤偵探已經以這個網站為中心，凝聚成了一個非正式的社群，成員們開始會在群裡分享各種見解與在網上挖到的八卦。

二〇一五年，有些比較拚的成員甚至把維卡幣在美國的兩次活動搞到腰斬，主要是他們主動接洽了活動的場地方——向他們檢舉維卡幣的所謂「教育」產品只是個幌子，還表示維卡幣的價格設定是一個沒人知道真相的黑箱。他們也曾試著提醒溫布利體育館的人員，希望館方可以把維卡幣在倫敦的大秀取消。「請大家努力阻止那場活動！」論壇上的一名網友大聲疾呼。好幾名常在傳銷爆料網發文的班底，甚至一通電話打到活動場地去問個清楚——但館方人員的口風很緊。「我希望大家不要期待英國的警察會跑來抓人，」一名失望的網站供稿者在活動預定要開始的幾小時前說道。「現在是二十一世紀，這裡有英國的放任主義，我們不是在拍電影。」

他言中了——警察沒有出現，逮捕也沒有兌現。事實上，活動後台的氣氛只有歡樂可言。最近才新加入的「無極」交易者包——一盒課程要價空前的兩萬五千歐元，裡面有全新的教材內容——賣得嚇嚇叫。四月分一波幅度達一成的漲價讓獲利大增，但營收成長不動如山，且單枚維卡幣的價值也再次增值到五點九五歐。但茹雅不尋常地緊張起來，原因是她有一件極富爭議性的大事要宣布。她要推出嶄新的區塊鏈。

改變區塊鏈違反了茹雅至今說過，關於維持維卡幣供給量固定有多要緊的所有話語。在長達三年的時間裡，她到處像傳福音似地講述著供應量確定、且不容竄改的貨幣有多大的威力——二〇一四年，她曾在賽巴斯琛也在場的馬來西亞把話說死，「我沒辦法多印（鈔票）……即便我想，喔，這個銷售網成長得有夠快，我們來多印個五十億元吧……這是辦不到的。」沒有任何一家加密貨幣公司嘗試過類似的事情。而如今她竟要在活動上公開說，她要撕毀一切，從頭來過。

事實上，她也沒別的選擇。維卡幣的人氣之高超乎所有人的意料，包括茹雅自己也沒想到。二〇一四年七月她在設計維卡幣的科技時，茹雅想的是二十一億顆錢幣夠她賣一輩子了，但事實證明，維卡幣的成長快到即便它才開賣剛滿十八個月，公司就已經無幣可賣了。而且由於維卡幣是透過多層次傳銷的通路在販賣，沒有幣源就代表沒有課程包，而沒有課程包，像伊格爾這樣的上線就會斷貨，到時候公司的一切運作又會嘎然而止。

面對幣源枯竭，茹雅的解決之道就是，把所有資料都搬遷到更大更快的區塊鏈。新的區塊鏈將含有一千兩百億枚維卡幣——五十倍於原始的版本。而且產幣的速度也將快上許多。舊版的區塊鏈是每十分鐘產幣一萬枚，新版是每一分鐘產幣五萬枚。

任何投資人只要有少許的金融概念，對這當中的問題所在就能有所察覺。經濟學入門就講到過，供應增加會導致價格下降。一夕之間讓維卡幣的供給增加五十倍，其他條件不變，理應讓投資人手中的維卡幣價格暴跌。就是考慮到這一點，茹雅才打算一併做出一個大膽的承諾：**當新的區塊鏈於二〇一六年十月一日上線後，維卡幣的價格會完全維持不變，且每個人的幣數都會立刻翻倍**。這整個計畫把可信度繃到了極點。

賽巴斯琛把茹亞cue到了台上：「讓我們以熱烈的掌聲歡迎我們的造物主，我們的創辦人……」

艾莉西亞．凱斯的《烈火女孩》從溫布利體育館的音響系統中炸開，焰火點亮了舞台。身穿飄逸的紅色禮服、抹著大紅唇膏的她自信滿滿地走了出來，來到了巨大的標誌之前，標誌上頭寫的是：**維卡幣，比特幣殺手**。她鞠了個躬，刻意頓了一拍，露出了微笑，望向了廣大的聽眾，收割了一波掌聲。她緊不緊張很難說，但表面上看不出來是事實。從香港到赫爾辛基，再到跟賽巴斯琛前進新加坡進行創業以來的第一場活動，接著又是杜拜、澳門與現在的倫敦，茹雅博士終於畢業了，她終於蛻變成為了一個優秀的演員。

在誇讚完維卡幣的銷售網是「想要推動改變的世界公民」，並承諾維卡幣很快就會在交易所上市後，她做出驚天宣布的時候也到了。舞台地板上的螢幕是她的提詞機，但那於她幾乎只是聊備一格。她已經練習了六個月，就是為了這一刻。

「我想時候也差不多了，」茹雅告訴群眾，句子與句子間的空隙都經過精心控制，正好讓掌聲可以插得進去；「我們想還是不想，成為世界上第一名的加密貨幣……」台下對這個問題沒有任何懷疑，沒有任何猶豫。至於什麼比特幣？毋需多慮，那玩意兒又慢又太技術性。

「我們可以靠現有的這些成為世界上最大的加密貨幣……嗎？」

「可以！」最後面的Z排維卡幣上線大吼著。

「不，我們不行。」她解釋起維卡幣的庫存已經見底。維卡幣已經不夠賣了，所以他們只剩下一條路走：「（我們要）創造一個比誰都大的貨幣……我們要把規模增加到一千兩百億顆。」麻煩當然只有一個，那就是這個目標會需要一個新的區塊鏈。「我們會推出一個新的區塊鏈，日期是十月一日。」

此時，茹雅放慢了節奏。她需要確定群眾有被她拉過來。「為了回饋你們這群老成員，感謝你們從第一階段就支持我們到現在……我們將以公司的名義將你們帳戶裡的幣數加倍。」

群眾陷入了暴動。但他們還沒有歡呼完，就只聽見茹雅趕忙追加說，「這在維卡幣的歷史上絕對是空前絕後。下不為例。」

「我們愛你，茹雅，」有個聲音大喊。

「謝謝你，」她答道。「過個兩年，比特幣就乏人問津了。」

幾分鐘內，奧茲與傳銷爆料網的調查員就在YouTube上發現了茹雅的演講影片，而那過程看得他們膽戰心驚。「我在臉書上追蹤的一名維卡幣啦啦隊，今天說他剛晉身百萬富翁。他說他興奮到發抖，」其中一名調查員寫道。提姆・泰尚・柯瑞（Tim Tayshun Curry）作為爆料網的固定投稿者，也沒辦法相信自己剛剛看到了什麼。「茹雅太了不起了，整個數學法則都為她轉彎了，」提姆寫道。他這發言自然是戲謔的口吻。但出席倫敦的大部分群眾，對此可是深信不疑。

|第十五章|

X計畫

香港，二〇一六年夏。

沒有人確切知道那場會面是怎麼發生的。也許是經由茹雅長年在金融圈的人脈。也許許博士對加密貨幣實在太過著迷，因此面對這位在香港有了新辦公室的加密貨幣女強人，她的魔法讓他根本無力抵擋。不論事情的來龍去脈為何，總之在倫敦活動的數日後，茹雅發現她人已經坐在香港一間會議室的桌前，一起的除了賽巴斯琛，還有在香港富豪榜高居第二名的許智銘博士（原許志明），至於傳言中的第三個人則是尼爾・布希，他不但是美國某前總統的弟弟，還是另外一位前總統的兒子。他們在討論要買下的，是非洲的一片油田。

許博士在香港是喊水會結凍的大人物，是履歷攤開來非常漂亮，親北京的億萬富翁。一九六四年出生在廣東一個窮人家，許智明有著鄧小平口中「新企業家」典型的野心與幹勁。他是有史以來最年輕的金紫荊星章得主——金紫荊星章相當於頒給民間人士的大英帝國司令勳章（CBE）——主要是他在幫助中國人脫貧的工作上做出了卓越的貢獻。集合對北京的忠心與強大的事業心，他先後在不動產與能源界累積了巨大的財富，並入主了中國一家大型能源公司——智富資源投資控股集團有限公司（港交所代碼0007.HK，前稱香港金融投資控股集團有限公司原凱富能源）。在世紀之交，許智銘——在一筆讓部分當地民眾很不滿的交易中——買下了馬達加斯加一片廣達九千平方英里、且富含石油的土地，代號是「三一一二號區域」。[1]「三一一二號區域底下，有大概價值四十億美元未經開採的原油蘊藏，全都放在許智銘的其中一家巴塔控股公司（Barta Holdings）的名下。

許博士也是一名對加密貨幣興味盎然的科技粉，且由於加密貨幣在香港與中國都有很高的人氣，因此他會耳聞過茹雅博士並不稀奇。同時他也準備要出售巴塔控股——以及其名下的油田——給茹雅，開價是五點六億美元。許博士對這筆交易十分積極。若按後來的法庭證詞所言，尼爾·布希——他與許博士有長年的合作關係，也在許博士的一些公司中擔任董

1 Raonimanalina, N. and Fitzgibbon, W., 'Chinese oligarch could face scrutiny in Madagascar oil land grab' (The Africa Report, 8 January 2014): https://www.theafricareport.com/4903/chinese-oligarch-could-face-scrutiny-in-madagascar-oil-land-grab/

事──也特地搭機前來列席。茹雅喜歡在有錢的聰明人的包圍下暢談非同小可的交易。她提議其中六千萬美元以現金支付，剩下的五億元則以當時一枚七歐元的維卡幣支付。她告訴許博士，她對於油田的持份，就按照許博士將維卡幣換成真錢的比例來換算。「我覺得這是個非常新穎的想法，」許博士當時說。根據熟悉這筆交易人士指出，茹雅稱之為「X計畫」。

當茹雅把關於巴塔控股與三一一二號區域的細部資料，傳給她在雷文爾資本的顧問時，蓋瑞．基爾伏記得同仁們費盡唇舌要勸退她。但茹雅出於沒有人真正瞭解的原因，她對三一一二號區域可說是死心塌地。二〇一六年七月七日，許博士與茹雅簽下了「未來合作的條款清單」，當中勾勒出了雙方預定的交易內容。該清單顯示了至少對茹雅個人而言，這筆交易的意義並不限於土地買賣本身。

自從維卡幣在二〇一四年破繭而出，累積出門檻以上的能量後，公司幾乎在全球的每一個國家都有所成長，只不過沒有一個成長得像中國這麼誇張。中國等於是愛上了茹雅，就像中國人兩年前也愛上過比特幣一樣。網絡行銷（即靠人脈進行的直銷）與加密貨幣，在可望翻身的中國中產階級間擁有致命的吸引力，且維卡幣主打的「中心化」區塊鏈，比起出身自由放任主義的比特幣，更符合中國傾向大一統的國情。截至許博士與茹雅見面之際，維卡幣光從中國人手中，就斬獲了大約十五億歐元的投資金額。有個坐了二十三年冤獄的人，甚至把他總共一百萬元人民幣的補償金，都孤注一擲在維卡幣上。

儘管中國是如此要緊的一個市場，茹雅卻從未能在中國大陸領到正式從事傳銷所需的網絡銷售執照。她在二〇一五年與一六年試過，但每次申請都在中國那迷宮般的專利體系中石沉大海——且按照當地的多層次傳銷規定，加密貨幣與教材都不在官方核准的產品類別之列（事實上在二〇一六年中的某個點上，中國公安部曾對維卡幣發起調查）。[2]隨著維卡幣持續成長，茹雅也日益擔心起，中國官方可能視她為眼中釘。

至少對茹雅而言，與許博士的交易是為了中國市場崩潰的風險，所買的一張保險。「條款清單」中聲明，許博士將「盡力支持維卡幣在中國成為一款獲得官方認可肯定的正規貨幣，並設法讓維卡幣取得銀行執照，令其在中國的推廣與運作，更加順遂」。[3]除了總額五點六億美元的價金之外，許博士還會被配置一組專屬的維卡幣下線，這群下線的業績，他都可以抽一點（後來許博士解釋說，在他的理解中，上述支持聲明的真正意義，是要確保以維卡幣支付的價金，有朝一日可被順利兌換成官方貨幣，而不是在暗指他個人在為X計畫背書，畢竟該計畫於他也沒有好處）。

在與許博士簽署了條款清單後不久，茹雅就對馬克．史考特說，她想讓費內羅基金經手

---

2 Yingzhi Yang, 'China prosecutes 98 people, recovers US$268 million in OneCoin cryptocurrency investigation, report says' (South China Post, May 2018)

3 作者手中有條款清單協議的影本。

這筆另類的交易案。

問題是費內羅基金的任務，宣告明言該基金的投資標的是「經營陷入困境的歐盟科技公司」，不是什麼非洲的油田。由此費內羅不太可能從把關的Apex手中取得投資的許可，畢竟這脫離基金自稱的「守備範圍」太遠。但一如以往，茹雅想出了解決方案。她名下已經有一家多年前建立在歐盟的科技公司，也就是登記在蘇黎世的CryptoReal投資信託。她在二〇一二年開了這家公司，是為了擁有她自己的投資基金，後來雖然沒做出成果，但她也沒把公司解散（二〇一四年七月，她跟賽巴斯琛連袂出席的最後一場大型比格幣活動中，就曾宣傳過這家公司）。茹雅的德國律師馬丁．布雷登巴赫，被任命為CryptoReal投資信託公司的董事兼負責人。一份授權書大約同時間被擬了出來，讓茹雅得以控制住這家公司（自始至終授權書有沒有完成簽字，外界不得而知）。[4]

馬克通知Apex，說他替費內羅找到第二個可以投資的標的：他想提供一筆三千萬美元的貸款，給一家叫做CryptoReal投資信託，負責人是一名德國律師叫馬丁．布雷登巴赫的公司。馬克解釋說，CryptoReal投資信託打算買下馬達加斯加的一處油田，而費內羅基金想要融資給該公司去購買油田，藉此賺取利息。七月十二日，馬克正式致函Apex，申請就這筆三千萬美元的支出進行審核——「主旨：融資給CryptoReal投資信託有限公司（英屬維京群島）的馬丁．布雷登巴赫，進行馬達加斯加油田的收購」。[5]

放款給德國律師買馬達加斯加的油田不是常規的操作，即便是在私募基金這個複雜的世界裡，也一樣。保羅．史本迪夫覺得這個標的，算是落在費內羅任務宣告的懸崖邊緣。但Apex收到了馬丁．布雷登巴赫寄來的信，而這支強心針也讓Apex放行了貸款申請，匯出了三千萬美元。

事情就從這瞬間開始瓦解。[6]

許博士在二〇一六年八月四日申請了他的第二筆三千萬美元。至此，Apex撥給費內羅股權投資有限合夥公司的金額，已經超過一億歐元。但此外，他們還有其他的交易跟承諾（包括茹雅排定了一筆交易，要在委內瑞拉購買二十九輛工業用採油與運輸車輛），由此費內羅基金有可能需要更多的挹注，才能把第二筆錢付給許博士。[7]除此之外，德國IMS公司——

---

4 作者手中有一份授權書的副本。

5 一開始這筆轉帳，是要從費內羅股權投資有限合夥公司流向CryptoReal投資信託公司，然後再流向巴塔控股公司。但馬克問Apex，他可不可以直接把錢從費內羅轉給巴塔。

6 United States v. Mark S. Scott, S10 17 Cr. 630 (ER), 8 November 2019

7 這筆「委內瑞拉交易」是茹雅花費中的另外一個謎團。二〇一六年六月，茹雅發了電郵對馬克說，「馬克，我們需要一億元的POF（資金來源證明）。提供資金的主體是誰不重要，明天給我。茹。」「這證明要寄給誰？」馬克問。「這錢是做什麼交易用？還有請不要用Long Lines這個網頁式的電郵服務來傳這類敏感訊息。」對此雷文爾資本的兼職外部顧問麥克斯．馮．阿爾寧姆答覆說，「這是給委內瑞拉的石油交易用的。東西寄給PDVAS（委

費內羅基金迄今最積極的投資人——目前正遭到德國官方的嚴肅調查，主要是該公司在數個月前遭到了檢舉（德國明斯特的檢察官最終在二〇一六年八月中，凍結了德國 IMS 公司的銀行帳戶）。[8]

茹雅沒給馬克多少時間，就要他立刻飛來索菲亞面談。[9]他在七月十九日離開了佛羅里達，隔天索菲亞就有茹雅的武裝保鑣去接他。「就連警察都變得客客氣氣。LOL（大笑），」馬克傳了簡訊給已回到佛羅里達的伴侶莉迪雅。在維卡幣的總部，出來迎接他的是在茹雅的特助職位上愈做愈順手的康斯坦丁。康斯坦丁先遞上了飲料，然後就領著他來到茹雅位在四樓的辦公室。

按照康斯坦丁所說，茹雅把四樓的所有人都趕回家了。那天在四樓確切都討論了什麼，外人不得而知，但根據接下來發生的事情來判斷，有可能茹雅想要討論一家新的投資者叫「明星招商」（Star Merchants），而她想用這家公司送出更多的錢。隔天早上，馬克回到機場、並在二十小時的長途飛行後回到了佛羅里達。他在起飛前傳了一封簡訊給妻子：「今天又賺了十七萬五千美元……我跟茹雅關室商談，關乎未來十八個月可能的二千五（百萬）。」

一週之後，馬克傳訊給 Apex 說，他又替費內羅基金找到了一名大咖投資人：一家叫明星招商的香港公司，負責人是當地的一個商人叫「蔡州龍」（音譯）。[10]

保羅・史本迪夫並不太滿意。他愈來愈看不慣他對於B&N、伊里娜・迪爾琴絲卡、IMS公司，所掌握的情資。然後，現在又跑出來一個蔡州龍。他以電郵聯絡了馬克，要他提供更多的書面資料。「（我們）得談談，」馬克寫了封電郵給伊里娜。「考量到金額甚高，管理方需要更多的資料。我們可以處理，但需要協調。」就連茹雅都緊繃了起來，她不尋常地在長途航班中發電郵，要馬克回報。

內瑞拉石油公司），多謝。」這筆交易可能關乎在委內瑞拉購買二十九台採油運具。根據作者閱讀確認過的一份「合裡費用協議」所說，香港一家叫 Jacky Tacson 的公司同意按月轉大約五十萬美金給委內瑞拉一家叫 H&H CA Corp 的公司，名義是機器維修。H&H CA 公司也登記在佛羅里達，董事長是伊里娜・迪爾琴絲卡：https://www.corporationwiki.com/ p/2ejz92/hh-ca-corp。我們無法確定這些個交易究竟有沒有真正發生。作者曾聽一名與麥克斯親近的消息來源解釋，說他一心想扮演的角色是針對投資機會提供分析與建議給雷文爾資本，但實際上他對雷文爾資本運作的參與程度相當受限，主要是必要的 KYC（認識客戶）文件都沒有人提供給他，一次都沒有；這名消息來源還說，麥克斯・馮・阿爾寧姆並不替維卡幣工作，也從來沒有參與過任何金流的收受或指揮。

8 Engert, Marcus, 'OneCoin konnte Milliarden stehlen, obwohl Banken die Behörden informiert hatten' (Buzzfeed, 26 September 2020): https://www.buzzfeed.com/de/marcusengert/onecoin-banken-fincenfiles

9 在七月十三日一封稍微有點心生動搖的電郵中，茹雅對馬克與吉爾伯特表示：「由於我眼前每天都會冒出一大堆各執一詞、宛若羅生門的新問題，而不幸我又看不到我們的案子進度有什麼明確的成果或者清楚的排程，因此我想讓你們下禮拜來我這邊面談。」

10 馬克在二〇一六年七月二十九日的那封電郵中說：「我們正要介紹另一名出身香港的投資人，文件今天稍晚會給您傳過去，他會分批認購費內羅金融瑞士基金過半的剩餘股權。」

保羅在基金管理的資歷可不是菜鳥，事情不對勁他自然知曉。在六月三十日到七月一日這個週末，他待在家中細究馬克的所有電郵，公司成立文件，任務宣告，還有銀行帳戶，為的是抽絲剝繭，釐清當中各方的關係。反洗錢法規定，像保羅這樣的基金管理人，必須說服自己客戶的財富取得沒有法律問題。就在他在費內羅基金的檔案中進行回顧時，保羅注意到馬克給他的一封電郵中多出了幾份文件，內容正是關於這名神祕的蔡姓新投資人。

但在此，其實馬克出了一個大包。他忘記把信轉寄給保羅前檢查下方的信件「轉寄串」。基金經理人是出了名得忙，而轉寄信件正是他們最容易忙中有錯的事項。基金管理人都受過訓練，要「檢查電郵下方的轉寄串」，因為那當中，很可能藏有關於客戶身分的答案，甚至能讓你看出，話到底是誰說了算。

保羅滾動起下面的一串信件往來，其中一個電郵讓他感到陌生：Irina@onecoin.eu。他將之拿去google，結果找到一篇《每日鏡報》的文章，在幾週前的標題是：〈有誰想靠維卡幣身價百萬？〉。但這只是主標，副標寫的是：你醒醒吧，——為什麼人氣網路貨幣其實一文不值。保羅藉此得知了維卡幣的創辦人是一名保加利亞女性，茹雅・伊格納托娃博士。這個名字是他聞所未聞。[11]他又多點了幾下滑鼠，他發現自己來到了傳銷爆料網。

此時的傳銷爆料網，已經發展成供人一站購足的維卡幣百科全書。該網站的鍵盤偵探——許多名稱設為「路人」、「來自德國的梅蘭妮」、「吹哨者芬恩」的使用者——共同累積了數萬筆關於維卡幣公司的留言，讓想瞭解茹雅跟維卡幣的民眾，有了一個沒有門檻的寶庫。網友們挖出了維卡幣公司在直布羅陀的舊紀錄，在YouTube影片裡翻找熟悉的姓名，還不厭其煩地去研究頂尖上線的底細。他們不論發現了什麼，都會貼到傳銷爆料網上，由此該網站也成了茹雅的眼中釘，讓她對所有的維卡幣員工下了禁看令，但這規定沒什麼人理。爆料網上這些公民記者一個很天才的地方在於，他們會找到、並認出在維卡幣總公司任職的資深員工，由此保羅．史本迪夫一面捲動著由奧茲所創辦這個略顯老派的網站，一面得知了伊里娜．迪爾琴絲卡，不只是某個「財力雄厚的歐洲投資人」，想要把大筆資產投入基金。她根本就是維卡幣索菲亞總部的法務主管。

為什麼馬克一個字都沒提過維卡幣呢？為什麼一個普通的員工會有這麼多錢呢？保羅在週一早上來到Apex的倫敦辦公室，並立刻與他的風險與法遵團隊召開了緊急會議。如今，既然對可能的不法產生了懷疑，身為基金管理人保羅就有該走的程序。他發出了「可疑活動通報」給英國的金融情報局（Financial Intelligence Unit），這是像Apex這樣的公司，在認為有

11 事實上，茹雅的名字曾經出現在許博士與CryptoReal投資信託公司的合約上，但保羅以為那只是某個律師之類的人物獲授權代簽的名字。

犯罪活動在進行時，所必須履行的法定義務。此後，雖然Apex可以繼續問馬克問題，但他們不能把自身的懷疑告知對方，否則就可能構成洩密。Apex的法遵團隊認同保羅應該開始裝傻，除了不再配合馬可進行金錢的調度以外，還要默默開始記錄下後續可能有的電話。

「現在這種狀況我真的非常非常不爽。」

馬克在八月九日的電話中這麼跟保羅說，他不爽的是，馬達加斯加油田交易中第二筆要給許博士的款項，一拖再拖。他很明顯是慌了。「這次的盡職調查真的是逼我們逼得太緊了，我們其他的基金都沒遇過這樣的事情……現在搞到我們有投資人都放話要撤了。」

「我們好像一直沒辦法掌握涉及基金各主體的全貌，」冷靜的保羅不疾不徐地回答。保羅自然知道這通電話正被錄音。所有的回應都要遵照標準作業程序。第二筆款項要獲得放行，他需要伊里娜收入來源的合法證明。還有就是，維卡幣扮演的角色，也要得到合理的說明。

「你扯什麼全貌是什麼意思……？」馬克問。

「我們要求的盡職調查，是為了讓我們對資金的來源感到放心……但現在要做到這一點，似乎困難重重，」保羅說。

馬克怒不可遏。他威脅要提出告訴。他抗議。他抱怨。他希望錢能趕緊出去。「哪怕任何一小張資料，我們都給Apex送去了，」馬克大吼。「你現在是在跟我們的生意過不去！」

像馬克這樣的基金經理人對他們的基金管理人擺架子，希望用壓力讓他們撥款，算是很正常的事情。但保羅並不打算讓步。「今天不會有錢出去，」保羅說。「明天也不會，直到我們有辦法把事情釐清以前都不會。」

隔天，馬克用他能力範圍內唯一的辦法釐清了事情：他開除了Apex。

五天後，馬克重返開曼群島，在那兒與新基金管理人一起重新登記了費內羅基金（開曼群島嚴格的隱私規定，讓外界無從得知那第二筆款項究竟有無轉給許博士，但根據許博士的發言人表示，茹雅從沒匯出第二筆錢，即使股權的轉移確實發生了，而他目前正在與馬達加斯加政府商議，撤銷該筆交易的事宜）。[12]

隨著基金完成了重新登記，金流也不再是一攤死水。新加坡IMS公司首先新匯了一筆六千萬歐元到費內羅基金中。然後相隔不到幾星期，又是新加坡IMS公司，這次匯了三千四百五十萬歐元。由蔡州龍擔任負責人的明星招商匯了九千五百萬美元。隨著費內羅基金回到了原本的正軌，馬克也開始拿一些他個人的獲利來花用。[13]二〇一六年十月，他付清了在佛羅

12 然而幾個月內，馬克就開始鬧出了同樣的矛盾，只是對象從保羅換成了新的基金管理人，JP基金管理（開曼群島）的戴夫・凡・杜因霍文（Dave van Duynhoven）。二〇一七年三月，戴夫拿伊里娜錢從哪來的問題問起了馬克。「嗨，伊里娜，」馬克於是去函問到，「妳打算如何證明妳個人身價高達好幾千萬美元？而且還要讓銀行替妳背書？」

13 二〇一六年九月十六日，馬克回到索菲亞，並與茹雅在一間私人俱樂部「府邸」（The Residence）見面，那是她招

里達柯勒爾蓋布爾斯（Coral Gables）那棟房子剩下一百萬美元的房貸。幾天之後，他不用房貸，直接砸兩百八十萬美元在鱈魚角置產。二〇一六年還沒過完，他就又犒賞了自己一輛二〇一一年分的法拉利599 GTB（排氣量5999 c.c.的豪華轎跑）、一顆要價十二萬一千美元的翡翠訂婚戒指（送他女友），還有價值五十萬美元的諸多手錶跟名牌包包。最終馬克靠這一個案子，就賺進了大約四千萬美元。[14]但在那之前，關於維卡幣區塊鏈的真相就會浮出水面，而馬克精心設計的費內羅基金，也會因著這些真相的浮現，而徹底失去了原有的體面。

待賓客的口袋地點。沒有人確切知道馬克與茹雅達成了什麼協議，不過感覺他們很有可能討論了要另行成立一家投資基金，交給在雷文爾資本任職的安納托利與安東（他們是茹雅口中的「黃金俄羅斯男孩」組合），還有創設一家外匯基金，交給伊凡・伊凡諾夫——雷文爾資本的另外一名員工。見完茹雅後，他傳了簡訊給妻子莉迪雅，說他剛跟茹雅談妥了大生意。

14 United States v. Mark S. Scott, S10 17 Cr. 630 (ER), 8 November 2019. Preliminary Order of Forfeiture as to Specific Property and Substitute Assets / Money Judgement.

第四部

騙局的拆解

第十六章

區塊鏈與比約恩

比約恩．比耶克從小在挪威，會反覆做的一個惡夢：電視關不起來。他會按下按鈕，拉下電源線，甚至把電視給拆了，但電視還是繼續亮著、繼續播。他偶爾會想著，該不會就是那些夢，讓他最後去念了電腦，成為了資安專家：惡夢在他內心深處埋下了某些不可解的需求，讓他說什麼也想去征服機器。此外，電腦也跟他的個性很合。他喜歡程式碼的精準無誤，喜歡那當中說一不二與非黑即白。在他二十幾歲的時候，當他的朋友都在外頭跑趴的時候，比約恩會一花就是幾小時，在推敲最先進的電腦軟體、並樂在其中。他會捲動著天書般的 C⁺⁺ 與 Python 等電腦語言，廢寢忘食。

到了二〇一三年，也就是茹雅與賽巴斯琛在新加坡初見面的大約同一個時間，比約恩在挪威的ＩＴ同好與駭客圈中，也討論起了比特幣。但他們討論的重點，不是比特幣值多少錢，而是這玩意兒竟然運行了三年還沒故障。「最好是，」比約恩第一次得知世間有這種看似駭不進去的新科技時，心想。「世界上沒有人駭不了的東西。」接著一年左右，比約恩晚間與週末都在想辦法把比特幣搞到運作不下去。此時的他在若干世界級的公司裡，處理資訊科技問題已經有十年的資歷，所以世上沒有他不知道的駭客技術，沒有他沒聽說過的攻擊角度。但比特幣的設計是如此之精美，以至於比約恩一籌莫展。無論如何，他就是闖不進去；事實上，他甚至連想修正當中的任何一行程式碼，都做不到。那就像是兒時的夢魘重演——他生命中又出現了一個他無法使之停下來的系統。只不過這次的心情與其說是恐懼，不如說是著迷。一旦你熟稔了程式語言，程式碼於你就宛若一篇文章：文章可以笨拙且雜亂無章，也可以如詩且優雅，程式碼也一樣。而在他眼中，比特幣的程式碼已臻完美。

在比約恩看來，比特幣真正的突破與力量的來源，是其特異的資料庫，也就是區塊鏈。[1]區塊鏈已經超越了科技的層次，它涉及的是信任，是真實。「你把某樣東西輸入到區

1 「比特幣究其根本，是電腦科學上的一次突破，」矽谷最負盛名的投資者馬克・安德里森（Marc Andreessen）在二〇一四年說。對於「如何在不具信任基礎的網際網路上，在素昧平生的各方之間，把信任建立起來」的問題，區塊鏈給出了最終的答案。Andreessen, Marc, 'Why Bitcoin Matters' (New York Times, 21 January 2014): https://dealbook.nytimes.com/2014/01/21/why-bitcoin-matters/

塊鏈上，」比約恩會興致勃勃地對人說，「那就跟刻在石頭上沒兩樣。」如果對方是科技白癡，那比約恩就會搬出他的另外一大興趣——魔術方塊。他會把魔術方塊轉得亂七八糟，然後用不到三分鐘就把顏色恢復原位。「你不明白我是怎麼做到的，」他會邊說邊讓魔術方塊在手上飛快地轉動，「但你可以確認最終的結果，因為顏色對不對，一目了然。區塊鏈就是一種魔術方塊。」對比約恩這樣的人來說，比特幣是千載難逢的創意，是那種可以從「上游」改變整個社會的科技。以前有印刷術、電話、網際網路，現在有加密貨幣，一種不靠每天不知道在想什麼的銀行家與政客，而是靠百折不撓的程式規則來控制的金錢。「為什麼那些六十年八十年沒有更新過系統或營運模式的銀行，可以跟你收錢，但顧錢都是你自己在顧？」這段時間他在LinkedIn上貼過這樣的留言。「銀行也差不多該停止占我們便宜了。」

雖然已經三十好幾，但比約恩還是轉換工作跑道，成為了一名比特幣顧問，並從二〇一五年開始，協助企業創造、並使用他們自家的加密貨幣或區塊鏈。他與眾不同的特殊服務是，把一家公司原有的SQL或Excel資料庫拿來（裡頭往往含有客戶紀錄或供應鏈的資料），然後將所有條目移轉到新的區塊鏈上。他事情做得很漂亮，所以很快就成為挪威數一數二的相關專家。也因此在二〇一六年九月二十九日那天，他並不意外自己的LinkedIn帳戶收到了一封私訊，是寄自一名叫做奈傑爾・奇諾克（Nigel Chinnock）的獵頭者。奈傑爾有一名客戶需要比約恩的專業服務——他們要找有本事的人，把標準的資料庫紀錄轉移到某區塊鏈上。

「客戶是一家價值數十億美元，專做加密貨幣生意的金融公司，」奈傑爾在兩天後的電話上這麼說。[2]「年薪大概在二十五萬歐元上下，外加倫敦跟索菲亞各一戶新公寓。」

「公司叫什麼？」比約恩問。這邀約聽來確實有趣，尤其是薪水的部分。

「維卡幣，」奈傑爾話說得有點羞赧。比約恩感覺奈傑好像有點不想把這情報告訴他。

比約恩只隱約聽過這個名字，光這一點就很不尋常，因為有點規模的加密貨幣他都知之甚詳，而奈傑爾又說，維卡幣價值達十億美元以上。

「那我去要做什麼？」比約恩問。

「這家加密貨幣公司旗下有一種幣，但他們沒有區塊鏈。他們需要你去幫他們打造一條。」奈傑爾說。

「蛤？」

比約恩覺得自己是不是聽錯了。這不合理啊。加密貨幣的本體就是區塊鏈。沒有區塊鏈

2 關於這個職位，比約恩並不是他們唯一接觸的對象。二〇一六年十月四日，奈傑爾，奇諾克找到另外一名區塊鏈專家叫吉斯．伍特斯（Gijs Wouters），他是由奈傑爾的同事（同樣透過LinkedIn）連絡上的。奈傑爾的同事向吉斯．伍斯特解釋，說他們有一個「客戶的C級開缺，該客戶是一家價值數十億美元、且專供加密貨幣的金融公司」。後來奈傑在電郵中表示，該公司的創辦人「是一位非常精明幹練的女士，叫茹雅博士」。吉斯自行調查了一下，說他覺得維卡幣是一場騙局而婉拒了邀約。

的加密貨幣，就像是沒有引擎的車子。「我自己也不是很懂，」奈傑爾說，「我不是搞技術的。」他只知道他們有一個「正常的資料庫」。奈傑爾建議比約恩去跟其執行長聊聊，對方是一個叫茹雅・伊格納托娃的聰明女性。她會有所說明。

比約恩跟奈傑爾要了幾天的思考時間。他上網去調查維卡幣，但卻愈查愈迷糊。傳銷爆料網等網站上，有傳言說這是一場詐騙，是一宗巨大的龐氏騙局。但同時間，茹雅的資歷無懈可擊，而且投資的人數不是一點點，而是幾十萬。但比約恩還是閃不掉他心中那極具殺傷力的疑問：一個價值破十億美元、但沒有區塊鏈的加密貨幣，世界上不會有這種東西。這當中有非常不對勁的地方，但他還不知道那是什麼。

曼谷，二〇一六年十月一日。

就在比約恩考慮著這不尋常的工作邀約時，一萬名興奮莫名的維卡幣投資人湧入了亞洲第二大的多功能小巨蛋，曼谷的蒙通塔尼IMPACT會展中心（Muang Thong Thani Impact Arena；搖滾迷都知道「皇后合唱團」前一晚才在這兒表演過）。這些投資人是為了見證歷史而來：支援一千兩百億枚加密貨幣的全新區塊鏈，將如茹雅在倫敦的承諾，正式推出——也如她所承諾的比率，讓所有的加密貨幣都變得更大、更快、更順，其比比特幣快上十倍的交易處理速度，將把新維卡幣推向世界級貨幣的地位。比約恩剛被開口要幫忙建立的，就是這樣的一款區塊鏈。

「比特幣無法大膽地進入支付系統，是因為他們無法執行必要的交易，」茹雅在活動開始前表示。「比特幣不是一款獻給普羅大眾的加密貨幣。」也在這一天，所有投資人的維卡幣餘額都會在一瞬間翻倍，這代表數十萬人將一夕致富。活動場地周邊的海報上寫著：新區塊鏈，讓你幣數翻倍。來自中國、巴西、烏干達等地的下線大軍，都不遠千里共聚一堂。「看我跟著維卡幣一起讓幣數翻倍，兩年內我就財富自由了。」一名投資人在網路論壇Reddit上寫道。「到時，就看我怎麼笑你們這些窮鬼！」

二〇一六年的每一個禮拜，維卡幣都賣得嚇嚇叫，但在倫敦與曼谷的這三週，只能用瘋狂來形容。茹雅大部分時間都在路上奔波，每到世界上一處的盛大活動，就發表演說，為的就是好好利用這股熱潮：六月底是吉隆坡，七月來到東京，那兒有數千名日本投資人出席，接著是八月在索菲亞又有一場大活動。這是一個馬不停蹄的概念。每個上線都採下了油門，拚了命在主打幣數翻倍的大優惠。卡里只要醒著，幾乎都在搭飛機或出席活動，前前後後造訪了幾十個國家。在倫敦的賽勒・艾哈邁德施壓他的下線，包括他告訴蕾拉・比甘姆說，她得趕緊多投點錢進來，才能享受到幣數翻倍的好處，而她也照辦了。茹雅甚至趁勢推出了全新的盒裝課程——要價十一萬八千歐元的「終極交易者」包，號稱可以在新區塊鏈推出後，帶來一千四百萬歐元的報酬。

場地預定上午十一點開放進場，但九點就有人排隊。早來的人可以看到法蘭克．瑞奇茨，與首先說服伊格爾飛去杜拜的艾隆．史坦凱勒在做最後的音效檢查。等場地大門一開，數百名激動的維卡幣投資人如潮水湧入，抓著他們的通行證在穿堂四處嗡嗡作響，同為維卡幣人的大家夥不是相互寒暄，就是互相用維卡幣的手勢打招呼。還有人在流線的黑色法拉利車側流連忘返，那是當月冠軍上線的獎品。一隊同行的維卡幣業務員做了特製的T恤，上面印有茹雅的臉，引發了一點小騷動。隨著激勵的演說啟動，所有位階在鑽石（含）以上的會員，坐上了舞台前的VIP桌：伊格爾與（腳踩杜嘉班納來搭配金色裝扮的）安德莉雅、卡里．瓦爾盧思與尤哈．帕爾希亞拉坐在最前排，往後則有紅寶石與藍寶石會員一隊隊聚在一起。群眾裡有少數幸運兒在二〇一四年十一月，茹雅與賽巴斯琛第一次來亞洲區推廣時，就以一盒五千歐元的價格買下了他們的大亨交易者包。經過今天的幣數翻倍，當年他們投資的五千歐將價值直逼七十萬歐，兩年報酬率超過百分之一萬，幾乎不輸那個二〇〇九年花二十七美元投資比特幣的挪威人……至於後來的事情，大家都清楚。

在經過各式各樣的流程熱身後（包括由法蘭克．瑞奇茨宣布，他與賽巴斯琛的舊公司OPN／SiteTalk將「加入維卡幣的大家庭」），千呼萬喚，茹雅終於在當地時間剛過下午四點時，穿著一件飄逸的紫色禮服，走上了舞台。現場的人實在太多，五十排以後的人想看她，只能靠二十公尺寬的吊掛螢幕。

「維卡家族們！」茹雅邊現身邊揮手。「今天真的是非常非常特別的一天……今天我們要啟動新的區塊鏈！」現場響起一片歡呼。

人群中少數幾個鷹眼的觀眾注意到，茹雅的外表改變了。感覺她好像動了整形手術，是嗎？豐了唇，還是削了顴骨？

「我們將正式成為全球排名第一的加密貨幣，」她接著說。隨著幣數加倍，她解釋說，換算出的市值也將翻倍，而維卡幣經此一推也將超越比特幣，躍居為世界上最大的加密貨幣（市值是加密貨幣業界使用的粗略計算法，也就是將流通的加密貨幣總數乘上貨幣的價格，進而得出一個大概的公司價值）。

在當地時間下午四點二十八分，茹雅將通常是最高機密的維卡幣區塊鏈實況放了出來。一開始沒有任何動靜。但隨即一道紅色的閃光開始在螢幕上眨啊眨。

「我想我們目前挖到了大約第二十億枚錢幣，」她緊張地說，眼睛一邊瞅著大螢幕。換句話說，「舊區塊鏈」上的維卡幣——就在那個當下——被轉移到了「新區塊鏈」上，至少看起來是這樣。一如兩年前，當原始的區塊鏈被啟動之時，群眾們試著想像起那實際上代表的意義：數字在纜線上呼嘯而過，從一台機器轉移到另一台機器上？一排排的一跟零以光速在堆疊中？十億枚錢幣被剪下貼上，而操刀的是一台超級電腦？這些想像實在非常燒腦。

「加油加油加油——我的天啊！」茹雅大喊著。群眾屏息以待。

突然間，一則新訊息跳出在螢幕上。「創世區塊挖掘完成。」

此時在還是早上的索菲亞總部，眾人異口同聲地鬆了一口氣，因為創世區塊挖完，就代表大家的維卡幣順利從舊的區塊鏈搬家到了新的。

「太好了！我們做到了！」手抓麥克風的茹雅看著身後的怪物大螢幕，大喊了出來。

「你們每個人都可以坐等幣數翻倍——恭喜大家！」

台下的眾人迫不急待登入他們的帳戶，一如茹雅所承諾的，才一兩個小時不到，餘額就變成了二十四小時前的兩倍。重點是單價沒變，一顆維卡幣仍舊價值六點九五歐元。那天晚上，隨著上線們與投資人像打了勝仗似地走出了IMPACT會展中心，他們的身價已經比進場時翻了一倍。至於維卡幣則挾著一個嶄新、且至為先進的區塊鏈，準備征服世界。

在經過一個週末的沉澱與跟親近友人的兩次懇談後，比約恩以電郵通知奈傑爾，他無意接下這個職位。對於他被委託要打造的區塊鏈，已在曼谷的大活動上推出，他一無所知。但他就是覺得維卡幣這公司透露著不對勁的氣息。奈傑爾沒有回信，而後比約爾也把這件事拋諸腦後。幾個月後，他注意到維卡幣的一名上線，在網路上批評比特幣。比約恩驚訝的是，維卡幣這公司竟然還在。點了幾下滑鼠後，他發現維卡幣不僅還活得好好的，而且茹雅還當著一萬人的面前，推出了奈傑爾拜託過他去設計的東西。比約恩沒多想就趕忙發了一封信說，他確信維卡幣根本沒有「新區塊鏈」，既然沒有區塊鏈，那這整件事就是謊言。

信寄出沒幾個小時，就有一名不定時會投稿給傳銷爆料網的芬蘭人阿里・維戴爾（Ari Widell）與比約恩接觸。阿里想趕快與他說上話。「這可能會是一個天大的醜聞。」他說。

| 第十七章 |

維卡幣的區塊鏈，發生什麼事了？

大部分投資人都相信維卡幣背後有一條區塊鏈存在，他們對這種科技的一知半解，並不妨礙他們的這種信念。索菲亞多數的員工與茹雅的一小群核心幕僚，也對此深信不疑。畢竟他們有什麼好不相信的呢？維卡幣是一家價值數十億歐元的公司，上百萬人買過他們的加密貨幣。加密貨幣需要的每一樣東西，維卡幣表面上樣樣俱全：稽核報告、法律函件、兌換匯率、雜誌封面，還有拓展新科技的充足資金。既然如此，怎麼可能茹雅都推出一個公司了，會還沒做出區塊鏈呢？

事情的全貌，也許除了茹雅以外，永遠不會有人知道。但試著回答這個問題，或許也有助於我們解鎖茹雅的動機。現有的證據顯示，她被困在成功、驕傲與諷刺的混合體裡，走不出去。

二〇一四年維卡幣首次推出時，加密貨幣群雄紛起，市場上有著眾多產品誕生，而其行銷往往伴隨著不切實際的保證收益。大部分這些誇口的語言也沒有被追究，主要是加密幣這個產業太新，法律的腳步還跟不上去。就很多方面而言，維卡幣不過是當年上百款加密幣快速致富產品的其中之一，只不過機緣巧合，讓其脫穎而出。

比特幣的創造者中本聰念茲在茲的概念，是「去中心化」。他覺得這世上許多的問題都起源於，有太多的權力累積在少數政府高層與大銀行手裡。比特幣的固定發行數——兩千一百萬顆比特幣會以設定好的速率釋出（或說被「挖礦」挖出），這點連中本聰自己都干預不了——就是設計來打破這種權力集中的弊病。茹雅也希望維卡幣可以加入比特幣的大家庭。根據現有的證據，維卡幣在二〇一五年一月首次推出時，就曾委託人製作過一款區塊鏈——那很可能是比特幣的複製品，只是更大、也更快：二十一億顆維卡幣以每十分鐘一萬顆的速度被創造出來。問題是，把多層次傳銷那套拿來賣加密幣，效果實在太好了。茹雅手下那些能把黑說成白的傳銷上線、那些她靈光乍現想出來的薪酬方案，再加上投資人害怕錯過賺錢機會的心理，共同創造出了一股連茹雅都嚇了一跳的動能。一種可能性是，到了二〇一五年初，她的區塊鏈已經跟不上銷路了。一轉眼，茹雅每十分鐘能賣出的新維卡幣已經遠不只一萬顆。在二〇一五年夏天的維卡幣狂潮中，茹雅每天早上一睜開眼睛，就會發現又有數百盒的大亨包賣出去了，而那每一盒裡都裝著還沒真正被創造出來的維卡幣。「這就是四個禮拜前大熱賣的後果，」茹雅在二〇一五年八月六日寫信給賽巴斯琛說。「十三億顆偽幣（還不存在的加密幣）。我們慘了，這出乎我們的意料之外，現在我們得認真、非常認真地想想該怎麼辦。」[1]

這封給賽巴斯琛的電郵暗示著，他們可能在某處有某種區塊鏈，至少一開始有。但在二〇一五年一月發表會的九個月後，茹雅已經賣出了超過十億顆，在其區塊鏈上沒有紀錄的維卡幣。幣數煞有介事地顯示在投資人的數位錢包裡，就像真有其幣，但它們並無實打實的科技在背後為其背書。現有的證據顯示，茹雅多半草草組成了一支團隊，去負責將這些偽幣儲存在SQL的資料庫裡——基本上就是看起來酷炫一點的Excel試算表。由於區塊鏈對茹雅與IT團隊以外的人是禁區，因此投資人不可能知道實情與表現間的差距。或許她不是沒有一個「真」的區塊鏈：但她連賣了幾個月並不存在的加密幣，也是事實。

在賣出了逾十億顆不存在的加密幣後，茹雅原本可以暫停活動，並在原地等候她的區塊鏈跟上。但以每十分鐘一萬顆的生產速率，她得等上大約一年，才能讓區塊鏈創造出投資人已買下、並存放在電子皮夾裡的十億顆維卡幣。這種等待會讓尤哈與佩爾・卡爾森等業務員，辛苦創造出來的動能胎死腹中，而那又會讓整間公司毀於一旦。

事實上，維卡幣自始至終都不可能成功。畢竟他們的挖礦過程是假的，加密幣價格也是假的。但茹雅在她意識到「偽幣」問題之大時所做出的反應，仍不啻是一個關鍵的轉捩點。

就在「我們慘了」那封電郵，在二〇一五年寄到賽巴斯琛手中不久之後，投資人就有段不長時間無法在交易所上提領錢。也許就是在這段期間，茹雅在研究她的選項：她應該出來坦白從寬嗎？事實證明，短短幾天內，她就若無其事地決定繼續賣幣，好像什麼問題都沒發生過似的。交易所恢復上線，並重新開始定期支付金錢，而上線們則繼續有多快就賣多快。就在茹雅寄出電郵給賽巴斯琛的短短五天後，來自田納西的克里斯汀．葛拉布利斯，就花了一萬五千歐元在盒裝的維卡幣上。她買到的只是空氣。

二〇一四年，茹雅與賽巴斯琛第一次討論維卡幣時，她跟賽巴斯琛說，她的專業在於「灰色地帶」：法規不明確、且科技走在法律前面的領域。隨著她的日常變成行銷那些她還未曾擁有的加密幣，她的立足點也跨出了灰色地帶。最有可能屬實的狀況是，茹雅與賽巴斯琛在二〇一四年看到了不容他們錯過的機會。加密貨幣與多層次傳銷都深植於一種假做真時真亦假，「凹到成功為止」的文化，當中充斥著漫天畫餅的獲利承諾，就算做不到也不會有什麼後果。他們原本的計畫可能是先用比特幣式的漲價當餌，來騙到一堆初始投資，然後把維卡幣拿到加密貨幣交易所上市，隨便編一個起始價，然後就開始放牛吃草，任由公開市場的力量讓維卡幣的價格歸零，屆時他們就什麼責任都不用負，拍拍屁股走人。那將會是一場

1 United States Government Sealed Complaint v Konstantin Ignatov (6 March 2019).

一閃而過，而且相對不嚴重的騙局，投資人與有關當局，恐怕也拿他們沒輒。等到二〇一五年九月，維卡幣在澳門的企業活動後，茹雅已心知肚明，她賣出了十億顆偽幣。但她仍舊戴著價值百萬美元的項鍊在五千人面前大言不慚，直指維卡幣是「貨幣的未來」。

為什麼她不在二〇一五年底一走了之呢？她大可以承認自己話說得太滿，甚至承認她創造了假的幣值：但在這一行裡，誰不把牛皮吹到天上呢？外界也不見得會多麼苛責她。關於這個問題，永遠不會有人確知真相，只不過茹雅多半已經習慣了這種名利雙收的新生活。她熱愛她的豪宅、名車、百萬起跳的血拚預算。另外，就是她身邊突然冒出一堆人要靠她過活：她在世界各地都有員工，有些還是她的老朋友，傳銷部分則有數千名上線以維卡幣為主力。費了九牛二虎之力才達到這樣的境地，也許她也做不到說放棄就放棄。拉不下臉也可能是原因之一。茹雅的自視甚高是她人格特質裡的一項缺陷，而日復一日的恭維，只讓她在剛愎中愈陷愈深。「她總覺得她可以用錢解決一切，」茹雅一名心腹幕僚後來這麼說。有可能她真心相信自己可以用錢把偽幣的問題補起來。也確實，在二〇一五年冬天大部分的時間裡，茹雅都一直在想辦法彌合其「真」區塊鏈與「偽」加密幣之間的斷點。甚至到了二〇一五年底，她覺得她已經找到答案了——一個「新區塊鏈」計畫——並在二〇一六年的倫敦活動上宣布了。

但茹雅並沒有認真思考到這種新科技的核心前提。每一區塊的維卡幣交易的開端，都跟比特幣一樣，是以此前區塊的數學壓縮版本作為基礎，由此每一個交易區塊都與整體相連，構成一道密不可分、沒有破綻的區塊鏈。沒有哪一條舊的交易資料可以竄改或添加。固定的供應鏈與固若金湯的帳簿紀錄，為茹雅承諾的金融革命打下了基礎，也讓她無法把真幣與偽幣統合在一起。茹雅需要第一流的科技專家助她一臂之力，解開這個謎題。維卡幣的營運長蒙姆齊爾·尼科夫是個硬底子的科技人。此外，茹雅還有其他的技術開發人才，像是本身經營一家在地科技公司的伊凡·斯拉夫科夫（Ivan Slavkov）。但或許他們都不具備完成此一高難度任務的區塊鏈專業，於是乎到了最後，她不得不與比約恩·比耶克聯絡。她希望他可以拿著她「假」SQL資料庫裡的一筆筆資料，將之安裝到她的新區塊鏈上。如果能夠巧妙地做到這一點，或許她想偷天換日也並非是異想天開。

很可惜的是對茹雅來說，她選上的維卡幣救星是區塊鏈科技的真正信徒。如今比約恩想知道的是，茹雅究竟在曼谷「啟動」了什麼。那東西如果不可能是區塊鏈，那又天殺的會是什麼？

第十八章

測試

維卡幣的新區塊鏈完全說服不了傳銷爆料網的班底。奧茲網站的投稿者完全不是傳統的鍵盤偵探。他們有些人是加密貨幣專家，而且還是覺得維卡幣在傷害這個產業的專家。有些人則是在被其他傳銷公司處賠了錢後，洗心革面的加密幣信徒。總之不論哪一種，他們大多數人都與維卡幣沒有顯著的聯繫，他們只是單純對真相好奇而已。「我們大都只是一群無名小卒，將我們聚在一起的只是共同的興趣，」奧茲後來說。「我們是同行的旅伴。」將他們團結起來的只是一股欲望——雖然嚴格來說，那更像一種興趣，或甚至時間一久，變成一種癮頭——只是想在能力範圍內利用公開訊息找出維卡幣的真相，然後與世界分享。他們每個人都有他或她可以貢獻給團體的獨特能力。提姆·泰尚是來自加州的比特幣專家，參加過二〇一五年的維卡幣研討會，並斷言這整件事就是個騙局之餘，會嚴詞抨擊維卡幣區塊鏈的技術面弱點。代號Semjon的網友，擅長把身分曖昧不明的公司、網域與個人關係揪出來。受到開放來源獨立新聞網「貝林貓」（Bellingcat），那些調查起案件來轟轟烈烈的公民記者啟發，Semjon偶爾會通霄觀看維卡幣活動在YouTube上的影片，分析智慧產權註冊地，詳讀企業的公開資訊，並將各種心得加以仔細儲存，並歸檔到他一處虛擬的寶箱中，以備不時之需。在某個平行世界裡，說不定他就是某個第一流的私家偵探——但一如傳銷爆料網的其他投稿者，他這些也都只是業餘做興趣的而已。

如同傳銷爆量網的大部分鍵盤柯南，阿里．維戴爾的經驗固然不足，但他有的是對整件事情緊咬不放的熱情。有些日子，阿里——這個快要奔四的電影迷——會在廣告公司上完一天班後回到家中，把小朋友哄上床，然後一個人為了調查維卡幣的內幕，熬夜到凌晨三點。「我會像愛麗絲看到兔子洞就想一探究竟，」他後來說。「然後我會逼著自己上床，因為我七點還得起來去上班。」他經常花幾小時聯絡替維卡幣開過戶的銀行，把他蒐集到維卡幣是龐氏騙局的各種證據寄給對方。唯有維卡幣，似乎總能在談笑間全身而退。

就在他坐著閱讀比約恩的LinkedIn貼文時，阿里「一瞬間」意識到，這就是所有爆料網同志都一直在巴望著的鐵證。「你必須站出來公開你知道的事情，」阿里在當天稍晚的談話中對比約恩說。「這件事說不定會很大條。」對於奈傑爾．奇諾克的工作邀約與茹雅那不存在的區塊鏈，比約恩同意接受阿里訪問。隔天，阿里在他個人的部落格上刊出了訪談內容。而正如野火燎原，這貼文在短短幾小時內，就被奧茲轉貼到了傳銷爆料網上。[1]比約恩一邊閱讀著文章下的留言，一邊意識到他在維卡幣故事中的角色還沒有告一段落。他知道維卡幣沒有真正的區塊鏈，但現在他必須去證明這一點。

科學界有句名言：「證據的缺席不等於缺席的證據。」換句話說，想證明一樣東西不存在，其困難度更甚於證明一樣東西存在。而今天橫在比約恩面前的挑戰，就是要證明茹雅的區塊鏈並不存在，但他下定了決心，他就是要讓世界看到維卡幣的區塊鏈就是詐騙一場。但要做到這一點，額外的難度來自於維卡幣內建的神祕性。比特幣具有一條公共且開放的區塊鏈，其從創世區塊起的每一筆交易都攤開在那裡，任誰都可一窺究竟。相形之下，茹雅就為維卡幣的區塊鏈設定了私人的屬性，且其守護其隱私的強度，不下於可口可樂公司守護其暢銷全球的祕方。關於資訊透明她確實漏了一個小縫。雖然從來沒有人獲准看到其區塊鏈全貌，但維卡幣網站裡有一個功能就叫「區塊鏈實況」，上頭顯示著維卡幣錢包之間的即時交易。那個小窗口給比約恩一個靈感：既然投資人可以靠登入個人錢包看到他們的維卡幣餘額，而這些餘額又理應反映區塊鏈上的紀錄，那就代表比約恩可以在兩個錢包之間進行維卡幣的傳輸，然後檢查同樣的交易有沒有出現在區款鏈的顯示畫面上。

接下來的幾天，比約恩從不滿的前投資人與看不慣的網友手中，要到了數十個維卡幣錢包與密碼，包括阿里自己與傳銷爆料網的偵探同志們也貢獻了一些。一天晚上，他在電腦桌前坐下，戰戰兢兢地打開了三個瀏覽器視窗。屋外已經是一片漆黑——挪威冬天著名的永夜。他按照慣例給自己倒一杯熱印度茶，高挑的杯子裡加了蜂蜜跟牛奶。

在第一與第二個視窗裡，他啟動了維卡幣的網站，登入了他手裡兩個維卡幣的帳戶。

在第三個視窗裡，他打開的是維卡幣區塊鏈的直播畫面。

比約恩接著在兩個帳戶間傳送了三枚維卡幣。短短幾秒內就有訊息顯示在他的螢幕上：「您的請求已經成功獲得處理。」維卡幣已經離開了其中一個帳戶，順利出現在了另外一個帳戶中——如他所料，沒有任何異狀。如果茹雅說的是實話，如果維卡幣真的擁有一個運作正常的區塊鏈，那這筆交易就會如實、並同步出現在區塊鏈的實況轉播上，他就會在網路上來來去去的維卡幣交易中，看到當中夾著自己這一筆。但如果茹雅沒說實話……

比約恩坐在那兒緊盯著實況畫面，邊看邊記下每一筆跳出來的交易：零點五八〇枚錢幣移動，一點一二一枚錢幣移動，一點六八一枚錢幣移動。但他看來看去，就是沒有看到任何一筆三枚錢幣的交易。所以比約恩重複了一遍，這一次他換了一個交易金額。然後他又實驗

1 'OneCoin was trying to recruit a blockchain specialist last year' (Scam Detector, 23 February 2017): http://kusetukset.blogspot.com/2017/02/onecoin-was-trying-to-recruit.html

了第三次、第四次。條件允許下，他盡量使用了好辨識的數字組合，方便他在區塊鏈即時畫面上進行觀察。他首先搬動了一點二三四枚維卡幣，然後又搬動了十一點二二三三枚維卡幣。有時候他會在兩次測試間一等就是好幾個小時，就怕維卡幣的索菲亞總部會有人盯上他。還有些時候，他會把他的魔術方塊拿來創造隨機性：他會在兩次測試間解開再弄亂魔術方塊一次、三次或七次，這樣索菲亞總部就難以察覺他的時間模式。如此在前後共數週的時間裡，比約恩在「前台」的帳戶進行了大約兩百筆交易，然後觀察「後台」的區塊鏈顯示，一心等著前後吻合的資料出現。但不論他怎麼測試，得到的都是一樣的結果。兩個帳戶間的幣數異動始終沒有出現於區塊鏈上。一次都沒有。

這樣的觀察，只能通往一個讓人很不樂見的結論：維卡幣的區塊鏈直播看似有那麼回事，但其實那只是某種事先設定好的「劇本」，只是一台現成的機器上跑著各種沒意義的假交易數據。維卡幣或許是「真」區塊鏈科技的產物，但真正的關鍵在於：上頭的一條條交易資料與投資人虛擬錢包中的餘額是兩條平行線，兩者間並沒有交集。[2]

區塊鏈的實況轉播只是精心設計的障眼法，目的是混淆視聽，讓投資人以為他們的錢幣被存放在嶄新、且有數學原理當安全屏障的先進區塊鏈中。但其實他們的那些錢幣不過是資料庫上一條條毫無意義的囈語。上百萬人花錢買到的，不過是一場龐氏騙局。這場大富翁遊戲的錢不控制在電腦程式碼的手裡，而是控制在茹雅的手裡。

一下子所有事情都說得通了。

難怪茹雅可以在曼谷宣布把所有人的幣數加倍。她想要變出多少維卡幣都不成問題，反正只要手動在資料庫上改一改數字就可以。同時維卡幣不存在一個貨真價實、去中心化的區塊鏈，也就代表著維卡幣那個（從二〇一五年一月的零點五歐元，上漲到曼谷活動時的六點九五歐元的）所謂「價格」，根本沒有任何根據。那價格並不如茹雅在一開始所說的是由供需決定，因為她根本連一顆真正的幣都沒有賣出去；那價格更不是決定於她偶爾會掛嘴上的「挖礦的困難性」，因為維卡幣根本沒有所謂的礦在開挖。維卡幣的價格就是茹雅一拍腦門決定的——就是一個她心血來潮會調高一下來討好投資人的數字。

她的新區塊鏈只是一台西洋鏡，只是一台照搬比特幣的概念、語言與成功光環去糊弄投資人，蒙蔽投資人的巨大模擬器。

至於伊格爾等人，用來把維卡幣兌換成歐元的xcoinx這個交易所網站，也並不是什麼「精品級的獨立交易所」，而是在索菲亞總部的祕密控制與經營下，經手定期的龐氏騙局輸

---

2 比約恩還注意到維卡幣的區塊鏈直播還有嚴重的計時錯誤。一般區塊鏈都對每一筆交易含有完美的時間記錄，有時候可以完美到以毫微秒（十億分之一秒）為單位。但少數使用者在英國夏令時間二〇一六年十月一日的零點零一分登入他們的維卡幣帳戶，結果發現他們的加密幣數已經翻倍了，但其實茹雅要到大約十六小時後才會在曼谷「啟動」新區塊鏈。

出，藉以讓人對維卡幣抱持信心。伊格爾賣掉的維卡幣不是由另一端某個樂於承接的買家用錢收走，而是茹雅的金融團隊在挖東牆補西牆，用新投資人的錢去付給伊格爾。

被人為了當中的挖礦代幣而一搶而空的盒裝「教育課程」，其實只是另外一種障眼法，跟假區塊鏈算是難兄難弟。這些課程包屬於「裝乖」的手段，其設計是用來誤導有關單位，讓他們誤以為，維卡幣公司賣的是教育訓練，而不是不受監理的另類證券投資商品。盒裝課程中的大量內容大剌剌的抄襲：比方說第三級課程的第一到第十八頁，就是一字不漏地出自著名的黃皮書《第一次技術分析就上手》，並出現在每盒一千一百歐元的專業交易者包中。[3]

至於維卡幣，自二〇一五年六月以來出版的那些月報，那些宣稱區塊鏈貨真價實的稽核內容呢？那個叫做迪楊·迪米特洛夫（Deyan Dimitrov）的保加利亞稽核員，只做了兩個月就消失無蹤，之後的稽核報告都是出自一家叫做S-Sytems的公司之手，而這又是一家茹雅偷偷開設並控制的公司。[4]

或許她的起點真的是某種還算真貨的區塊鏈，或許她那承載一千兩百億枚維卡幣的新區塊鏈，存在於某個不知名的伺服器上，但事實就是投資人的帳戶餘額跟區塊鏈對不上。價格是假，稽核公司是假，交易所是假，投資課程包是假。一切的一切，都沒有真實性可言。

這場詐騙的規模之大，慢慢讓比約恩領悟到了。二〇一七年初他進行測試的時候，維卡幣投資人已經用將近三十億歐元購入了多達九十億枚維卡幣，每一枚此刻價值大約七點九五歐元，而這就意味著從巴勒斯坦到紐約、再到香港與烏干達首都坎帕拉，投資人手中包括有價值七百億歐元的維卡幣。近百萬人以為他們買到了下一個比特幣，渾然不覺這只是老掉牙的金字塔騙局。

3 另外在第二級的課程中，三千八百一十二個字裡有一千六百二十三個字屬於抄襲，包括：一之一的「證券交易所如何運作」，抄自 Yahoo 奇摩知識+與 disnat.com 網站；「納斯達克」抄襲自《我可以如何開始投資股市》、一之二的「股市、共同基金與首次公開上市」，抄自《第一次個人理財就上手——加拿大版》。

4 'OneCoin 2015: Interview with Auditor Deyan Dimitrov 2015' (YouTube, 21 August 2015): https://www.youtube. com/watch?v=1pzDoT092q8

第十九章

（紙上）億萬富翁

說謊之人往往不會意識到自己挑起的是多大的重擔；須知為了圓一個舊謊，他將不得不創造出二十個新謊。

——詩人亞歷山大．波普

二〇一七年一月十三日，數千名來自世界各地的維卡幣投資人登入帳戶，確認了他們的虛擬錢包餘額與當日幣價。市場自從新區塊鏈的推出以來，都一直很順——維卡幣的價格一路漲，投資人數又新增了好幾千人。檢查維卡幣已經成為某些人的日常儀式——光是看一眼數字，就能讓他們莫名感到財務自由。但一月十三日那天，若有人換個分頁登入xcoinx交易所，想兌換一些歐元來花花，那映入眼簾的將不是他們熟悉的畫面，而是一個讓人心中一驚的新訊息：

網站維修中。xcoinx正進行系統升級，升級後的維卡幣將更上層樓，為您提供全方位、更理想的交易體驗。

雖說自從二〇一五年以來，技術問題與提領上限都是xcoinx上的常態，但只要這個有比沒有好的交易所還存在，那投資人就永遠可以說服自己，維卡幣有著在現實世界中的價值。在前一年中，數千名投資人已經成功將至少一部分維卡幣在xcoinx上「獲利了結」。但如今，一夕之間且沒有任何警示，這一點點變現的管道都被掐斷了。此時，有人在其xcoinx的交易帳戶中有數千枚維卡幣，大家都排著隊要「換匯」。

對某些投資人來講，出場管道的說斷就斷引發了恐慌。到了這個點上，田納西州的克莉絲汀．葛拉比利斯已經坐擁名目價值上百萬歐元的數萬枚維卡幣。她就像其他數百名維卡幣投資人一樣，都傳了訊息給招募他們加入的上線，而上線們也都叫他們不用擔心——克莉絲汀的上線跟她保證，這只是電腦有點「秀斗」，不用緊張兮兮。但實際上，資深的上線們也搞不清楚發生了什麼事情，他們也只能一臉驚恐地看著信箱裡塞滿了下線們的疑問與怒火。重點是，索菲亞總部的電話完全打不通。

此時只要一點簡單的計算，就理應可以讓理性還在的投資人認清，xcoinx關門大吉只是剛好而已。當維卡幣的「價格」在二〇一六年十一月二十五日觸及七點八五歐元的新高時，其新的區塊鏈正在以每分鐘五萬枚的速度挖出新幣（對比比特幣的挖礦速度，是每十分鐘僅僅十二點五枚新幣）。換句話說，茹雅這來自保加利亞的祕密加密幣，是每二十四小時就憑空創造出超過五億歐元的財富。不論幣圈多以高報酬著稱，這無中生有的速度都太離譜了。很顯然xcoinx不可能有這麼多錢讓人提領——光是這種金額的百分之一點五，就已經讓人負擔不起了。還有就是很多投資人有所不知的是，在曼谷幣數加倍的熱潮之後，來自新下線的營收貢獻就已經開始枯竭了。二〇一六年十一月還有二點三九億歐元的進帳，十二月就已經剩不到一半。

對某些人來說，xcoinx的無預警關閉成了最後一根稻草，他們終於願意相信維卡幣是一場騙局。有少部分人在xcoinx斷線的幾天後，看到比約恩・比耶克在YouTube上的測試影片，或是讀到了傳銷爆料網關於比約恩之發現的文章。[1]對這之外的其他人而言，這是一次緩慢的領悟，他們慢慢才意識到承諾在慢慢與現實脫節。蕾拉・比甘姆這來自倫敦的市議會員工投資了畢生的積蓄，相當於大約六萬英鎊，而她對其上線的藉口已經愈來愈沒辦法放心。雖然她一開始被告知自己隨時可以把錢拿回來，但如今賽勒每次被她問起，回答都愈來愈支吾其詞。到了二〇一六年十一月底，心慌意亂的她傳訊給賽勒說：「我受不了了，請把錢還給我。」雖然她的維卡幣帳戶看起來無啥異狀，但錢就是被卡在裡面動彈不得。「有個辦法妳可以馬上把錢拿回來，」賽勒回她說。「但妳必須說謊。妳必須跟來往的銀行說，妳沒有進行（與維卡幣）的交易。」蕾拉並不想對銀行撒謊。

雖然有傳銷爆料網的一篇篇文章，再加上比約恩的測試與xcoinx的服務中斷，對維卡幣深信不疑的投資人還是一數一大堆。這是所為何來？

厲害的詐騙不在於事實或邏輯，而在於操弄人性裡的不理性：希望、信念、貪婪，還有最重要的FOMO——害怕錯過的心態。「維修中」的網站跟技術專家上傳到YouTube的影片，都撼動不了這些不理性的人性衝動。雖然維卡幣的投資人是受害者，但他們也不是完全沒有責任。害怕錯過的心態背後是想要快速致富的慾望，是想用孤注一擲來代替苦幹實幹的僥倖心態。許多頂級上線，包含伊格爾．阿爾伯茨在內，也都覺得維卡幣投資人自身不無可議之處。「我感覺到自己有一份責任，」伊格爾後來說。「但那不是罪惡感。」他認為受害者也應該把眼睛睜大一點。「這賭上的是人生……我都會告訴別人：一場賭注你可以贏，當然也可能輸。」

但不論人把眼睛睜得再大，維卡幣的設計之縝密與大膽，還是讓人難以抗拒。究其技術面，維卡幣是個「三合一」的詐騙。維卡幣的本體是龐氏騙局，因為它的運作仍是基於以新

1 'Blockchain Dev: OneCoin using SQL database script to generate coins' (BehindMLM, 24 February 2017): https://behindmlm.com/companies/onecoin/blockchain-dev-onecoin-using-a-sql-database-script-to-generate-coins/

還舊的龐氏會計手法。但維卡幣也是一個金字塔式的騙局，因為它使用多層次傳銷的模型去招募新投資人，但公司本身沒有任何實質的產品。茹雅的神來之筆在於把這兩種經典的詐騙手法加在一起，然後鋪上一層加密貨幣的蒙皮。這讓她得以在謊言上撒上「金融革命」的期待感，並畫出一個大餅，並用科技術語把人搞得團團轉。這三種詐騙元素聚在一起，什麼事實與邏輯都已經不再要緊。

龐氏騙局的龐氏二字，源自於查爾斯・龐茲（Charles Ponzi）這名在一九二〇狂騙了數千名美國人的天才郎中，主要是他宣稱大家只要投資他聽起來就很炫的「國際回郵券」計畫，就可以在四十五天後獲得百分之五十的保證報酬。一聽說有數百人真的在四十五天後領到這五成的獲利後，數千人便一擁而上加入。但這其實都只是一種障眼法——龐茲只是用新收到的錢去付給前一輪的投資人，而前一輪的投資人則在不知不覺中成了新一輪投資的最佳推銷員。[2]所謂的龐氏騙局其實並非查爾斯・龐茲首創，但他的案例最有名，所以這名號就歸他了。

挖東牆補西牆不可能沒有盡頭，所以龐氏騙局最終沒有不崩潰的。但話說回來若是操作得當，則撐個幾年乃至於幾十年，也不是沒有可能，前提是新的錢要不斷進來，而這當中的關鍵就在於，找到提供報酬的甜蜜點，而那也正是騙子既得以驅策人性貪婪，但又不至於把資金鏈搞到破產的平衡點。要是甜頭給的太少，就不會有新人願意跳進這個旋轉木馬，但要是給的甜頭太多，騙局的資金就會太快燒光。幾十年間，伯尼・馬多夫（Bernie Madoff）這名出身紐約、且聲譽卓著的基金經理人，就把這個甜蜜點跟平衡點掌握得很好：他的公司付給投資人把市場行情打趴的十趴報酬率，一付就是四十年。他在公開場合說這麼破格的表現，靠的是非他無法滲透「高超交易技巧」，但幕後其實什麼投資、什麼交易、什麼碗糕都沒有發生：有的只是一大堆虛假的會計與話術。但就如查爾斯・龐茲，投資人還是每年都領準時領到錢，而這就代表他門外總有源源不絕的志豪與怡君想上車當新血。龐氏騙局用來割韭菜的，是一把叫做「害怕錯過」的鐮刀，而騙子能把這把刀磨利，就是靠確保夠多人能真正發到財，這樣口碑自然會不脛而走。害怕錯過是人類各種不理性當中一股很強大的力量。一九九〇年代在阿爾巴尼亞的一場龐氏騙局拐到的人數之多，差一點就要讓該國陷入內戰的漩渦。

不同於歷史上的龐氏騙局，維卡幣有兩種甜頭可以發。首先是一週一次下午四點的「快樂星期一」，會發給銷售佣金，而佣金的計算是根據當週所有下線替你創造出的營收。雖然銀行端有一些金流調度的麻煩，但茹雅通常還是能準時讓佣金到位。只不過在一百萬上下的維卡幣投資人當中，僅有大約十萬人真正招募到足夠的下線能領到像樣的佣金。壓到性的多

2 平心而論，國際回郵券這計畫不是不可能賺錢，只是不可能賺到像龐茲宣稱的五成暴利。

數投資人只是買了一盒課程，然後等待維卡幣增值，而那也就是非常要緊的第二種甜頭。在xcoinx停止運作前，許多投資人至少在理論上可以時價將他們的維卡幣兌換成歐元，而維卡幣的時價，在二〇一五年一月是零點五歐元，二〇一六年一月是四點四五歐元，在二〇一六年十一月是七點八五歐元。相對於銷售佣金的優點是很穩定，xcoinx的問題在於，有帳戶餘額百分之一點五的單日提領上限，而且網站大半的時間根本無法正常運作。但維卡幣公司總能確保讓提領順利完成到一個程度——大約是按照內部會計文件所顯示，每週一千萬歐元的規模——來創造出穩定的信徒流入，讓這些信徒去像下一輪韭菜傳福音，就像龐茲與馬多夫的投資人就是這麼做的。成功領到錢的幸運兒會體驗到一種宛若宗教皈依般的經歷，這些人就會很開心地欺騙自己，告訴自己說，他們放在虛擬錢包裡的維卡幣就跟英鎊或日圓一樣，是有價值的。這是一種很強烈的感受，強烈到即便xcoinx都下線了，大部分人還是願意相信這只是短期的挫敗，終有一天維卡幣會捲土重來，而且下一次的交易所會更大更好。

維卡幣用龐氏騙局的支付系統把人吸進來，但讓被吸進來的人願意留下來的，是充滿說服力的金字塔招募體系。朋友之間會口耳相傳，他們發現了一種不可思議的新「機會」。你聽說過比特幣嗎？嗯，現在有一個新的比特幣，這東西……——蕾拉．比甘姆就這樣招募了她的母親與兄弟；烏干達的丹尼爾說服了他母親拿錢投資。一整個朋友圈與大家族，有時候牽連廣達好幾片大陸，會被一起扯進這場騙局，只因為他們拚了命想跟心愛的人分享好運。

但這有一問題，那就是想承認整件事是詐騙便得非常困難，因為那無異於承認，他們在無意之間詐騙了自己的親朋好友。在這樣一座金字塔中，加害者與被害者之間的那條線並不是那麼清楚。很多人都有這樣的雙重身分，而這一點或許也讓一部分人在抱怨上線時感到卻步，免得他們自己也會被下線指責。克莉絲汀・葛拉布利斯是維卡幣來自田納西州的投資人，後來她也坦承自己之所以堅持相信維卡幣，也是因為「怕尷尬」。

換句話講，上了車的人都死命想要相信，而茹雅對這種自欺欺人的行為也非常鼓勵，為此茹雅會用一個個驚天動地的公告，來抵銷所有負面與可疑的新聞報導。而這也解釋了何以她會在區塊鏈要換新的同時（壞消息），讓所有人的幣數翻倍（天大的好消息！）

同樣地遇到 xcoinx 斷線，茹雅也準備了兩個令人興奮的新計畫來「沖喜」。首先，維卡幣即將成為第一個在「大型股票市場」中掛牌的加密貨幣，意思是普通投資人也可以開始買進維卡幣公司的股票選擇權。這項壯舉將透過初次公開上市的模式為之，也就是大家熟悉的 IPO。茹雅邀請了所有投資人到線上，並讓他們把庫存的維卡幣轉換成股票選擇權，而這些選擇權又可以在公司掛牌後，按屆時的股價兌換成股票（倫敦雷文爾資本的某些幕僚認為，維卡幣推動 IPO 這一部並不聰明，因為他們並不看好一家多層次傳銷與加密貨幣的混血公司，可以通過監理單位的層層關卡，順利成為公開交易的股票上市公司）。再者，維卡幣推出了一個嶄新的電子商務平台叫 Dealshaker 國際商城，供投資人在此用維卡幣交換實體產品或優惠券——你可以將之想成亞馬遜或酷朋（Groupon），只不過這裡花的不是主權貨幣，而是虛擬貨幣的維卡幣。

維卡幣讓人上當的關鍵在於，茹雅對「甜頭剛剛好」的拿捏很有一套。維卡幣從頭到尾，沒有一個地方是真的，但茹雅做到了，她就是能讓你感覺這一切可以成立。區塊鏈、稽核報告、盒裝課程、xcoinx交易所——甚至是她這個加密貨幣女王的身分——全都是外界看來很「鬧」的山寨貨，但又沒有山寨到會狗急跳牆、會造成夠多的資金卡在裡面、會造成心態夠貪婪的人不能說服自己的程度。

維卡幣這種「剛好就好」的力量，完美地展現在Dealshaker（維卡商城）的身上。架設與維護Dealshaker網站的是鄧肯．瓦瑟（Duncan Arthur），這名出身南非的銀行法遵專家，後來他會在洛杉磯機場跟康斯坦丁一起遭到盤問。茹雅在二〇一六年底把鄧肯找來，是要他協助處理公司的IPO事宜，但他「不務正業」地提出了一個企劃是要打造一個銷售網站。當茹雅在xcoinx推出Dealshaker時，她保證這會是個里程碑式，招商可達百萬家的銷售平台。

二〇一七年一月十五日，茹雅在一段預錄的花言巧語中表示，「這個巨大的電商網站」將讓維卡幣作為「普羅大眾的加密貨幣」，不再是一個空洞的承諾。投資人在二〇一七年二月登入Dealshaker的第一瞬間，他們看到的是一個比較炫炮的網路跳蚤市場。任何人只要願意接受維卡幣作為支付方式，就可以註冊成為賣家，但上頭幾乎所有商家都視為卡幣的傳銷上線，陳列出的商品只有區區幾百樣，而且大多不是來自俄羅斯就是來自中國。典型的產品，包括：鬍鬚油、線上教育課程、行銷DVD、被套、業餘等級的藝術品。

奢侈品，像是：五星級飯店住宿或汽車也看得到，但大部分購買連結都是壞的。[3]就算很偶爾有投資人在Dealshaker上找到他們真心想買的東西，維卡幣也一開口就要收最高可達百分之二十五的佣金。產品的定價（經常是一半歐元一半維卡幣）往往灌水到，光是歐元部分的價格就超過亞馬遜上的建議零售價（像知名電競耳機HyperX Cloud Revolver在亞馬遜上賣一百零七歐，在Dealshaker上賣兩百歐加三十一枚維卡幣）。更糟糕的是，Dealshaker網站不僅本身是個大詐騙，它還是個上頭有著各式各樣小詐騙的平台。[4]

---

3 維卡幣宣稱 Dealshaker 上有八到九萬名賣家，但一筆筆交易跟賣家去數出來的結果遠比這個數字低。鄧肯．亞瑟後來跟 BBC 說，賣家人數從來不曾超過一萬名。這些統計所根據的資料，是由維卡幣的批評者在監看了 Dealshaker 網站上的所有上架商品後，蒐集而成。資料上寫著，在二〇一七年五月十九日：十三名賣家共同持有 Dealshaker 超過一成的可下單交易。根據維卡幣表示，當時註冊的企業有三萬一千家——但可下單的交易卻只有一萬零八百筆。阿里．維戴爾經營一個批判維卡幣公司（並對 Dealshaker 火力全開）的部落格：kusetukset.blogspot.com。

4 'Duncan Arthur, London Dealshaker Training' (YouTube, November 2018): https://www.youtube.com/watch?v=zD-npB0yfj4. Dealshaker 平台採取的是加盟模式。鄧肯在各國都指派了經銷商，由各個經銷商負責確保網站只列出合法的交易，有遵守「認識客戶」的反詐騙規章，並且都符合 Dealshaker 的合約條款。

開站才第二天，在世界各地提供教育訓練，讓各國總經銷瞭解商城該如何經營的空中飛人鄧肯，就嚇了一跳，主要是他一醒來，就發現有人在商城上賣了一個盜版的假包包。幾週之後，他在網站上把一個來自中國小村莊的賣家刪掉了，主要是對方開價一萬九千歐元加兩千維卡幣，賣起了LV包包。二〇一七年三月的某個早晨，他移除了一個想要收購全部的維卡幣來賣腎的巴基斯坦男人。[5]

最嚴重的是，有一群中國礦工集資二十萬歐元真錢在Dealshaker上買了些車子，但卻自始至終都沒有收到貨。這些不滿的礦工買家跑到香港的維卡幣據點，威脅不給退錢就自殺。香港維卡幣的負責人費南多・萊斯傳訊給儒雅，告知了狀況，而茹雅的回答是，「我不會為會員犯的蠢出一毛錢，很對不起；此例一開，後患無窮。」她唯一做成的讓步是，用雙倍價格買回礦工手中的維卡幣——而對方，很神奇地，竟然也接受了。

整體而言，Dealshaker有可能是網際網路上曾經出現過，最糟糕的一個商業網站。阿里・維戴爾，也就是那個最早接觸比約恩的傢伙，把Dealshaker戲稱為Deal-shitter——不要說把交易搖出來了，還會在交易上拉屎。但投資人並沒能看出維卡商城就是一個笨重、醜不拉嘰、東西貴得離譜，而且滿地都是詐騙的垃圾網站，就像他們也看不出私人區塊鏈很可疑，看不出xcoinx的提領限制很值得擔心。數百名維卡幣投資人天天登入到Dealshaker，並開始把維卡幣（與歐元）送給商家，換來的是驅蟲劑、排笛光碟、指甲油。短短幾週，維卡幣辦的活動就包括「Dealshaker博覽會」，也就是由賣家設立體攤位來宣傳他們在平台上販售的產品，頂級上線在茹雅的指示下開始召募商家與投資人（招募商家也能領到佣金）。鄧肯・亞瑟後來宣稱，他當時真心相信維卡幣是正經的生意，但也承認Dealshaker的出現，替搖搖欲墜的加密幣推銷網打了一劑強心針。「這個詐騙網站能多撐了一段時間，責任在我。」投資人之所以相信維卡商城，就跟他們相信維卡幣是同樣的原因：一廂情願。

Dealshaker不只對憂心忡忡的投資人來講是一艘救生艇，它還發揮了很好的效果去轉移注意力，讓人比較看不到維卡幣呼之欲出的「龐氏騙局—傳銷金字塔」綜合商業模式。在二〇一七年一月，一封寄給她法律顧問團隊的電郵中，茹雅說，她想要「將之（Dealshaker）定位為我們主要的業務範疇，藉此取代經典的盒裝課程加代幣……在這個平台上活動，就不會有被指控是傳銷金字塔加龐氏騙局的問題」，還問：「對於如何利用這個平台，來改善我們在網路上的聲譽，讓主管單位跟調查我們的人沒有話說，你們有什麼看法？」（法務的回答不詳）。

即便有這種山寨到剛好就好的獨門絕活，加上像捕蠅草一樣在招募新血的傳銷金字塔，

5 'Fraud Plagues OneCoin's Dealshaker Platform' (BehindMLM, 28 April 2017): https://behindmlm.com/companies/one-coin/fraud-plagues-onecoins-dealshaker-platform/?sckattempt=1

還有龐氏騙局的雙重甜頭，還是沒有人能想到維卡幣會長到這大，或是撐得這麼久。真要說，有個對手在無意之間幫了維卡幣一把。在二〇一六年，全世界都像是被加密貨幣的臭蟲咬到，每個禮拜都有有頭有臉的雜誌撰文介紹，這種陌生的新錢是如何蓄勢要掀起銀行、購物、土地登記、金錢轉移、國際貿易等，許許多多領域的革命。到了二〇一七年初，比特幣的噱頭進入了自我實現的週期。思想領袖、顧問公司與各種科技界的啦啦隊都異口同聲地說，比特幣是人類的「未來」，生怕不一起這麼喊，就會被當成抗拒進步的摩登原始人。然後認定比特幣是未來的眾人，就真的大家有錢出錢，替比特幣買到了未來。

在 xcoinx 中斷運作，且比約恩．比耶克開始在 YouTube 與傳銷爆料網上發表，他對維卡幣區塊鏈的發現後，維卡幣原本就該崩潰了。只不過就在此時，比特幣展開了破紀錄的牛市。比特幣價格在二〇一七年突破一千美元，五月破兩千，六月十二日破三千，八月十二日破四千，九月一日破五千。突然之間，加密貨幣好像還真的就成了人類的未來——而比特幣也成了維卡幣可以趕上甚至超越的願景。比特幣的漲幅是如此讓人心癢，搞得維卡幣投資人都很樂於無視心中的疑慮。比起用腦思考，用心夢想舒服多了。

｜第二十章｜

能言善道的專家

不食人間煙火的人，是沒辦法勝任詐騙的。詐騙者會分析社會局勢，並從中找出可以以假亂真的機會。從二〇一〇年開始，世界的資訊產出就呈指數型增長，沒有人能不被無止盡的資訊、圖表、說法與反駁，狂轟濫炸。這當中有些東西是來自學有所成的專家，但大部分都不是。確認資訊既累又難，像加密貨幣這種新興產業，更是難上加難，畢竟這當中沒什麼權威，也沒有太多已形成共識的資格認定。茹雅就是鑽了這種不確定性的漏洞。[1]

二〇一五年夏天，大約在維卡幣釋出其要價一萬兩千五百歐元的至尊交易者包，同時公司營收突破了十億歐元，茹雅——一身黑色禮服加上紅色唇膏—出現在《富比士》雜誌封面上，上頭標題寫著：「來自保加利亞的加密貨幣。」在跨頁橫幅的報導中，茹雅暢談了金融的未來，還有即將來臨的加密貨幣革命。富比士是世界知名的商業雜誌，幾十年來有無數往上爬的企業家，夢想能在紐約、倫敦與東京的報攤上，看到自己在這本雜誌封面上露出炯炯有神的目光，就像股神巴菲特、微軟的比爾蓋茲、特斯拉的伊隆．馬斯克，都做到過的那樣。當二〇一五年七月號的《富比士》雜誌出刊後，維卡幣的社群帳號紛紛點亮：「在她接受知名雜誌富比士的訪談中，」其中一篇貼文如是說，「我們的創辦人茹雅博士介紹了維卡幣。」

這篇專訪的影響十分巨大。上線們收到了可以在活動上發放的資料，紅寶石和藍寶石會員分享了這篇文章給猶豫不決的親戚們。在烏干達，躍躍欲試的投資人在研討會與工作坊上看到了翻拍的封面。對被加密貨幣科技搞迷糊的人（也就是幾乎所有的人）而言，這個封面是很好的替代品，看過就不用做功課了：公司的老闆都上《富比士》封面當明星了，誰還需要去明白區塊鏈的繁複原理，誰還需要去搞懂挖礦是一種什麼樣的過程？

但茹雅根本不是什麼《富比士》雜誌的封面明星。她透過富比士旗下的公關公司「品牌之聲」（Brand Voice），向《富比士》購買了該雜誌保加利亞版的三頁內頁，然後設計了一篇新聞內容足以魚目混珠的廣告，包含：一面山寨封面（沒錯，外界以為的封面其實只是廣告內頁，那期雜誌真正的封面是歌手凱蒂．佩芮，真正的標題是〈流行音樂的頂級外銷品〉。）。茹雅根本沒有像祖克伯或馬斯克那樣登上《富比士》的封面，她只是花了幾千歐元，買了一個很像封面的企業廣告。要識破這個障眼法，你必須通曉保加利亞語，然後看到氣勢十足的茹雅照片旁邊有一行小字，寫著：「來自維卡幣的品牌之聲。」而這行話代表的就是，這是有廠商贊助，收了錢的內容。絕大多數的維卡幣投資人不要說通曉保加利亞語了，他們恐怕連保加利亞在地圖上的哪裡，都指不出來。索菲亞的維卡幣總部買下了數百本雜誌，撕掉了真正的封面，然後把加工過的《富比士》雜誌，寄到全世界。

這一招，茹雅在幾個月後又重複了一次，而且這次她選中是在業界地位更崇高的《經濟學人》。二〇一五年十一月，她在索菲亞中部一場由《經濟學人》主辦的大型會議上，擔任專題講者。參加的人有在地的大人物，包括保加利亞總統羅森．普列夫內利埃夫（Rosen Plevneliev）。倫敦的《經濟學人》將其在該區的各種會議，外包給當地一家活動業者，叫哈茲利斯與瑞瓦斯（Hazlis & Rivas），而該公司偶爾會開放贊助廠商上台演講。隨著各方代表魚貫進入豪華的巴爾幹酒店，準備針對在歐洲東南部的經濟合作與發展，進行為期兩天的討論，首先映入他們眼簾的是，一大張海報上顯示著各家贊助廠商：戴爾電腦、CNN、Visa卡等。但在這些廠商名稱的最頂端、唯一頂著白金贊助者名號的，則是維卡幣公司。茹雅贊助了這場會議多少錢，始終是個祕密，但確定的是她用錢換得了十五分鐘的演講時段，而她也

1 根據其內部的會計檔案（作者手中資料），維卡幣大約兩成的支出是花在活動與行銷上。

利用這十五分鐘跟她對金錢未來發展的看法，驚艷了現場百來名與會者。「敝公司……達成了十億歐元的市值，」她對聽眾說。「我們採行了非常積極的做法去形塑金錢的未來。」[2]「我簡直說不出話來，」人也在聽眾中的伊格爾．阿爾伯茨回憶說。「台下被她迷倒成一片。」會議公司規定，她不能使用任何活動上的標誌或影片，但她根本不管這些：會後沒幾天，維卡幣的公關團隊就剪好、並釋出了整場演講的宣傳影片。「《經濟學人》會邀請龐氏騙局的首腦去他們的活動上演講嗎？」上線們會這麼問。一如三個月前的《富比士》，沒有一個上線提到茹雅是用錢買到了演講的機會（自此，哈茲利斯與瑞瓦斯就不讓贊助廠商上台了）。

我們無從得知，有多少人被這種伎倆騙到——但按照上線將之推廣給投資人的程度來看，我們可以合理推斷其效果相當好。珍．麥可亞當（Jen McAdam）這名後來把她父親大約一萬兩千歐元的遺產，都花在維卡幣上的蘇格蘭投資人說，她就是因為《經濟學人》的演講，才覺得自己可以信得過茹雅。但幫著茹雅把維卡幣妝點得更為可信的那些人，其實來自一個比新聞界更具公信力的行業。從一開始，茹雅就瞭解到有律師可以依靠的價值，甚至於在第一盒維卡幣產品在二〇一四年夏天賣出之前，茹雅就指派了她的德國律師馬丁．布雷登巴赫，擔任杜拜維卡幣公司的負責人。時間來到二〇一四年底，馬丁的公司布雷登巴赫律師事務所（Breidenbach Rechtsanwälte），就出具了一本關於維卡幣的法律見解，當中聲稱：維卡幣是「一種發行量限制在二十一億顆的正規產品」[3]。律師是一種咸認有公信力的職業——所以他們的函件與意見書才會如此具有價值。馬丁的認可被廣為流傳，不論是宣傳投影片或線上的研討會，都可看見其身影。[4]（作者曾請馬丁·布雷登巴赫就他涉及維卡幣詐騙的過程發表意見，但直至本書出版都未能取得他的回覆。）

茹雅喜歡律師（畢竟她連結婚都選擇嫁給律師），到了二〇一七年，她還擁有了一個至少由六間法律事務所組成的顧問網，在五個國家替她提供服務。她在英國最愛找的是洛克律師事務所，兩者的合作關係可追溯至二〇一六年初。馬克·史考特替維卡幣做的工作，洛克律師事務所並不知情（不過馬克本身也否認有任何不當行為，並宣稱他遭到茹雅的誤導），但事務所的支付領域專家勞勃·庫爾特內吉作為這個領域的世界級權威，曾花了三天的時間，建議茹雅該如何進行維卡幣的擴張，看似並沒有意識到維卡幣是個巨型的龐氏騙局（「在我檢視「維卡幣」的當時，很多新的加密貨幣也在加入市場，」勞勃後來說。「我被告知，他們想要打造一個可以跟比特幣匹敵的加密貨幣。」洛克律師事務所的一名合夥人詹

2 茹雅·伊格納托娃博士在出席《經濟學人》第四屆東南歐洲峰會時的發言。
3 根據英國律師管理局（Solicitors Regulatory Authority）表示，對於存有「財務利益」的公司進行某種盡職調查，會有引發利益衝突的可能性。
4 可見 'OneCoin Presentation by Nigel Allan' (YouTube, 7 May 2015): https://www.youtube.com/watch? v=fakVq9UhuDw

姆斯・錢諾（James Channo），經手了她花數百萬鎊購入倫敦頂樓公寓的事宜。

他們之所以沒有注意到維卡幣是場龐氏騙局，一個理由是：茹雅針對公司業務的不同面向，請益了不同的法律事務所。當她想知道維卡幣的多層次傳銷活動，可以如何突破英國的反金字塔式傳銷法律時，她沒有去請教洛克律師事務所，而是找上了霍金路偉律師事務所（Hogan Lovells）。霍金路偉在倫敦也是一家聲譽卓著的事務所，而且他們還派人來維卡幣公司「隨隊」（on-board；法務術語，也就是實地進行各式各樣的盡職調查）了好幾個月，然後再花好幾個月詳細檢視維卡幣公司的業務模式。霍金路偉的團隊甚至不遠千里走訪了維卡幣的索菲亞總部，進行了一趟「事實發現」之旅。根據雷文爾資本的負責人蓋瑞・基爾伏所說，伊里娜・迪爾琴絲卡會盡量避免或忽視不好回答的問題，並盡可能讓自己找不到人，而這就讓任何想要知道保加利亞總部到底在搞什麼鬼的人，變得困難（基爾伏曾稱呼索菲亞總部這種不配合跟不回答的態度是，「保加利亞流感」）。

在二〇一六年底，霍金路偉給出了結論的是，某些地方可能還會有所調整，包括上線所簽的合約，可能會比這裡說得更嚴格一些，但「從多層次傳銷協議中的規定看來……整體而言，加加減減，（維卡人生）並不構成金字塔促銷騙局，」霍金路偉也確實補充說，公司內有一些元素「有可議之處，且可能給人一種他們就是（金字塔騙局）的印象」。[5]

茹雅決心從她的律師身上榨出最後一滴公信力：她一字一句讀過了霍金路偉的事實發現

報告，並在留白處加上了眉批：「我們能不能在這裡加一句，維卡人生也不是『龐氏』騙局？」[6]（後來，霍金路偉對《泰晤士報》說，他們對自身在維卡幣公司的查核工作沒有評論，但「如果他們看到客戶的業務中，有任何需要向有關單位通報的情事，那毫無疑問他們會依規定辦理」。）在茹雅的眼中，律師不太是正規的法律顧問，而更像是一支公關團隊。指出公司做法有不當處的建議往往遭到忽視，但所有展現公司正能量的意見，無一不會被放進行銷文宣，不然就是被用來說服其他組織與茹雅合作。事實上替公司爭取到兩場公關勝利的，就是她手下兩個能言善道的專業人士。

隨著維卡幣茁壯成一家價值十億美元的公司，茹雅意識到她在索菲亞的媒體與公關團隊有點力不從心。他們發布的新聞稿裡經常拼字錯誤百出，「酸民」等不夠專業的措辭，也層出不窮。於是到了二〇一六年中，茹雅痛下決心要整頓公關業務。她聘請了誹謗案件專家卡特－魯克律師事務所（Carter-Ruck）來幫忙，主要是他們最著稱的就是會積極（且有效地）捍衛知名客戶的名譽。包括俄羅斯的寡頭商人與被某些人認為是邪教的山達基（科學教），

---

5 Memorandum: 'Regulatory aspects of multi-level marketing activities conducted by the OneLife Network' (October 2016)

6 二〇一七年三月，霍金路偉寄給了茹雅、伊里娜與蓋瑞・基爾伏一份追加的「良好狀態報告」，當中納入了數十條很有見地的建議，涉及公司流程可以如何改進來確保沒有觸法之虞，其中一條便是，前往英國多層次傳銷業的產業組織「直銷協會」（Direct Selling Association）完成註冊。唯茹雅對大部分這類建議，都視而不見。

都曾經找過卡特—魯克。另外，透過其安全顧問法蘭克．史奈德開的「砂岩」公司，茹雅還雇用了倫敦一家「危機公關」業者，叫切爾蓋特（Chelgate），其負責人泰倫斯．范恩—桑德斯（Terence Fane-Saunders），是一名魅力十足、但不按牌理出牌的公關老將。切爾蓋特得到的委託是，設法改善她的形象，必要時與卡特—魯克聯手出擊。

從二〇一六年底到二〇一七年中，切爾蓋特公司、卡特—魯克事務所、法蘭克．史奈德會定期與維卡幣的代表開會，來思考如何應對各種公關、法務與媒體的挑戰。他們常常一聊到批評者，就說那些人是眼紅維卡幣的比特幣粉絲。他們討論到要成立一個國際顧問團體，裡的成員盡是上議院的名流，並由該團體來抱怨倫敦金融城（City of London，整個大倫敦有共三十三個次級行政區，包括三十二個稱為自治市鎮的區，加上直譯為「倫敦市」的倫敦金融城）的警方，刻意針對維卡幣公司的做法有違公平原則。

在某次開會裡，他們準備了一份簡報資料的主角，是傳銷爆料網的多產投稿者提姆．泰尚．柯瑞。有時他們會把熱騰騰的負面消息，用電郵發給其他人。二〇一七年一月，麥克斯．馮．阿爾寧姆這名雷文爾資本在倫敦的外部兼職顧問，注意到傳銷爆料網已經把雷文爾資本跟維卡幣聯繫在一起。他問蓋瑞．基爾伏：「有沒有辦法讓雷文爾資本與ＯＣ（維卡幣）之間的關係不要那麼昭然若揭？」卡爾—魯克回答說，他們依法能做的事情不多。而泰倫斯則解釋說，想把負面新聞從Google搜尋中拉下來「並非易事」，須知「想把新聞從

Google下架，基本上就是得用大量的其他消息把你在意的新聞蓋掉。為此你得靠搜尋引擎的最佳化，把消息一則則推上去。」

合作初期的卡特—魯克事務所在二〇一六年七月，就用過這種套路，當時他們寄信給加密貨幣新聞網《幣圈電訊報》（*Coin Telegraph*）的編輯群，原因是該網站稱維卡幣是一場龐氏騙局。「這種指控與事實不符，且已構成嚴重的汙衊。維卡幣既不是龐氏騙局，也不是金字塔傳銷（老鼠會），」卡特—魯克事務所說。「維卡幣賣的是正正當當、具有真正價值的產品，包括維卡幣這種加密幣……茹雅博士作為我們的客戶，感到嚴重的受辱與痛苦。」他們要求《幣圈電訊報》將文章撤下，否則就威脅要採取法律行動。不久後，卡特—魯克也對維卡幣的前投資人珍．麥可亞當做了一樣的事情，因為珍也在網路上做出了對維卡幣不利的發言（《幣圈電訊報》或珍都沒有把批評撤除）。

這支公關團隊在二〇一六年十一月的會議議程中的第六項，是茹雅近期最頭痛的事情：「金融行為監理總署」（Financial Conduct Authority）作為英國的金融監理主管機關，在不久前利用其網站發布了給投資人的警訊。「我們認為消費者應該留意維卡幣交易，」警訊上說。「我們很擔心維卡幣對英國消費者構成的潛在風險。」

聽說這則警訊的茹雅氣到不行，當場對伊里娜大喊她遭受到「不公平」的待遇。她會這麼擔心這則警訊，不是沒有原因。手握歐洲最大金融中心的監理大權，讓金融行為監理總署成為同類單位中的領頭羊，果然這「英國金管會」一出手，歐非亞洲不少國家的監理機關也做出了類似的呼籲。這當中，包括：拉脫維亞、奈及利亞、烏干達、克羅埃西亞、泰國與西班牙。短短幾天內，傳銷爆料網的批評者，就開始把消息發給潛在的投資人，並建議他們避開維卡幣。茹雅希望這則通知可以下架，於是在二〇一七年五月，一名切爾蓋特的人員想到了一個辦法。金融行為監理總署是在二〇〇九年的市場崩盤後成立，以節制倫敦的金融業與銀行業，而加密貨幣在當時幾乎還不存在，所以沒有被納進該署的管轄範圍內。

這麼一來，即便時間一路來到二〇一六年底，公部門還是沒有人負責追蹤這個快速成長的產業，包括金融行為監理總署中也沒有。「所以不是說他們（金融行為監理總署）違反了自己的職權，而是說他們越過了自己的職權範圍，」切爾蓋特的一份內部備忘錄寫道。此外，金融行為監理總署網站上的那則奇特聲明，與其說是官方示警，倒不如說更像是一篇新聞稿，因為所謂的警示根本沒有前例可循。在二〇一七年夏天的某個點上，卡特—魯克事務所發函給金融行為監理總署，函中聲稱該聲明應該要予以移除，因為依法論法說句大白話，維卡幣怎樣他們根本就管不著。

維卡幣的詐騙愈演愈烈，在英國的廣告也愈打愈兇，但金融行為監理總署也只能把欠缺法源的警示下架。確切的下架理由其實不太清楚，因為金融行為監理總署並不願意公布他們與維卡幣側翼組織的書信往來。或許人手不足的總署覺得卡特—魯克言之成理，也可能他們不想與那些虎狼之輩的律師交手。不論真相為何，結果就是在二〇一七年八月二日，對消費者提出警告，並直指維卡幣是世界上最大龐氏騙局的網頁，突然不見了。[7]

茹雅聽到這個消息簡直喜出望外。沒幾個小時，維卡幣的上線就對外宣揚，金融行為監理總署已經不再將維卡幣視為詐騙企業了（這一點當然並非事實）。從巴西到烏干達再到美國，上線們大肆把這個維卡幣公司獲得「平反」的故事，作為他們的行銷資料。維卡幣在加拿大的首席「皮條客」，肯・拉賓（Ken Labine）好像打了勝仗似地告訴追隨者說：「如果（金融行為監理總署）還認為我們是一家詐騙公司……那，我告訴你，那則警示今天就還會在他們的網站上文風不動。就這麼簡單！」這話就連傳銷爆料網的人員都不知從何反駁起。

明明是業界最冰雪聰明的法務人才——聰明到可以察覺到金融行為監理總署警示中的技術性漏洞、可以針對加密貨幣法規的細枝末節對客戶提出建言、可以透過境外企業架構出複

7 Bartlett, Jamie, 'Why did the FCA drop its official warning about the OneCoin scam?' (BBC News, 11 August 2020): https://www.bbc.co.uk/news/technology-53721017. 在該聲明被撤下時，金融行為監理總署對質疑此決定的某人表示說：「該聲明在我們網站上的曝光時間已經夠長，足以讓投資人注意到我們的疑慮。」這個說法相當奇怪，因為維卡幣仍在英國被積極地行銷，且好幾個警告也持續保留在金融行為監理總署的網站上長達數年之久。在一後續對英國廣播公司發出的聲明裡，金融行為監理總署說，他們撤下警示是因為維卡幣的販售不需要該署的授權——並表示撤下警示的決定，是他們與倫敦金融城警方共同做成。倫敦金融城警方對英國廣播公司表示，這件事完全是金融行為監理總署的責任。

雜住宅買賣的那些人才——卻在同一時間看不見二十年來最大的一宗龐氏騙局與他們大眼瞪小眼。**金錢能使鬼推磨，也能讓人擱置大是大非的問題，讓人心甘情願為自己找冠冕堂皇的理由裝瞎**。這不全然是腐敗，至少不是字典定義裡的那種腐敗，但這絕對顯示了手握財力的人，是如何透過壓力、法律的重量、金錢的贊助，不留痕跡地形塑出有利於他們的環境。

只可惜對茹雅來說，她很快就發現自己該擔心的是比這大很多的問題。而這一次，不論她手下的專家有多能言善道，也救她不了。

第五部

人間蒸發

第二十一章

最後一聲歡呼

生小孩改變了茹雅。雖然平日大都冷淡無情，但她身上始終有著慷慨與溫暖的能力。在辦公室裡裡外外，她常會對實習生噓寒問暖，甚至有一回她還出錢讓一名同仁嘗試人工受孕。不過不管怎麼說，維卡幣的員工都注意到，為人母後的茹雅明顯變柔軟了。女兒在二〇一六年剛入冬時出生後，茹雅這個出了名一絲不苟的老闆，開始在會議中既沒有準備周全，討論起銷售技巧也興致缺缺，只是不斷分享著照片跟媽媽經。雖然她鮮少在公開場合說起自己的私生活，但此時茹雅倒是在一部網路短片中，例外了一下：「我想分享一個非常非常個人、而且令人興奮的消息，」她這麼宣布著。「上禮拜，我的小女兒出生了。」工作大體上不再是第一優先。二〇一六年十二月，那次為期兩週的倫敦行當中，她大部分的日子都在購物——每次都在累到眼神死的保鑣一左一右、大包小包的簇擁下，回到她嶄新而光鮮亮麗的肯辛頓頂樓公寓過夜，而包包裡自然都是買給女兒的設計師華服與珠寶。[1]她開始把重要的決定授權給伊里娜・迪爾琴絲卡，並雇用了一名年近五十、且形象不錯的典型盧森堡金融家叫彼特・艾倫斯（Pitt Arens），來擔任維卡幣的新執行長。雖然彼特在被問到時矢口否認，但外界咸認他收了七十五萬歐的年薪，來監督維卡幣的股票上市與Dealshaker網路商城的計畫，同時還獲得公司承諾給他IPO銷售百分之一的分紅（後來他說，他負責的是產品管理而非銷售，同時也未曾控管公司任何行事的金流）。但他只任職幾個月就辭職了，辭職的理由是，「沒有發揮的空間」。[2]

維卡幣在二〇一六年募得了超過二十億歐元的進帳，招進了數十萬名新投資人，舉辦活動的足跡遍及了地表幾乎所有的國家。但隨著成功而來的是壓力，而且這股壓力還不只來自

1 茹雅住宿在艾伯茲公館時，同住門房的證詞。

2 彼特・艾倫斯取代的前任帕布羅・穆尼奧茲（Pablo Munoz）曾在二〇一六年底短暫接手過執行長一職。穆尼奧茲原本是安麗在美國的首席銷售員，但他覺得壓力太大，所以不久就離職了。彼特的合約是從二〇一六年十二月九日起算，但出於外界不甚清楚的理由，此一人事異動直到幾個禮拜後才獲得宣布。見 'OneCoin Leaks: Ruja Ignatova's passport + Arens' contract' (BehindMLM, 25 January 2020): https://behindmlm.com/companies/one-coin/onecoin-leaks-ruja-ignatovas-passport-arens-contract/

傳銷爆料網或比約恩．比耶克。每過一週，都會有新問題找上維卡幣。銀行定期會關閉維卡幣的帳戶，理由是有可疑的活動。[3]德國警方調查起了IMS集團（由法蘭克．瑞奇茨一手打造，供茹雅用來把錢餵給費內羅基金的公司與帳戶網），同時還有傳言說，其他地方的警力也在蒐集茹雅的不法證據。她依舊沒在中國拿到傳銷網路的執照。二〇一六年底，非洲銀行（Bank of Africa，總部在摩洛哥的泛非洲銀行集團）凍結了她在該銀行的其中一個帳戶，扣留了一些維卡幣的招募人員。接著在兩個月後，印度警方在孟買逮捕了維卡幣的另外十八名上線。不論在非洲或是印度，警方都指控嫌犯在經營龐氏騙局。而雖然茹雅對憂心忡忡的投資人保證，那些未經授權的承諾都是這些脫序上線的個人行為，但傳銷網中已經飄散出不安感，連身居頂點的茹雅都嗅到了不尋常的氣味。

一年之前，茹雅可能還很享受與對手或敵人你來我往的過程，但到了二〇一七年初——多了一個孩子要顧慮——她已經不想要身處這麼多風風雨雨。同仁們發現她愈來愈容易緊張，愈來愈容易大驚小怪。她的手機愈來愈多，甚至開始覺得，會有憤怒的投資人受夠了公司遲遲無法上市而來綁架她。她身邊一名朋友甚至記得，她覺得自己有性命之虞。她從她名下的若干公司中拿掉了母親的名字，增加了她保鑣隨扈的人數，還購入了一台凌志的防彈車。一日午後，她致電人在雷文爾資本在倫敦辦公室的蓋瑞，跟他說每個人都「想要騙我的錢」，並要求他要炒一個人魷魚，但隔天她就改變了心意。有時蓋瑞覺得她的老闆很可憐。

「她常常感覺孤單，」他回憶說。茹雅甚至開始納悶許博士是不是也騙了她，並為此派蓋瑞大老遠跑去馬達加斯加，確認那兒是不是真的有座油田（事實上真的有）。[4]

她也對傳銷的網絡厭倦了，她開始發現她的傳銷上線愈來愈不聽話，愈來愈貪婪。雖然這些上線替她打造了這間公司，但她也慢慢憎恨起卡里在台上的固定套路，還有伊格爾那些小丑般的西裝。雖然她採用了霍金路偉的建議，收緊了上線的合約條款，但無論如何她都不可能控制全世界多達數萬人的線上業務員，而他們為了業績什麼話都說得出來。而這也得怪她，因為是茹雅自己一天到晚跟他們說，維卡幣可以讓人致富。

就連她與賽巴斯琛的關係都變得緊張。身為共同創辦人，他也得承受跟茹雅相去不遠的壓力，而且他偷偷不滿茹雅在倫敦的生日派對後開除了他的女友。根據後來在法庭上的證詞，在二〇一六年尾聲，賽巴斯琛潛入了一間維卡幣在南韓用來存放錢的祕密公寓，然後用一只手提箱裝了幾百萬美元離開。等茹雅發現他幹的好事、並威脅要讓全網絡的上線都知道

---

3 在二〇一六年前後，喬治亞國家銀行撤銷了吉爾伯特．阿曼塔名下 JSC 資本銀行的營運執照，理由是該銀行未能遵循該國的反洗錢規定。

4 蓋瑞從馬達加斯加首都安塔那那利佛（Antananarivo）搭了一架螺旋槳小飛機，前往了油田附近的臨時機場，然後再開了三小時的車到三一一二區。對油田一無所知的蓋瑞在一片由籬笆圍起的土地中間放著一些機台，跟許博士的兩個員工交談了一下，然後用手機拍了一些影片（他在確知茹雅真的是油田的主人後，滿意地離開了）。

之後，賽巴斯琛歸還了這筆錢，但他們的關係永遠回不去了。監理單位、不友善的媒體、銀行、錢、傳銷爆料網、xcoinx的關閉、貪婪的上線、比約恩·比耶克、區塊鏈、賽巴斯琛，現在還多了一個小孩要顧——她真的受不了了。茹雅開始找出口。

她最迫切的問題，是錢。她已經從馬克·史考特的費內羅基金裡搬了幾千萬美元，這包括：她買了杜拜的一戶頂樓公寓、一套價值數百萬美元的珠寶、一支豪車的車隊、在索菲亞的連棟屋跟餐廳。但費內羅基金裡還放著好幾百萬美元，這些錢都控制在馬克·史考特的手裡。而自從Apex的有驚無險，還有意外被轉出去的電郵之後，茹雅跟馬克的溝通就不如之前友善了。有一回，康斯坦丁無意間聽到，茹雅對著電話大吼馬克是個「白癡」，「把事情全都搞砸了」。她擔心Apex的保羅，史本迪夫已經通知有關當局，要注意馬達加斯加可疑油田的交易，而那就意味著，還留在費內羅基金裡的幾百萬美元，可能隨時會被凍結或扣押。遇到疑神疑鬼特別嚴重的日子，茹雅會要求馬克「立刻」把她所有的錢都還回來，但那在由他所創造、受監理的基金結構下，是做不到的。時間來到二〇一六年底，茹雅與馬克的關係已經惡化到崩潰邊緣。愈來愈不放心的茹雅，要她的顧問與聯絡人盡快找到投資的機會，好讓她能把費內羅基金內的現金，轉換成她可以自行控制的資產。而這後續的發展就是一段讓人看傻眼的敗家大撒幣，時間長達半年。

要把幾百萬歐元快速在世界各地搬來搬去，只能說談何容易。你必須認識對的人。茹雅在保加利亞境內的各種關係與人脈，其全貌恐怕將永世成謎，但她肯定認識很多在保加利亞與杜拜都吃得開的有力人士，這包括她運作了茨維特琳娜．博里斯拉沃娃，這個商場女強人兼保加利亞老牌總理博伊科．鮑里索夫的長年伴侶。根據一份早期的履歷上所記載，茹雅還曾服務過一支精品投資基金叫三角洲資本（Delta Capital），其創辦人都是資深的政治人物——三角洲資本甚至協助建構過一筆大交易的內容，是由俄羅斯投資銀行VTB資本買下保加利亞國有的保加利亞菸草集團（Bulgartabac）。前財政副部長與VTB資本保加利亞分公司的負責人克拉希米爾．卡特夫，是維卡幣活動的常客，包括他參加過茹雅辦在倫敦的生日派對（甚至在茹雅與麥克斯．馮．阿爾寧姆（在雷文爾資本負責尋找投資機會的外部兼職顧問）至少一封電郵裡，都能在副本寄送清單上看到卡特夫的名字。唯有卡特夫始終聲稱，茹雅從未正式與三角洲資本或VTB，有過合作或其他關係，也未曾在三角洲資本或VTB，進行的任何交易中扮演過任何角色）。

時間拉回二〇一五年，茹雅曾參與一筆複雜的不動產交易案，且該案後來涉及透過茹雅在杜拜的RISG有限公司，把土地賤賣給保加利亞一對超級名模雙胞胎，叫波麗雅娜與安娜．謝赫托娃（Boryana & Anna Shehtova）。波麗雅娜是以杜拜為根據地的保加利亞大毒販，人稱「古柯鹼之王」之赫里斯托佛洛斯．「塔基」．阿曼納提迪斯（Hristoforos 'Taki'

Amanatidis）的多年女友。甚至有可能這筆交易帶有保護費的概念。根據後來聯邦調查局掌握的證據，「保加利亞一名生意就算不是史上最大，也絕對是很大的資深毒販，與維卡幣關係匪淺，甚至他本人還擔任過（茹雅的）貼身保鑣」。

根據二〇一九年一次開庭時所揭露，聯邦調查局針對銀行對帳單進行的分析，茹雅開始大量搬錢是在二〇一六年底，其中有三筆大交易格外值得注意。

在第一筆中她轉了大約六百萬歐元到保加利亞一家公司叫LBJ，這也是一家由波麗雅娜．謝赫托娃持有的公司。

接著，在她保加利亞人脈的建議下，五千一百萬歐元被拿去投資保加利亞一間菸草公司叫歐本馬克（Openmark），主要是該公司需要資金在希臘的塞薩洛尼基（Thessaloniki）蓋新工廠。歐本馬克的負責人是赫里斯托．拉契夫（Hristo Lachev），保加利亞菸草集團的前老闆。[5]

總部的某人——具體是誰不詳——發現杜拜有一支賽馬基金叫「鳳凰純種馬」（Phoenix Thoroughbred），在四處找人投資。當時，鳳凰純種馬是一支由巴林一名叫阿默．阿巴杜拉齊茲（Amer Abdulaziz）的馬痴，所成立滿兩年的基金，其（一部分）業務是買進種馬來繁殖與參賽。二〇一七年春，十一筆總金額達一點八五億歐元的匯款，從費內羅基金的各帳戶經由愛爾蘭銀行，轉進了鳳凰純種馬在杜拜的帳戶[6]（鳳凰基金投資公司作為鳳凰純種馬的母公司，否認了所有不法行為的指控）。

拆開看，這些錢也不見得有什麼大不了。保加利亞的政壇與商界菁英相對人數不多，茹雅這種等級的投資人，難免會與有重量級人士有所交集。但合在一起，這些錢顯示到了二〇一七年初，茹雅已經認識了保加利亞國內一些非比尋常的大人物。她吃得開——在家鄉跟在杜拜都是，而她許多公司就開在杜拜。而再過沒多久，她在杜拜的這些人面就會帶給她很多的方便。[7]

到了二〇一七年春末，費內羅基金幾乎全被掏空。這是後勤管理上很了不起的成就。只用比十二個月多一點的時間，數千筆維卡幣的小額投資——大部分都是定價五千歐元的大亨交易者包，與一萬兩千五百歐元的至尊交易者包——已經被偽裝成來自歐洲富人對某有受監

5 本書曾請赫里斯托・拉契夫對相關事件發表看法，但到出版前都未獲得回應。

6 根據司法部的資料，這筆錢從費內羅股權投資有限合夥公司的 DMS 開曼群島帳戶，先流向了費內羅股權投資愛爾蘭公司的愛爾蘭銀行帳戶，然後又流到了費內羅證券交易公司的愛爾蘭銀行帳戶，最後再分十一筆匯款轉進了鳳凰基金旗下的杜拜銀行。這些流程並非一帆風順。馬克甚至在二〇一七年二月用電郵通知伊里娜說：「事情看來不太妙……他們心裡有底，這錢背後是維卡幣／維卡人生傳銷。」

7 這段期間還有其他交易顯示，茹雅開始以比原本規劃還要更快的速度搬錢（只在兩個月前，馬克還跟妻子莉迪雅說，他覺得他可以在未來的十八個月內，在茹雅身邊賺到二千五百萬歐元）。茹雅在二〇一六年四月開設，用來接受以比特幣取代現金購買盒裝維卡幣的比特幣錢包，也在二〇一七年三月跟五月被領光了大約兩百萬歐元。

理基金的大額申購，並在形式上被轉換了各式各樣的股票、財產與生意。那個在靜謐德國小鎮施蘭貝格出生，在屠戶樓上的小公寓裡長大的女孩，如今搖身一變，成了不動產的巨擘、珠寶的藏家、而且還是跟身價接近五億歐元的企業投資者。

他的工作既已告一段落，馬克便正式開始把各式各樣的費內羅基金實體收尾。[8]他忙得像條狗，飛到開曼群島或英屬維京群島出差不下十次，然後每週都要花很多時間處理書面資料。[9]為了慰勞自己，馬克又開始一波的敗家：一艘要價一百三十萬美元的聖汐克名牌豪華遊艇、兩台新保時捷、鱈魚角高級住宅區海恩尼斯港一棟兩百萬美元的豪宅。他房子一買，就立刻簽下了一百八十萬美元的裝潢合約，但這一點讓他的鄰居們都十分火大，他們受夠了讓外來的暴發戶美學破壞小鎮的歷史氣息。決心要融入當地的馬克，花錢買了往自己臉上貼金的自介，登在當地的不動產雜誌上。

就在茹雅釐清自身財產的同時，也開始思考，她是不是可以全身而退。直接一點，她可以腳底抹油，偷偷溜到某個異國的島嶼上，或某個有關當局絕對拿她沒轍的腐敗國度，當權者都是賊的那種。在這個時間點上，恐怕茹雅還沒有真正想要搞失蹤——她應該還是比較希望能跟維卡幣好來好散，然後繼續享受維卡幣帶給她的好日子。雖然二〇一七年初她開始各種麻煩纏身，但茹雅還是忍不住在跟同事聊起，二〇一八年時她就非常興奮：她要搬進肯辛頓的頂樓公寓，並開始全職在騎士橋的雷文爾資本辦公室中工作。她甚至開始研究要讓女兒上哪一所私校。也許她有點癡心妄想，但即便她的區塊鏈問題擺明了無解，茹雅仍舊希望能與維卡幣劃清界線，她不想被維卡幣搞得一身腥。

一場詐騙要稱得上漂亮，受害者就不能當下就意識到自己在被騙，而要到事過境遷後才恍然大悟。一場詐騙要稱得上完美，那受害者就更得永遠都不覺得自己被騙。這個完美的目標拉回到二〇一七年，絕對不是癡人說夢。光在那一年，新興的加密貨幣與「區塊鏈技術」公司，就不下數百個。這些加幣貨幣業者從早期投資人的手中募得了大量的資金，然後（幾乎）什麼成果都沒交出來就草草倒閉。他們當中固然有真正壯志未酬的創業家，但也不少人就是來蹭比特幣熱潮的騙子。認真說，絕大多數的這些加密貨幣都落在創業與詐騙之間的灰色地帶，而且相當多人都得以毫髮無傷地全身而退。

對於要怎樣讓世界相信她是壯志未酬的那種人，茹雅內心不只一個點子，只是它們每一

---

8 根據《開曼現報》與《英屬維京群島憲爆》，費內羅金融科技歐洲有限合夥公司在二〇一七年六月二十八日被註銷，而費內羅股權投資的清算則展開於二〇一七年六月二十三日（其他投資實體的狀況我尚難確認）。接著馬克解散了三家主要的愛爾蘭公司（費內羅證券、費內羅 PCT 與費內羅 Tradenext），時間落在二〇一七年中到年末。然後費內羅股權投資仍繼續運作。至晚到二〇一八年一月份，馬克調整了董事會組成，引入了他自己的律師，妮可·休斯曼（Nicole Huesmann）（這麼做的用意，可能是公司內有尚未走完程序的文件需要有人配合他收尾，否則他無法逕行將公司註銷）。

9 United States v. Mark S. Scott, S10 17 Cr. 630 (ER).

種都代表一步險棋。她說，要讓維卡幣在「大型股市」中公開上市，並讓使用者可以用維卡幣兌換股票選擇權的承諾，算是其中一個可能的出口。從二〇一七年一月開始，茹雅就告訴投資人說，IPO會是維卡幣能夠「公開交易」的一條新途徑。「只要你手中有（維卡）幣，你就有資格成為臉書以來最大成功故事的一分子，」茹雅在這段時間對投資人宣布。比起她以前主打投資人可以前往貨幣交易所網站，在那裡獲利了結，現在茹雅的新歡是，叫投資人「盡量多拿點維卡幣」去換股票選擇權，因為等到股票上市，投資人就可以把拿股票去獲利了結[10]（讓人困惑的是，等維卡幣公司在股市掛牌後，維卡幣也會在貨幣交易所上市）。

在幾個禮拜內，近半的投資人都聽了茹雅的話，把他們的維卡幣換成股票選擇權。茹雅有可能真的覺得股票上市是可行的——雷文爾資本的顧問麥克斯．馮．阿爾寧姆在二〇一七年三月飛到香港，與在那裡的股票上市顧問見面。但根據其他規劃IPO的相關人士所說，茹雅沒有說出來的動機是要減少她的負債。一份解釋上市計畫的文件草稿標題，叫做「IPO故事」，當中提到，「如果投資人把他們的維卡幣退回給公司（換取股票選擇權），那他們就可以一起成為公司的股東，」對此茹雅趕忙加了一個免責聲明：不保證，風險，巴拉巴拉……維卡幣公司上市的瞬間，股價就很可能會崩跌到趨近零，因為社會大眾沒有人會投資向維卡幣這樣的一家公司。但這正合她意，因為到時她就可以拍拍屁股走人，把所有的責任都推給「市場」。

大約在同一個時期，茹雅把玩著一個更單純的想法是，直接把整個傳銷網絡賣給某個私人買家，然後讓維卡幣默默壽終正寢，也讓她那些王牌銷售員回歸傳統的營養品或保養品。[11] 她讓員工不分日夜地工作，弄出了一份四十張投影片的 PowerPoint 簡報，當中把維卡人生的傳銷網，吹噓成二十一世紀最厲害的銷售機器：「靠著超過兩百二十萬名領薪的成員，與他們對公司文化無比的忠誠，」簡報稿寫著，「我們可以說，沒人能複製 OLN（維卡人生網絡）的成功案例。」這份簡報推估，公司可以「在不久的將來」，達到三百億歐元的營收規模，詳細的會計資料甚至宣稱，維卡幣的 EBITDA 獲利率（息前稅前折舊攤提前獲利除以總營收）至少是賀寶芙或雅芳的兩倍。「此時，她心目中最重要的事情是，維卡生活賣不賣得掉，」後來蓋瑞．基爾伏表示。「其他的事都顯得次要。」

因為覺得用股票上市或把傳銷網賤賣掉來金蟬脫殼，都非常有望，心中放下顆大石頭的茹雅，決定來輕鬆一下。[12]

10 'Dr Ruja Ignatova on OneLife STOCK IPO, XCOINX EXCHANGE and New Business Model at Macau – May 7, 2017' (YouTube, 8 May 2017): https://www.youtube.com/watch?v=dMUxAfbAy1M
11 作者手邊有一份 PowerPoint 投影片，標題是「投資人簡報」。
12 有人擔心若她修不好她的區塊鏈，那這兩個計畫都將行不通。屆時隨便一個潛在的買家，恐怕都會派技術專家過來分析維卡幣的科技背景。同樣地，股票公開上市意味著公司需要完整揭露公司的帳戶，更別說公司的區塊鏈得索佐波爾，保加利亞，二〇一七年七月。

一如許多保加利亞的有錢人，茹雅也有一座豪宅位於在如畫的濱海度假勝地索佐波爾，而索佐波爾又位在觀光客愛去的內塞伯爾（Nesebar），與陽光海灘（Sunny Beach）正南方二十英里處。茹雅的豪宅——連裝潢花了她七百五十萬歐元——有著傲人的私人海灘、二十公尺的游泳池，還有一個兒童遊樂區。茹雅讓人在泳池地板上漆上大大的玫瑰，客製化的進口家具分別從德國與倫敦空運過來。她在地下室裝設了一個健身房，而就像許多隱私重於一切的超級富豪，她也把隔壁那戶一併買下來。在二〇一七年七月七日到九日的那個週末，茹雅的朋友與同事大約一百人，齊聚在索佐波爾慶祝她女兒受洗。為了炒熱氣氛，茹雅在這天介紹了她價值六百九十萬歐元的超級遊艇出場（上頭有整整六個房間，有水下觀景沙龍、酒吧與按摩室）。遊艇停泊在索佐波爾位於半島西側的迷你港灣裡，走兩步路就是充滿歷史的舊城區，與那兒櫛比鱗次的酒吧與咖啡廳。四十四公尺長的遊艇與生鏽的拖網漁船，肩並肩停著，看起來說多荒謬就有多荒謬。

週五晚的溫馨小聚，接續隔天週六則是一整天的派對，參加的都是她最親近的家人與朋友：康斯坦丁、她的爸媽薇絲卡與普拉門、她先生比約恩——茹雅拚了命想將他融入她愈來愈忙碌的生活——阿絲狄斯・蘭恩、賽巴斯琛、Dealshaker的操盤人鄧肯・亞瑟，還有她的心腹參謀伊里娜·迪爾琴絲卡、雷文爾資本的蓋瑞·基爾伏。吉爾伯特·阿曼塔，她的帳房兼戀人，特地從佛羅里達飛來出席。吉爾伯特平常都很能跟人打成一片，但此次他感覺有點融入不了。由此。他週末大部分時間都待在健身房，跟康斯坦丁聊他們都很喜歡的運動、狗狗跟女人。不同於平日的是，他提到了他跟茹雅在工作上的互動，他告訴康斯坦丁說：「跟你姐姐工作，就像一個大黑影形影不離地跟在我身後。」

接受獨立的稽核。在二〇一七年五月辦於澳門的維卡幣企業活動中，茹雅決定正面迎擊這個問題。她的新執行長彼特·艾倫斯對整整五千名群眾說，公司已經委託新加坡的一家DX Markets公司進行區塊鏈的「稽核」工作，而該公司已經回報維卡幣擁有正常運作的區塊鏈。「這裡是他們的聲明，我們的區塊鏈沒有問題，」這麼對群眾說的卡里·瓦爾盧思站在一面大螢幕旁，螢幕上顯示著出自稽核報告一句話：維卡幣的私有區塊鏈系統……已經過設計來滿足公司的需求。」（彼特宣稱，他收到公司IT團隊自保加利亞傳來的保證說，公司的全新區塊鏈已經「下訂並付訖（款項）」）。比約恩·比耶克後來聯絡了DX Markets的執行長，對方是一名年輕技術專家叫馬切羅·卡西爾（Marcello Casil），而卡西爾承認他並沒有獲准去檢查維卡幣的科技，也不曾看到任何區塊鏈。他的所謂「稽核」報告，其實只是一份說明書，上頭記錄了DX Markets將來理論上有機會替維卡幣打造的區塊鏈科技。DX Markets是一家由馬切羅·卡西爾擔任負責人，以新加坡為據點的區塊鏈公司。卡西爾掛顧問職在一家由杰德·葛蘭特（Jed Grant）開的公司裡，而葛蘭特又是法蘭克·史奈德名下砂岩公司的共同創辦人與合夥人。卡西爾簽了一份保密協議，然後就很快地寫了一份報告，來詳述未來一個改造過的區塊鏈可以做到哪些事情。卡里所謂的「維卡幣的私有區塊鏈」根本不存在（馬切羅後來承認，「我不清楚他們當下或之前有的是什麼東西……我做的一切評論，都不是基於他們公司裡真正存在的IT系統）。

派對開始在午後時分，首先登場的是飲料、一條供開胃菜與小點心搭乘的輸送帶。大夥以大游泳池為中心開始集結，然後三三兩兩前往私人海灘留下足跡，並人手一杯香檳。醉意愈來愈濃的嘈雜人聲開始與轟隆隆的音樂聲比拚，迴盪在黑海的海面上。隨著夜幕愈發深沉，茹雅的雙親先行離去，現場的氣氛也變得放鬆。就連鮮少在人前買醉的茹雅都放下了平日的健怡可樂，喝起了香檳。這一夜的高潮——就像一年前茹雅在倫敦維多利亞與亞伯特博物館的三十六歲生日派對——是一名流行音樂巨星。

「夜間助興的名人出租」是一門專門鎖定超級富豪的成熟產業，而隨著茹雅的身價愈來不可與過去同日而語，她請來進行私人商演的明星，也今非昔比。二〇一五年，她請來的是一個知名的保加利亞藝人。二〇一六年，她請到了湯姆．瓊斯。而這一回，她用飛機載來了她最喜歡的美國流行天后碧碧．蕾克莎（Bebe Rexha）。所有人都湧到專門打造的開放舞台前，隨著台上的蕾克莎起舞，只見她表現著她的暢銷曲，彷彿台下是滿場的體育館。算是特別招待，蕾克莎把茹雅拉上了台，陪茹雅高歌她喜歡的單曲〈Me, Myself and I〉。茹雅被弄得有點窘；「他們是收錢來這裡歡呼，」她看著台下的一大群人笑說。「我也是啊。」蕾克莎回答。茹雅的一名化妝師被逮到在海灘上與倫敦辦公室的某人卿卿我我，隔天就被炒了魷魚。現場的保加利亞人之間爆出了民歌的歌聲，大夥兒跳起了傳統舞蹈，而後在茹雅的指示下，蓋瑞與鄧肯都被扔進了游泳池。

整個夏天大概就是這個調調。大部分時間都在索佐波爾的茹雅，輪流在豪宅裡或遊艇上待著，有時照顧女兒，有時招呼賓客。在地鄉親慢慢能認得這個做加密貨幣生意、並開著私人派對的奇怪女人，餐廳老闆則都盼著她給小費很大方的跟班可以多多光顧。不過，即使人在索佐波爾，她也會騰出時間從西倫敦的哈勒昆（Harlequin；英國的居家時尚品牌）訂購墨塔赫德（Mottahedeh；瓷器商）的客製化菸葉紋瓷器，因為只有那才配得上她倫敦的頂樓公寓。[13]

雖然茹雅很享受在海灘上放鬆的生活，也樂於擺脫動輒幾十億美元上下的經營壓力，但無法逃避也不能解決她的問題，於是七月中，她衝回了索菲亞總部兩天，為的是與（短命的執行長）彼特．艾倫斯跟賽巴斯琛，一起主持一場線上研討會，來處理關於區塊鏈未完的問題。緊張的投資人也想知道 xcoinx.com 何時重啟——該網站已經停擺六個月都沒有動靜——他們都在等著，把或多或少還揣著在手上的餘幣換成現金。茹雅提醒投資人說，維卡幣有著獨特且強大的「閉源式」區塊鏈，這一點他們強於比特幣，而她也抱怨「酸民」在扯公司後腿。賽巴斯琛怪罪「假新聞」是負面傳聞的罪魁禍首，而彼特則說，他正在努力讓 xcoinx 盡

---

13 如果大家好奇的話，我可以告訴你們她寫的是：「請想辦法弄到十八人份，而且每人份都要有三套碗／盤，兩只湯鍋。我們會需要一個咖啡罐跟兩只茶壺……還有這些中央飾盤是怎麼回事？也許你可以寄一份非常規產品的型錄過來？」這些資料證明了（如果哪天有需要的話）犯罪首腦也可能對餐具感興趣。

快重啟。「陪我們再堅持一下，拿出對公司的忠誠，」茹雅喊話說，「各位一定能見證我們創造歷史。」

維卡幣的諷刺之處就在於，茹雅在三年間向世界推銷的科技革命——由電腦程式碼控制的固定貨幣供給——最終竟成了她無法脫困的原因。無法竄改的歷時性紀錄作為一種革命性的系統，本來應該是一種能解放人的工具，但最終卻成為了讓人動彈不得的腳鐐。這個問題你是繞不過去的。她花了三年時間去推廣的科技，讓她掉入了陷阱。時間來到二〇一七年秋天，茹雅想讓公司股票上市，或是把傳銷網絡賣掉的計畫，都毫無進展可言，最終的崩潰已難以避免，一切只是時間早晚的問題。但壓垮駱駝的最後一根稻草既不是貪婪也不是科技，而是她的愛情。

第二十二章

崩潰的開始

商場上的茹雅自信到傲慢的程度，但在私生活裡她可以說是手足無措，給人感覺相當失控。「畢竟我是雙子座，」她會跟要她謹慎一點的朋友這麼說。她應該要多聽朋友的話才對。

茹雅在大學時期就嫁給了比約恩．斯特列爾。比約恩是那種愈老反而愈帥的天選之人。他向來又高又顯眼，但他年輕時偏瘦，有了年紀長了肉，反而給人一種貓咪般的感覺。他的前途也看似愈來愈光明，事實上到了二〇一七年，他已經在法蘭克福的不動產律師界闖出一片天。雖然不像妻子那樣喜歡出風頭，同時他也很努力地想要跟維卡幣保持距離，但比約恩並無不享受茹雅出人頭地後的生活，事實上只要不耽誤工作，他都會盡量參加跑馬燈般的派對、活動與頒獎典禮。茹雅在台上演講或在主持訪談時，比約恩偶爾被看到在角落靜靜坐著，並對妻子投以敬佩的眼神。「她的點子總是源源不絕，」他在二〇一五年一次罕見的受訪中，對保加利亞一間生活風格雜誌侃侃而談。「同時她總是能將點子化為現實……跟她一起生活真的很棒。」

茹雅不會對外談論她的私生活，或許也正是因為這個習慣，讓外界的傳言甚囂塵上。但總的看起來，確實有可能是經營數十億美元的國際公司帶來了很大的壓力，以致於讓她與丈夫比約恩之間有著緊繃的關係。時間來到二〇一七年夏天，事情又更加惡化，關鍵就在於，茹雅犯下了一個錯誤：她不該與佛羅里達的金融家吉爾伯特・阿曼塔陷入愛河。一開始，那只是二〇一五年的一點浪漫火花，當時茹雅剛僱用了吉爾伯特，為的是透過他在喬治亞共和國的銀行協助她處理金流，但這一點點火花就此愈燒愈旺。在七八月大部分時間，都跟茹雅在索佐波爾的豪宅中相處後，這對男女認真討論起與原本的伴侶仳離，然後一起到倫敦定居。[1]

「她徹底迷上了吉爾伯特，」一個朋友後來表示。但在她把自己的生活搞得天翻地覆之前，茹雅想先確定吉爾伯特對這段關係跟她一樣當真。他有件事讓茹雅很不尋常地格外緊張兮兮——這並不是他第一次涉及高風險的投資。多年前，在加勒比海有家叫Curanet的電信公司破產，而吉爾伯特也是該公司的大股東。[2]即便是在他們在索佐波爾放鬆的同時，他也仍試著施壓一名英國商人叫克里斯多福・漢默頓，主要是他認為對方欠他數百萬美元。茹雅偶爾會懷疑吉爾伯特，她在想他該不會是為了錢才跟自己交往。雖然自己大部分的錢都是馬克・史考特在管，但茹雅仍有很大一筆錢在吉爾伯特的公司網路中流淌。

二〇一七年八月底，茹雅找上了一名可以幫助她釐清真相的員工：前特務法蘭克・史奈德。自二〇一五年中以來，法蘭克就負責茹雅的形象與安全管理，而她也慢慢將他視為了心腹。她十分肯定他遇事的專業與冷靜，還有沉著的處境評估能力。根據康斯坦丁後來在法庭上的證詞，建議茹雅前往比斯凱克去購買吉爾吉斯共和國外交護照的，就是法蘭克（比斯凱克作為吉爾吉斯的首都，當地的護照在徵信產業圈子裡非常有名。只要花個幾千美元，誰都可以買到吉爾吉斯的外交護照，並藉其在特定地點移動，無須擔心被捕——特別是出入俄羅斯非常好用。茹雅那年夏天入手了一本，時間就在她女兒的洗禮派對後不久）。要探一探吉爾伯特的底細，還有誰能比一個前特務更適合？他三十年的特務生涯，就是建立在發掘他人祕密的基礎上，而茹雅想請法蘭克挖出的祕密，就是吉爾伯特是不是真的要離開他太太（後

1 吉爾伯特的私人噴射機，一架灣流四型飛機，在二〇一七年七月二十一日飛進愛爾蘭的香農機場（Shannon），然後再前往了索菲亞（並在二〇一七年七月二十八日回返）；該飛機後來兩度重返香農機場，一次是二〇一七年八月十三日，一次是二〇一七年九月八日。

2 'Ad Ernstig Mismanagement MIO' (Knipselkrant, December 2012): https://knipselkrant-curacao.com/ad-ernstig-mismanagement-mio/

來針對BBC《消失的加密貨幣女王》系列的podcast內容，法蘭克・史奈德曾回應說，下面的事情全都沒有發生過）。[3]

雖然近半世紀的人類科技進步神速，但特務工作的基本功仍沒有太大的改變。現今監看或監聽某人最好的辦法，跟法蘭克在一九八〇年代成為盧森堡國家情報局一員時，並沒有什麼差異，一樣都還是要：潛進別人的家中，在牆壁或電燈開關裡安裝竊聽器。即便到了今時今日，英國軍情五處或美國聯邦調查局，都還是很依賴在無法駭入嫌犯電話或電郵時，採用所謂的「近距接觸監視」。只不過這年頭竊聽已經不是政府單位的專利了，私人公司或有錢的個人，也每年幾十億美元在花，為的就是請民間徵信業者使用類似的技巧，來監聽商場對手、批評者、記者與前伴侶，蒐集有用的資訊。多數城市都有至少一家「偵探材料行」，普通人也可以買到偽裝成計算機、插座、燈泡的錄音器材。品質不差，信號可以穿透十二吋厚牆的監聽設備，價格大概也就是兩百英鎊上下。對於一個在盧森堡國家情報局當過主管的老江湖來講，祕密監聽一對夫妻來說就像是小孩子的把戲。

根據後來的法庭證詞，法蘭克的一名美國聯絡人按茹雅的指示，租下了吉爾伯特在佛羅里達羅德岱堡家樓下的公寓，然後在天花板上鑽了個洞，安裝好了強度足以捕捉到吉爾伯特與太太貝西亞談話的監聽器材。

*

私生活暫且不談，二〇一七年八月底，茹雅從索佐波爾返回索菲亞後，她看到眼前有好消息，也有壞消息。好消息是，她的費內羅基金已經清空了三點五億歐元，她有十來個頂級的專家在倫敦替她效力，Dealshaker網路商城的運作十分穩當，並且她還有彼特·艾倫斯這名優質的執行長，當她的左右手。

壞消息是，她手中仍然沒有區塊鏈可用，而資深的傳銷上線們則一天天愈來愈緊繃，因為他們都快被下線如雪片般傳來的訊息給淹沒。下線們的訴求，是要茹雅把區塊鏈的資訊完整公開，他們不要那個已經被比約恩·比耶克證明是假貨，小到不行的「小螢幕」。

多層次傳銷公司都有一種鯊魚的屬性。他們只有一直往前游動才能存活。年報酬如果普通，那就是世界末日，因為這整個產業就是主打「紀錄年」跟「指數型的成長」。但煙霧彈總有消散的一天，沒人可以無止境地掩人耳目。也確實自二〇一五年中以來，維卡幣第一次開始流失了動能。當然不同於馬多夫在紐約公寓裡被證券交易委員會的幹員衝進去上銬，維

3 關於法蘭克在跟監吉爾伯特中所扮演的角色細節，本書主要根據的是康斯坦丁·伊格納托夫後來在美國一宗刑事案件調查中的宣誓證詞。

卡幣並沒有在某一瞬間垮掉。事實上，維卡幣的營收每個月都還有數千萬美元的水準。但失信、延誤、區塊鏈的負面傳言，不斷累積，慢慢開始讓維卡幣感覺到痛。維卡幣在網路上的討論度開始降溫，地方上的招募活動也不如過往帶勁。批評者與監理機構開始對維卡幣措辭愈發強硬。線上研討會——原本已經連著幾個月都滿額——現在都會有四分之一的「位子」空著。多層次傳銷的上線對公司的盛衰有很敏銳的第六感，由此某些一線的上線，如：艾隆・史坦凱勒、佩爾・卡爾森與紐西蘭人艾德・拉布魯克，都開始轉檯到更吸引人的新公司。初夏，尤哈・「維卡幣老爸」・帕爾希亞拉本人，身為只差沒替維卡幣取名字的共同創辦人，也默默地選擇離開。他對外的官方說法是，身體出狀況，但傳言他是被印度一連串與維卡幣相關的逮捕事件嚇到，只不過真相已不可考，因為尤哈幾乎是一夜之間就從維卡幣圈消失，而且人滯留在泰國不肯離開。

更大的壞消息是，茹雅默默放棄了股票上市的想法。維卡幣終究還是無法對社會大眾釋股。秉持她報喜不報憂的原則，茹雅向傳銷網的成員保證，她有著更好的布局：維卡幣將改推ICO〔Initial Coin Offering，「首次加密幣發行」或稱「首次代幣發行」的簡稱，跟IPO（股票首次公開發行）很像，只不過ICO更適合急需現金的加密幣新創業者，相關規定少非常多〕。很可惜的是，改推ICO代表公司又得多耗整整一年。[4]

一如幾個月前的xcoinx斷線事件，投資人又是一聽到消息就心慌意亂。WhatsApp的群組裡擠滿了憂心忡忡的持幣人，大家都想要搞懂用ICO取代IPO是什麼意思。就連卡里・瓦爾盧思這個可以把黑說成白的粉飾太平高手，都有點不知道要怎麼圓。「我們作為公司幹部，已經盡了一切力量去提供正確的訊息，」他在臉書頁面上寫道。「現在看來某些調整是免不了了……我深感抱歉。」所有人投資，都不過是為了買低賣高來賺點報酬。但維卡幣作為號稱最親民的「比特幣殺手」，如今卻變成了一台巨大的魯布・戈德堡機器。[5]

在金字塔的傳銷架構中，產品會往下流，但金錢與問題會往上流。隨著尤哈的離開，伊格爾・阿爾伯茨發現自己變成了金字塔的尖端——階級是黑鑽石的他有數千名的下線投資

4 彼特・艾倫斯在九月初索菲亞辦公室裡一場特別會議中，對著一群資深的維卡幣上線宣布了這個消息。彼特告訴他們說，一家叫「金門投資」（Golden Gate Investment）的新公司會正式負責推動維卡幣的ICO，預計十月會進入一段「資訊揭露期」（information phase），接著就是全新的代幣銷售，為期一年；在這個點上，加密幣終於公開交易。詳見‘OneCoin Affiliates Claim IPO Dropped’(BehindMLM, September 2017): https://bit.ly/3miNJHM。伊里娜・迪爾琴絲卡被託付以操盤ICO的責任。她在二〇一七年九月二十五日架設了一個新網站（www.onecoinico.io），在巴拿馬開設了了一家叫做AHS Latam的新公司，並用了跟雷文爾倫敦跟雷文爾杜拜相同的董事——安德里・安德羅（Andri Andreou）。AHS Latam會以控股公司身分持有ICO代幣。為了避免整件事太好懂，茹雅把新的ICO代幣稱為OFC，而OFC也正是維卡幣公司原訂在IPO中的股票代碼。

5 Rube Goldberg machine。魯布・戈德堡（1883-1970）是美國卡通漫畫家，魯布・戈德堡機器是其筆下常見的各種複雜有餘、實用不足的機器。

人，每個月創造的營收超過八百萬歐元。問題的交響樂愈來愈震耳欲聾：xcoinx何時恢復連線？這個新的ICO是想幹什麼？我們何時才能看到區塊鏈的真面目？藍寶石會員會問他們頂頭的紅寶石會員，紅寶石會員又會問他們頂頭的鑽石會員……直到問題來到伊格爾面前，而伊格爾唯一能問的，只剩下他頂頭的賽巴斯琛跟茹雅。

二〇一七年九月，當伊格爾與茹雅在索菲亞總部見面時，他告訴她投資人有很多疑問。她必須對傳銷網的大家把事情交代清楚，特別是關於區塊鏈疑雲的部分。同時可能的話，她應該要指示公司的法務團隊，去處理奧茲跟爆料傳銷網的攻擊。大家都很緊張，他說，包括他自己也是。

「拜託，」伊格爾說。「讓世界看看我們真的有承諾大家的東西。」

「是，伊格爾，我們會這麼做，」茹雅回答她。一如往常，她一副胸有成竹，一切都在控制之內的自信模樣。

「什麼時候？」伊格爾問。要面對底下大批上線追著他跑，應接不暇的不是茹雅，而是他。

「一定比你想得快。一切的一切在里斯本的活動上，都會真相大白。」

里斯本是維卡幣排定的下一場大型活動，時間就在兩週後。

屆時，所有的公司高層都會出席，包括茹雅本人。

伊格爾離開索菲亞後不久，茹雅收到了吉爾伯特跟他太太貝西亞的私人對話錄音。就在幾週前，吉爾伯特還在索佐波爾跟茹雅作伴。當時他還徜徉在泳池邊，聊著兩人共同的未來。但從剛到手的錄音聽來，吉爾伯特很顯然並沒有要離開他太太的打算。茹雅被這樣的背叛徹底擊垮。她想像著吉爾伯特跟貝西亞一邊嘲笑她，一邊用她的錢去養他的私人噴射機。二〇一七年九月二十四日，她一通電話打給了吉爾伯特。

「我很喜歡你說你不會離開妻子的那一段……」她說。「吉爾伯特，你他媽的到底有什麼毛病？我沒想到你是這種沒骨氣的混帳，你怎麼說？」

「這個嘛，現在的大問題是——」吉爾伯特有話不吐不快。

「不用，不用！」茹雅打斷了他，並找回了她的武裝。「我知道人會軟弱……但我不用受這種委屈，（貝西亞）也不用……有種東西叫做做人的道理，你可以去google看看。」

但那段錄音顯露了某件茹雅沒有預想到的事情：吉爾伯特有法律上的麻煩。聽起來似乎是聯邦調查局為了另一件跟維卡幣無關的敲詐案，盯上他了。[6]要是聯邦調查局鎖定了他，那茹雅又能不被他們盯上多久？茹雅不禁擔心起最壞的狀況。聯邦調查局會想辦法突破吉爾

6 United States v. Armenta Indictment (Sealed) – Document 4 (Docket Number: 1:17-cr-00556). This was filed 12 September 2017, but was made public in April 2020.

伯特，會拷問他，會到他家翻箱倒櫃，會複製他的筆電，會沒收他的手機——他們會把他查個底朝天，而她遲早也會受到牽連。

從二〇一四年起，維卡幣面臨過不下數十次的調查，茹雅向來都是面不改色。根據一名與茹雅近距離共事的同仁表示，「她天不怕地不怕。」曾經在英國的金融行為監理總署把警語發布到網站上時，她叫來了公關公司切爾蓋特與卡特－魯克律師事務所，來硬碰硬。二〇一六年遇到德國聯邦金融監管局（BaF）凍結她的資金，茹雅靠律師順利把錢解凍。她笑談中打發了印度檢察官的起訴。但美國的聯邦調查局可不是鬧著玩的。

雖然茹雅從二〇一五年中起就喊停了維卡幣在美國的正式推廣工作，但地方上的銷售員仍持續在偷賣。一如在二〇一五年八月花了一萬五千歐元購入維卡幣的克莉絲汀・葛拉布利斯，就繼續在網路上參加維卡幣的聚會與研討會，截至二〇一七年已經額外投資十萬歐元。有過在銀行工作經驗的茹雅也在想，她用來洗錢的費內羅基金，恐怕其金流曾在某個點上途徑過美國，主要是當你在兩家國際銀行之間轉錢時，有時他們彼此沒有直接往來，但他們可能都與某個第三方的大銀行有關聯。比方說，滙豐或紐約梅隆銀行。在這種狀況下，兩家銀行間的轉帳過程就會取道他們同時有交集的這第三家銀行，術語叫「通匯銀行」（correspondent bank）。哪怕是一塊錢的贓款從美國的通匯銀行流過，聯邦調查局都可以動你。屆時她的保加利亞人脈再強，也保不了她。

從創立維卡幣以來，茹雅第一次慌了。在兩人九月二十八日首通電話的兩天後，吉爾伯特用一條未加密的電話線打電話給茹雅。這一回她不是不爽——她是直接暴怒。她已經對他三令五申過，今後只能面對面溝通。「吉爾伯特，你真的要他媽的給我小心一點！」她喊了出來。「我要的資料，二十四小時內都可以拿到，而我能弄到手的東西，他們當然弄得到。我真的很擔心——你現在跟人聯絡真的要多提防一點。」

但吉爾伯特惹上的麻煩可能比茹雅想得還大。時間拉回二〇一五年，當維卡幣的金流首次開始通過吉爾伯特的各個銀行帳戶時，他的工作是把錢從他在杜拜或新加坡的帳戶，搬到他名下在喬治亞首都提比里斯的JSB銀行，然後再在JSB銀行處理好每週的傳銷佣金款項，支付給一個個上線。但這當中也有一些錢被他拿去投資，如他投資的其中一家英國公司就叫做維歐拉，經營者是一名英國商人叫克里斯多福．漢默頓（Christopher Hamilton），而該公司從事的就是線上付款業務。二〇一五年十一月，吉爾伯特投資了一千九百萬美元到維歐拉。「他是個討人喜歡的傢伙，」漢默頓回憶說，只不過也補充說，吉爾伯特一次也沒有提到過維卡幣或茹雅。就漢默頓個人而言，吉爾伯特就是個投資經理人，而他的這筆錢，就只是單純的投資。

按照漢默頓所說，吉爾伯特在幾個月後，往維歐拉在盧森堡的投資基金多丟了一大筆錢，為的是投資再生能源業者。但這些錢部分來自一個漢默頓不認得的公司帳戶。他打了電話給阿曼塔（吉爾伯特），想多瞭解這錢的來源——但短短二十四小時內，維歐拉的往來銀行匯豐就凍結了他的帳戶。匯豐恐怕是向英國政府提出了「可疑活動報告」，而倫敦金融城的警方也雷厲風行地對克里斯多福・漢默頓發動了調查，並連繫上了美國負責白領犯罪的對口機關。從那個時間點——二〇一六年二月左右——之後，曼哈頓的地方檢察官辦公室，就將吉爾伯特納入了雷達螢幕上的追蹤清單。[7]

二〇一六年四月二十一日，漢默頓坐在南威爾斯的家中，突然有人敲門，結果那是郵差送來了價值三千萬美元的匯豐銀行匯票——也就是他被凍結的錢。沒過多久，就有倫敦金融城的警方現身扣住了匯票，搜索了屋內，逮捕了漢默頓，並將他帶回偵訊。漢默頓表示，他被盤問了好幾個小時——包括茹雅・伊格納托娃博士與維卡幣的事情，都有被問到。「我之前從沒聽說過什麼維卡幣，」漢默頓後來說。那三千萬美元是英國警方有史以來扣押過最大的一筆錢，只不過維卡幣的名字，在警方發出的新聞稿中被略去了——當中只提到案件涉及「海外犯罪，包括龐氏騙局」。[8]然而這之後不久，漢默史密斯（Hammersmith；西倫敦的一區）法院的一名法官下令將錢退還給漢默頓（理由不十分清楚——裁判法院（magistrates court；英國的初級法院）並不會保存書面紀錄；漢默頓只記得法官裁定那是一次「非法」扣押。或許那是考量程序正義而做出的決定，也或許是法官單純覺得漢默頓的部分罪證不足。漢默頓從來沒有被起訴任何罪名，警方後續的調查也不了了之）。不論真相如何，後來警方的新聞稿，從倫敦金融城的官網被撤下來了。

但故事並沒有到此為止，至少美國官方不這麼想。曼哈頓地方檢察官辦公室開始調查起了吉爾伯特．阿曼塔。

幾個月後，出於純粹的巧合，紐約梅隆銀行的法遵專員發現，有好幾筆大額、且「啟人疑竇」的交易，涉及多個費內羅基金系統裡的實體，與一家叫國際行銷服務，縮寫為IMS的企業，而這些交易都透過通匯銀行來操作資金的轉移。紐約梅隆銀行另外一名來自「可疑活動回報團隊」的員工調查了IMS公司，結果在傳銷爆料網等來源，發現好幾篇文章，全都指向IMS與維卡幣之間存在關聯。[9]先是在二〇一六年十二月，然後又一次在二〇一七年二

---

7 United States v. Mark S. Scott, S10 17 Cr. 630 (ER). 曼哈頓地區檢察官辦公室的資深金融情報分析師蘿絲琳．阿克托伯（Rosalind October）表示，該部門在二〇一六年二月收到「密報」涉及與維歐拉會計（Viola Accounts，克里斯多福．漢默頓的公司）有關的可疑活動。她補充說，在幾個月後，美國聯邦檢察官發動了另外的調查工作。這部分我推測與紐約梅隆銀行在二〇一七年二月九日提交的「可疑活動報告」有關，主要是報告中提到總值三億五千萬美元的可疑銀行活動。很短的時間裡，這兩個衙門就開始集中資源辦案。

8 臨檢的原始報告在此：Hawken, Abe, 'Police make biggest EVER UK money seizure as they arrest man, 58, with £30MILLION of banker's drafts in south Wales' (Mail Online, April 2016): https://www.dailymail.co.uk/news/article-3551654/Police-make-biggest-UK-money-seizure-arrest-man-58-30MILLION-banker-s-drafts-south- Wales.html

9 United States v. Mark S. Scott, S10 17 Cr. 630 (ER)

月，紐約梅隆銀行通報了這些「啟人疑竇」的匯款——包括與馬達加斯加油田交易有關的三千萬美元——給美國財政部下轄的金融犯罪執法局（Financial Crimes Enforcement Network）。[10] 雖然金融犯罪執法局的內部運作成謎，但我們合理推斷，維卡幣與費內羅基金受到美國聯邦檢察官辦公室所帶領的第二次調查，就是以此作為契機。

在某個點上，美國聯邦檢察官辦公室與曼哈頓地方檢察官辦公室，意識到了一件事情，那就是他們偵辦的其實是同一個案子，於是他們做了一個合理的決定：將雙方的資源與努力合而為一，使其成為單一的聯邦案件。**IMS的匯款、馬達加斯加的油田、克里斯多福・漢默頓收到的可疑鉅款——其共同的交集是一個女人：茹雅・伊格納托娃。**[11]

但吉爾伯特之所以會被抓到小辮子，還得歸因於他與克里斯多福・漢默頓的互動。按照漢默頓所說，英國法官一下令將那三千萬美元解凍，吉爾伯特就要求漢默頓，將之退還到他在貝里斯或喬治亞共和國的某家銀行。漢默頓——與他的律師們——只願意退還到美國某個名稱為扎拉或費提斯的帳戶中。雙方僵局持續了好幾週。為了讓事情有所突破，二〇一七年八月，吉爾伯特僱用了一名前陸戰隊員跟蹤克里斯多福，並用語帶威脅的訊息向他討債——克里斯多福會收到他孫兒們放學的照片。[12] 最終，吉爾伯特接受了克里斯多福方面將錢退到美國帳戶的提議，而漢默頓也沒有食言。只不過這段風波已造成吉爾伯特的傷害，聯邦調查局耳聞吉爾伯特的各種騷操作，並開始準備要起訴他。

二〇一七年九月十二日，紐約一個大陪審團[13]針對三條敲詐罪名，同意了對吉爾伯特提起公訴。[14]幾天後，吉爾伯特在康乃狄克州下飛機時被捕，而他也立刻同意與檢方合作。他供出的第一個人，就是茹雅·伊格納托娃。

九月二十八日，茹雅在教訓吉爾伯特要注意兩人電話安全性時，聯邦調查局的特別幹員朗恩·席姆科（Ron Shimko）就坐在他身邊，錄下了每字每句。

---

10 這些可疑支付的細節被發布為一系列「金融犯罪執法局文件」（FinCEN Files；FinCEN 就是金融犯罪執法局的英文縮寫）中的一部份，網址在：https://projects.icij.org/investigations/fincen-files/confidential-clients/#/en/ruja-ignatova/

11 根據後來的法庭證詞，英國執法部門聯繫上曼哈頓地區檢察官，告知了他們阿曼塔／維歐拉資產在二〇一六年二月進行的支付。按照曼哈頓地區檢察官辦公室的資深金融情報分析師蘿絲琳·阿克托伯的說法，「大約在我們啟動辦案的十三個月後（二〇一七年三月），我們開始了（與美國聯邦檢察官辦公室的）平行調查，而至此我們認為資源的整合與相互的配合將有利於案情的突破，畢竟我們在調查的是同一個目標。」美國地方檢察官的調查工作是始於何時，我們並不清楚，但相關日期顯示，其立案的契機可能是紐約梅隆銀行提交於二〇一六年十二月與二〇一七年二月的兩次報告。根據若干報導，美國地方與聯邦檢察官的聯合調查被稱為「衛星行動」（Operation Satellite）。

12 在後續威爾斯的一個法庭案例中，一名由吉爾伯特·阿曼塔僱用的前陸戰隊員承認，他曾嘗試說服克里斯多福·漢默頓歸還金錢，但陪審團判定那並未構成騷擾。

13 譯註：大陪審團（grand jury）在美國司法制度中由十六到二十三人組成，主要任務是針對檢察官所提出的證據進行審查，以決定是否對犯嫌提起公訴。

14 United States v. Armenta Indictment (Sealed) – Document 4 (Docket Number: 1:17-cr-00556).

|第二十三章|

龐氏會計

想釐清一場詐騙的規模有多大，並沒有放諸四海而皆準的辦法，理由是「損失」的定義因人而異，而其中最直觀的做法就是計算受害者的投資金額，而這還有個術語叫做「現實世界虧損」（但現實世界虧損遇到龐氏或金字塔式的老鼠會，其實也不是真的那麼直觀，畢竟如果參加得夠早，有些人常常是可以賺到錢的）。當然還有第二種算法：看投資人覺得他們自己被欠了多少錢。雖然有時這被稱為「虛構損失」，但受害者心中的刺痛可是實實在在，一點也不虛。

伯尼．馬多夫的同名投資證券公司被廣泛認為是史上最大的龐氏騙局。他的基金吸引了三萬名高淨值的個人或基金經理人，眾人總計投入近三百六十億美元（三百四十億歐元）到馬多夫證券裡，當中大約半數以投資報酬的形式回到了投資人手中，所以「現實世界虧損」，大約一百八十億美元或一百六十億歐元。等美國財政部終於搞懂了馬多夫的文書作業後，他們發現投資人認知中被積欠的「虛構損失」，要比現實世界損失高出許多，高達六百億美元。

維卡幣確切的現實世界虧損恐怕將永世成謎，因為大部分從來沒有留下過紀錄。但若根據其內部的會計文件與涉案人的證詞，我們或可從二〇一四年底到二〇一七年底售出的盒裝課程包，營收估在四十到一百五十億歐元之間，當中大約三分之一，被以投資報酬的形式返還（包括銷售佣金與在 xcoinx.com 成功套現的部分），由此現實世界損失會落在二十六億到一百億歐元之間，而這至少是伊莉莎白・荷姆斯（Elizabth Holmes）著名的「Theranos 驗血儀器詐騙案」的五倍。另外，像用假交易搞垮老牌霸菱銀行的尼克・李森（Nick Leeson）……同樣用加密貨幣去使詐的 BitConnect 平台……甚至是兜售國際回郵券的詐騙始祖查爾斯・龐茲——這些史上留名的騙子，在茹雅「成就」的面前都相形失色。噱到的金額能與茹雅「相互輝映」的，只有伯尼・馬多夫。

但憑藉其金字塔型的結構，維卡幣讓茹雅騙到了比馬多夫更多的受害者，而且馬多夫騙的更多是有錢人，相對比較承受得了損失，而茹雅的受害者則更多是經不起傷害的普通人。維卡幣可以說是相當標準的一座金字塔，從在頂點的皇冠鑽石往下到藍寶石，每一層都愈來愈深，也愈來愈寬。只有大約五萬名有階級的傳銷業務員，可以真正從這個結構中獲利，而且這些獲利的分配也非常不平均，大部分的好處都在高階者的手裡：含佣金與套現，大約十四億歐元的利益，流向了僅僅百分之五的投資人手中，且大部分的十四億又流向了僅僅百分之零點五的鑽石級以上的會員手中。大部分被茹雅害到的，都不是傳銷的業務員。金字塔底層中的底層，是散布在一百七十五國的百萬投資人大軍，他們只是購入了盒裝產品，但幾乎沒有招募到任何新人——像克莉絲汀．葛拉布利斯或蕾拉．比甘姆那樣的人。他們能賺到的佣金微乎其微，他們有的只是帳戶裡的維卡幣，維卡幣不上市他們就無利可圖。他們是來自三教九流的普通人——烏干達的農夫、蘇格蘭的單親媽媽、日本的生意人、穆斯林學者、美國汽車經銷商。就是這些普通人，肩並肩被騙走了將近三十億歐元。

維卡幣投資人的虛擬損失也可以算一下，只不過極其粗略。二〇一七年九月，當茹雅對電話裡的吉爾伯特大小聲時，維卡幣已經在新區塊鏈上創造出兩百一十億顆錢幣（外加舊區塊鏈上的二十一億顆），每一顆按維卡幣官網顯示，價值十五點九五歐元。雖然已有特定數量的維卡幣，被透過 xcoinx 被兌換成現金，且有比例不算小的一整塊維卡幣可能還沒有被分配出去，但在投資人帳戶裡屯著的幣數，恐怕仍多達兩百億顆。這麼多億來億去的維卡幣，每一顆都價值十五點九五歐元，就這樣「藏富於民」地存在於投資人的心中，他們每個人心裡都覺得維卡幣是真的，真的跟他們口袋裡的現金一樣真。

也難怪茹雅會被聯邦調查局嚇成這樣。相對於馬多夫案的虛構損失，大約在六百億元美元或五百七十億歐元之譜，茹雅在投資人的心中，恐怕欠超過一千億歐元，而且還每天睜開眼睛都在增加。

第二十四章

班機

巴黎，二〇一七年九月二十六日到十月三日。

任何人有幸能在巴黎時尚週期間下榻在喬治五世大道上的四季酒店，都可能注意到一名若有所思的商場女子，一身華服現身在畫廊餐廳（La Galerie），也就是該酒店那個可以去看人也被人看的餐室。吉爾伯特的麻煩有多大呢？他會跟聯邦調查局的人透露多少呢？他們會不會已經掌握了費內羅基金、假區塊鏈、假維卡幣訂價的事情了呢？她其他的煩惱——纏著她要一個說法的伊格爾・阿爾伯茨，上百萬名的維卡幣投資人，還有ICO的問題——一下子都好像都沒那麼重要了。

茹雅在事情還沒那麼緊張的幾個月前，就已經訂好了這趟巴黎之行。她對於時尚的興趣，從念書時期就延續至今：親眼看到迪奧、路易威登或香奈兒的新品穿在模特兒的身上，是茹雅少數能用來紓壓的一種休閒。有一次在香港，她的辦公室主任費南多・萊斯曾出現在麗思卡爾頓酒店，遞給她一個背包裡裝著一百萬港幣現金——而她收到背包後就直奔最近的奢侈品賣場，把錢通通噴在珠寶上。為了融入巴黎的氣氛，她再次展開了她很為人詬病的爆買行程，一出手就是幾千幾萬美元，砸在一個金色鱷魚皮的愛馬仕柏金包上，或是設計師卡羅琳娜海萊拉為御木本珠寶操刀設計的翡翠鑽石珍珠項鍊。[1]有時，她希望自己開的是那家連名字都想好了，叫「黑茹雅」化妝品公司，就像她在二〇一一年就計畫好的那樣，而不是現在這家讓她一個頭兩個大的加密貨幣傳銷網。她同樣不想要的，是煩惱著不知該拿吉爾伯特怎麼辦才好。

自從九月二十四日那天讓她爆氣的電話後，吉爾伯特與茹雅幾乎天天通話。由於吉爾伯特已經轉為聯邦調查局的線人，因此實情可能是美國方面，堅持要吉爾伯特不間斷地與她聯繫，並有意無意丟出片段的訊息來讓她好奇。但茹雅想要的是面對面詳談——就像她一直說的：電話線並不安全。吉爾伯特同意了去巴黎見她一面，好當面把話講清楚，並補充說他正值青少年的兒子也會同行（康斯坦丁答應了要到巴黎當保母，這樣茹雅與吉爾伯特才能一對一聊聊。在巴黎期間，挺有辦法的康斯坦丁跟當年是超模的辛蒂・克勞馥拍了張自拍，還將

1 United States v. Konstantin Ignatov, S7 17 Cr. 630 (ER), Document 91

之發到了ＩＧ上）。

不論情況有多離譜，茹雅向來的想法都是，沒有時間跟金錢解決不了的事情。也許她希望能對吉爾伯特甜言蜜語一番，也許她想要跟他當面攤牌。最最起碼，她需要知道敲詐的案子會不會把她拖下水，並確認他沒做出什麼蠢事。但就在他說好要抵達巴黎的時間前，吉爾伯特跟茹雅說他不過去了，但沒有提到理由：紐約南區法院讓他以五百萬美元交保，條件是晚間不得外出、定期尿液檢查、衛星定位監控。美國司法部沒收了他的護照，迫使他從佛羅里達遷居到曼哈頓（而且他還很諷刺地落腳在曼哈頓的四季酒店）。他連離開曼哈敦區都違反規定，更不要說飛到法國了。倒是他的青少年兒子如期來到了巴黎，而也許正是這一點露了餡。也許正是做兒子的說溜了嘴，讓人知道他老爸駐留在曼哈頓且行動受限。也許某個茹雅的人聯繫了吉爾伯特的律師，並得知了交保的聽證（美國政府並不反對讓他交保，這通常等於告訴世人嫌犯願轉汙點證人）。不論實情為何，結果就是茹雅沒有了在伸展台下一飽眼福的心情，反而滿腦子都想著，吉爾伯特陷入的麻煩肯定比她想像中還大。他搞不好已經成了聯邦調查局的人。

茹雅向來不想讓康斯坦丁蹚渾水，畢竟她非常在意弟弟康斯坦丁，再說他不過就是她的私人特助罷了。雖然他去哪兒都跟著茹雅，而且還經常充當姐姐額外的保鑣，但茹雅經常會在討論敏感事務時將他支出門外。

「偶爾會有壞事發生，」她告訴他，臉上露出不常見的擔憂。「你一個人可以去索菲亞吧。」

「怎麼了？」康斯坦丁問道。

「我不能說，」她不想讓弟弟擔心。「我們晚點索菲亞見。」

茹雅需要開始打算了。

里斯本，二〇一七年十月七日。

伊格爾．阿爾伯茨在他的飯店裡走來走去，不遠處就是里斯本很熱門的活動場地，國會中心。茹雅一直沒接電話，這一點很不像她。他打了電話給康斯坦丁、伊里娜，乃至於任何一個在索菲亞總部的人。但沒人知道發生了什麼事情。也沒人見過她。

「她在哪兒？」伊格爾百思不解，「茹雅博士去哪兒了？」

兩百五十名維卡幣的投資人與傳銷上線，包括一些在傳銷界名號響噹噹的人物——帶氣氛高手卡里，拉丁美洲唯一的一個黑人鑽石會員荷西．戈爾多（José Gordo），甚至是共同創辦人賽巴斯琛本人——都來到里斯本參加這場週末的活動。所有人心中都懷著一個潰爛了好幾週的問題：我們到底何時要上市？妳什麼時候要給我們看看區塊鏈？ICO現在是怎麼回事？伊格爾跟他的下線說了茹雅給他的保證，也就是她會在里斯本源源本本地交代一切。

「這個節骨眼上她跑哪兒去了？」伊格爾焦躁地對安德莉雅說。

她從來不遲到的。

確實——茹雅對遲到的態度是零容忍。有回兩名上線跨越大半個地球來跟茹雅開一場例行的會議。他們遲到了不過四分鐘，就直接被茹雅趕回家。但幾分鐘過去了，幾小時也過去了，里斯本都沒有茹雅的身影或聲息——而且你還無從找起。電郵、WhatsApp、電話都得不到她的回應。凡事都有第一次，而這就是茹雅第一次該出席而未出席。

該不會那些在傳銷爆料網上批評維卡幣的人，從頭到尾都是對的吧？該不會這全部都只是一場巨大的……？不，不可能。若真的是那樣，這不就成了馬多夫以來最大的一場詐騙——嗯，這真是讓人愈想愈冷汗直冒。

想取消活動已經遲了，所以公司能做的就是找理由跟道歉。彼特·艾倫斯也不見人影，並在不久後辭職。活動就這樣好像沒事似地開始往下走。週六是一整天的銷售教育訓練，上線們會戴著上頭寫著「活出夢想人生」的識別證，研習最新的話術。星期天是激勵與表彰大會。卡里按往例上了台說：維卡幣是「千載難逢，一輩子只有一次的機會」，而Dealshaker商城則將「力壓電子灣」。但活動少了茹雅就像人缺氧。往常的卡里會像蒸汽火車一樣衝上台說，「維卡幣的前途光明到我都要戴墨鏡啦！」但這次，他沒有。伊格爾注意到賽巴斯琛——在當了三年的「正能量先生」與「我們做得到先生」後——一副心不在焉的模樣。他前晚在餐宴上的演說東拉西扯，不知道想表達什麼。更重要的是，他沒有講出任何關於股票上市的新資訊，沒有提供區塊鏈的新證據，也沒有針對奇怪的新ICO計畫回答任何問題。

台下開始有五花八門的理論在資深上線之間甚囂塵上，包括茹雅被綁、被殺。伊格爾早跟她說過，她的保鑣需要增加。「喔，那些來自傳統銀行的王八羔子，」他在奪命連環叩之間對安德莉雅說，「這一定是他們在搞鬼！」

索菲亞，二〇一七年十月八日。

茹雅坐在她索菲亞的豪宅中，看著來自里斯本的未接來電。十通、二十通、五十通。這個節骨眼上跑去里斯本，太冒險了，畢竟她已經知道吉爾伯特出事了——也確信他已經把她供出來了。靠著各種人脈，她感覺到她還是待在索菲亞比較有安全感。一旦出了保加利亞，誰也不知道哪裡會冒出來一個手持紅色通緝令的國際刑警，在機場將她活逮。

康斯坦丁並不知道這些細節，但他知道姐姐擔心到愁容滿面。茹雅幾乎每天都會為了一點小錯，對他大動肝火——公司文具的顏色不對，健怡可樂不夠冰之類的——但她總是會馬上道歉。但這次不一樣。這次她抑鬱到整個人無精打采。為了讓她開心起來，康斯坦丁無預警帶著食物來她的豪宅探視，但她既沒有食慾，還一臉看上去幾天沒睡好的樣子。從小她就是家裡那個比較聰明的孩子，沒有她解決不了的事情。事實上這三年來的風風雨雨，也沒有讓她受到任何打擊。這是康斯坦丁頭一次真正為她擔心。

「茹雅，告訴我怎麼了，」他說。他在巴黎接受了她的含糊其辭。但就她現在的氣色看來，這次的事情絕不是小事。他想要答案。

「吉爾伯特與聯邦調查局出了一些問題，」她終於吐實。「他想要跟他們進行一些交易。他計畫要把我當成跟聯邦調查局交換好處的籌碼。」

康斯坦丁瞥了一眼桌面，上頭有一份列印出來的東西，那是吉爾伯特講到與警方合作的言談逐字稿。[2]

「接下來會怎麼樣？」他問。天殺的聯邦調查局怎麼這回也摻和進來，他們圖的是什麼？

「別擔心。」茹雅答道，此時她也注意到了康斯坦丁面露擔心之色。「一切都會沒事的。吉爾伯特的計畫不會成功的。」

伯尼・馬多夫的立傳者黛安娜・亨利奎斯（Diana Henriques）寫道，他有一顆「固若金湯的心靈」。他相信他可以全身而退，就算理性上知道那是天方夜譚也動搖不了他。馬多夫偶爾會幻想一場天大的災難，比方說紐約會發生一場大地震或大停電，然後大家就會都忘了他犯過什麼罪行。茹雅也有著這樣一顆固若金湯的心。她也覺得沒有人動得了她。但她忘了那是因為這裡不是紐約，這裡是保加利亞，全歐洲最腐敗的國家。

索菲亞，二〇一七年，十月十一到二十四日。

接下來的兩週基本上風平浪靜。吉爾伯特方面沒有太多的消息。她的費內羅基金帳房馬克．史考特仍在佛羅里達，自由自在地想去哪兒就去哪兒——如果聯邦調查局真的什麼都知道，那他們肯定也已經找上了馬克？賽巴斯琛也在里斯本的活動後，順利返回了他在泰國閣沙梅島（Ko Samui）的住家。也許吉爾伯特最終做到了守口如瓶。茹雅開始放鬆了一點，甚至也回到了工作崗位上，開始跟伊里娜研究ICO的事宜，跟蓋瑞．基爾伏磋商與烏干達政府

2 這段描述的根據是康斯坦丁．伊格納托夫在馬克．史考特一案中的宣誓證詞。那被列印出來的，究竟是祕密錄音的譯稿，還是吉爾伯特在法庭流程中的發言逐字稿，我們並不清楚。

的合夥關係，並開始尋找人選來取代彼特．艾倫斯，坐上彼特還沒坐熱就離職所留下的空位。她訂購了耳環與陶瓷花朵，並吩咐康斯坦丁去幫她把東西領回來。茹雅也開始調動一些人脈。伊里娜．迪爾琴絲卡從原本被用來搬錢到費內羅各基金的B&N公司，匯出了二十萬歐元，目的地是茹雅在馬爾他賭場中的一個銀行帳戶，那個賭場名叫Infinityplay。[3]

但事情的發展千絲萬縷，茹雅實在無法掌握全局；里斯本活動結束還不到一週，紐約的一個大陪審團就祕密對她以匯款詐騙與洗錢等罪名，提起了公訴。換句話說，美國的法務系統已經根據來自吉爾伯特的新證據，做出了茹雅應該在美國面對犯罪指控的結論。這次的起訴是以「封緘」的方式為之，其用意就是要保密，不讓任何人知道這件事。但法律已經慢慢在收網了。合理推估在這個點上——大約是二〇一七年的十月中——美國司法部已經發出了司法互助的協助，請求給保加利亞司法部（另外一個可能性是，透過國際刑警發出拘捕令，只要茹雅持護照想出境，就會觸發該令。考量到有關當局已經掌握了茹雅的行蹤，國際刑警組織在專業執法人員的心目中聲名狼藉，司法互助應該還是美國司法部的首選。）。

巧合的是除了美國人，還有別人也在這個節骨眼盯上了茹雅：德國的檢察官也已經默默調查了維卡幣一段時間。北萊茵—威斯伐倫（North Rhine-Westphalia）警方，在二〇一五年底就接獲一家地方性銀行的通報，有為數眾多的可疑支付涉及法蘭克．瑞奇茨的一個IMS帳號——雖然這次通報的調查，最後不了了之，但以此為契機，德國警方在二〇一六年九月，將調查範圍擴大到維卡幣與茹雅本人身上。二〇一七年夏天，他們正式向索菲亞的檢察官辦公室提出了司法互助的請求，希望能突襲搜索維卡幣的主要辦公室，主要是他們認為維卡幣有進行地下金融與支付服務、廣告不實與洗錢的嫌疑。二〇一七年九月，長年代表茹雅的德國律師馬丁・布雷登巴赫之辦公室，遭到臨檢。隔月——大約在美方請求司法互助同一個時間——德國的司法互助請求也在指揮鏈上有了進展，被上呈到了更高層的特別檢察官辦公室。[4]

或許是不知道兩大世界級警力已經瞄準了她，茹雅在十月二十一日跟雷文爾資本的老闆蓋瑞・基爾伏約好了，要在十月三十一日於索菲亞開會討論，維卡幣執行長的遺缺該由誰來補上。「她希望我緊急趕過去，」蓋瑞回憶說。「她非常非常看重那場會議。」但那場會議將永遠只停在計畫裡。

二〇一七年底，茹雅成為索菲亞商界一員已經將近十年，期間她已經成為索菲亞市內人

---

3 大約在她搭瑞安航空（Ryanair）班機到雅典前的一個月前後，茹雅傳了電郵給康斯坦丁，請他召集她的法遵主管瓦絲里娜・瓦爾柯娃（Veselina Valkova）開會，為的是「討論與線上賭場有關的事宜」。

4 二〇一七年十月的日期被保加利亞特別檢察官辦公室（檢察官辦公室下屬部門）的負責人伊凡・葛謝夫（Ivan Gershev）特別提及。不久之後，葛謝夫就成為了國家檢察官。'Неутрализираха международна група за пране на пари чрез уанкойн' (YouTube, 19 January 2018): https:// www.youtube.com/watch?v=-ou3lKge_wY

面最廣的其中一人，而養兵千日，用在一時，此刻就是她善用這些人脈的時候了。美方後來說，他們有證據顯示，茹雅偷偷載送錢給索菲亞的政府官員，並且——根據不只一個消息來源指出——在十月二十二日當天或前後，茹雅可能被某基層警官通知她有兩個選擇：要嘛被捕，要嘛潛逃出境。

光用想的就讓人受不了！兩屆保加利亞年度女性企業家，牛津畢業的高材生，加密貨幣女王殿下，竟然要戴著手銬被押解到美國紐約或德國的明斯特，然後從法庭中被拖過去。到時候全世界都會看著她在被告席上被律師生吞活剝，她的舊電郵、她的感情生活，還有她一切的一切，都會被攤在陽光下。而且在那之後呢？八十年的有期徒刑跟穿不完的橘色囚服嗎？

五年前，這可能會是一個並不困難的決定。但茹雅已經身為人母。這麼突然要逃到國外，意味著她必須要跟女兒分開，而根據她親近的友人表示，這會是她不可承受之重。「茹雅很愛女兒，」蓋瑞．基爾伏回憶說。「她應該心都碎了。」

但終究她還是得做出沒有選擇的選擇。

茹雅馬上從索菲亞辦公室把高層叫來，召開了一場緊急會議。傳銷網的人馬包括伊格爾或卡里等人都沒有受邀，賽巴斯琛則仍滯留泰國。倫敦的雷文爾資本辦公室，也被蒙在鼓裡——茹雅喜歡蓋瑞、但並不希望太多人知道發生了什麼事情。康斯坦丁做在她的廚房裡

（那兒的Wi-Fi訊號最好），讓她所有最心腹的同仁一一進來：伊里娜．迪爾琴絲卡；公司不動如山的ＩＴ專家蒙姆齊爾．尼科夫；瓦絲里娜．瓦爾柯娃，她的法遵主管（瓦絲里娜宣稱她「從沒聽說過」這些會議，她說，只是在茹雅失蹤前受邀去她家，並被交代處理「一個與加密貨幣無關的賭場計畫」）。有三年的時間，茹雅多多少少都是在自己的腦子裡經營維卡幣，但如今她必須要把那些思考下載下來，這樣公司營運才能在她不在的時候有所本。要討論的事情千頭萬緒：ICO還在進行中、銀行的問題、維卡幣的價格、費內羅基金。她對眾人承諾，她會在聖誕節之前回來。她說，她只是出國避避風頭，風平浪靜後就會回國。

這些會議一開完，茹雅就叫康斯坦丁幫他訂機票，她要搭兩天後十月二十五日的班機去維也納。

「妳去那裡幹嘛？」他問。康斯坦丁最近好像老是在問他姐姐一些，她有答像沒答的問題。

「別擔心，」她告訴他。「我很快就會回來。」

不過隔天，茹雅就改變了想法。她打電話給康斯坦丁，要他另外訂一班也是十月二十五日的飛機，目的地是雅典。

「我要把去維也納的班級取消嗎？」他問。畢竟在技術上他仍舊是茹雅的助理。

「不！」茹雅怒從中來地大喊。「我兩班飛機都要！」

康斯坦丁很有效率地登入網站，並找出了那天有兩班飛機飛往雅典：一班是廉航業者瑞安航空，在要死了的早上六點五十分起飛，另外一班時間比較晚，檔次也比較高的愛琴海航空，會在上午十點四十五分起飛。如果是搭第二班，那茹雅應該可以稍微補一下眠。但茹雅想搭的是比較早的那班。

她一直知道這一天可能會來。即便是在第一顆維卡幣被挖礦挖出來，或是在第一盒課程包被賣出去之前，茹雅就曾在電郵中向賽巴斯琛告知過，維卡幣搞不起來的後果。「出場策略，」她寫著，「我會消失，並甩鍋給別人。」她從來沒真正想過那個「別人」該是誰。維卡幣首任總經理奈傑爾．艾倫？金字塔傳銷網的大頭目尤哈．帕爾希亞拉？還是雷文爾資本的董事蓋瑞．基爾伏？

事情走到這步她也不願意，她也不想離鄉背井，就這樣丟下公司與家庭。但**比特幣的熱潮，加上一百萬人不想再錯過什麼的心態，把維卡幣變成了一頭五十億歐元的巨獸，**你沒有辦法讓這樣龐然大物在雷達上說消失就消失。**維卡幣就這樣誤打誤撞，成了本世紀最大的騙局。**

索菲亞國際機場，二〇一七年十月二十五日。

茹雅在凌晨四點醒來，天色還是暗的。外頭細細的冷雨像毯子一樣蒙住城市，她就在這樣的天氣中等著她的一名保加利亞保鑣來接她。她僅有的行李是一個包包跟至少兩本護照，然後這對主僕就這樣朝著索菲亞機場而去。這麼一大早，平常塞車的路段都還暢通無阻，他們一共只開了十五分鐘的車，差點讓她沒時間思考，這幾週以來的種種事件有多麼瘋狂。

到了機場，那兒沒有誰在等待茹雅：沒有國際警察、沒有拘捕令、沒有西裝畢挺的幹員。就在七點前，茹雅跟她的保全主管登上了瑞安航空第FR6300號飛往雅典的班機。茹雅不是沒有窮過——學生時代的她是廉航的忠實主顧。事實上在維卡幣公司草創時，資金週轉也很緊。但如今她已經習慣了搭商務艙與包機。貴為加密貨幣女王的她，現在搭廉航、跟跟團的遊客一起擠在小盒子似的座位上，她應該感覺很怪，但沒有選擇的她只能忍耐。

一個多小時後飛機在雅典降落，她同樣沒看到在守株待她這隻兔的聯邦調查局幹員。當晚，她的保全主管單獨一人回到了索菲亞。

「茹雅怎麼了？」康斯坦丁問他。去雅典的班機是他訂的，若按往例他也會負責處理稅務跟住宿事宜——但這次顯然事情有異。

「她在雅典機場跟一些操俄語的男人碰了頭，」保全主管回答。「然後她就跟著他們走了。」

她成功逃出去了。

第六部

後來

第二十五章

明天過後

維卡幣總部，索菲亞，二〇一七年十月二十六日。

十月二十六日是一個星期四，索菲亞的總部平靜到有點詭異。約莫五十名員工中的大部分人都對前一天發生的事情一無所悉。事實上他們大部分人都沒見過吉爾伯特，沒見過馬克．史考特或法蘭克．史奈德，同時他們對公司傳銷那一塊的業務也不太關心。就他們所知，他們就是在一家老闆神神祕祕的科技新創公司上班。硬要說的話，員工們感覺鬆了一口氣，因為茹雅不在的時候，氣氛總是比較輕鬆。大部分人都忙於工作，無暇去管高層的閒事。ICO的第一階段剛剛啟動，負責的主管是伊里娜。伊里娜剛擬好一份在業內被稱為「白皮書」的投資人文件，其內容是在解釋ICO的進行方式：首先是為期三個月的代幣銷售，之後便是維卡幣公開上市，最後——終於——是維卡幣在加密貨幣的大型交易所掛牌，屆時投資人就可以在買賣之間進行維卡幣與現金的轉換。但這份文件可說是錯誤百出，逼得蓋瑞不得不在二〇一七年十一月二日用電郵聯繫伊里娜，要求她「立即」把這份資料下架。同時，蓋瑞也以電郵聯繫了茹雅，告訴她伊里娜「在毀滅公司」，當然他不會得到任何回應。康斯坦丁自然沒有把任何異狀說出去。在茹雅消失的當日，他還在ＩＧ上發了一張他與狗狗們的合影：「來見見這些來討債的。#早安#狗狗#狗狗曬ＩＧ」。

場景拉到倫敦，蓋瑞．基爾伏還不知道茹雅搭一早的瑞安飛走，所以他仍以為，五天後要跟茹雅在索菲亞見面討論，誰是前執行長彼特．艾倫斯的接替人選（蓋瑞覺得洛克事務所的支付專門律師勞勃．庫爾特內吉可能會有興趣）。兩天沒有茹雅消息讓他開始焦慮，於是他傳訊給康斯坦丁。他想確認會議仍會照常進行。

「她人不在這裡，蓋瑞，」康斯坦丁告訴他。

「她在哪裡？」蓋瑞問得有點不悅，他沒想到茹雅竟然連通知他的舉手之勞都不做。

「她為什麼不跟我聯繫？我在幫她收拾爛攤子！」

「她有非去不可的地方，」康斯坦丁回答，但不願意透露是哪裡。「她會有幾個星期不在。」

幾天後，蓋瑞又傳了訊息給茹雅，他想知道她去了哪裡。「嗨，阿茹——妳還好嗎？」但茹雅還是音訊全無。兩週後在例行的訊息更新電話中，蓋瑞要求康斯坦丁告知真相。他是茹雅家族辦公室的董事，而他服務的一家之主竟不告而別。[1]一連數月，茹雅都承諾雷文爾她會直接轉來大筆金錢，屆時還要請雷文爾代表她大舉投資——此前所有的投資活動，都是透過茹雅的費內羅基金為之——但這些承諾始終沒有兌現。而身為雷文爾的老闆，租金跟薪水都要他付。

「她已經好幾個禮拜不見人影了。她到底在哪兒？」蓋瑞口氣愈來愈差。

「她聖誕節會回來，蓋瑞，」康斯坦丁不急不徐，但把話說得堅定。

「你是真的能跟她講上話，還是只傳email給她？」蓋瑞問。

「我能跟她說上話。」康斯坦丁說。

這一切感覺都很不對勁。但康斯坦丁似乎對姐姐行蹤成謎，老神在在。茹雅也在索菲亞辦公室任職的母親薇絲卡，好像也對此處之泰然。「事實上我去見她了，」康斯坦丁補充說。「因為如果有什麼狀況，我們的計畫就是她會前往……」

但康斯坦丁緊急煞住車，沒把話說完，也不肯再把話說完。雅典嗎？還是雅典以外的地方，比雅典更安全的地方？

接下來的幾個禮拜，驚慌在傳銷網中緩緩散播開。頂級的上線如伊格爾，用電話跟訊息聯繫茹雅，但從沒獲得任何回答。有人質問康斯坦丁，他的說法都是，茹雅在休「育嬰假」，要是問的人不肯善罷干休，康斯坦丁就會扣對方一個窺探人隱私跟對公司不忠誠的帽子。法蘭克．史奈德稍微多知道一點，但那一點還是少得可憐。他宣稱茹雅在降落雅典後，又上了一架國內線飛機，飛往北希臘的塞薩洛尼基，然後在塞薩洛尼基鑽進一輛黑色保時捷凱燕，車內還有好幾名男性——多半是俄羅斯人或阿爾巴尼亞人。但從那之後，就連法蘭克這名前特務的消息來源都涼了。泰倫斯．范恩—桑德斯作為公關公司切爾蓋特的執行長，也覺得情況不對，很快就中止了與維卡幣的契約關係（范恩—桑德斯沒有回應我想請他發表評論的請求，但在之前接受英國廣播公司訪問時，泰倫斯曾說，「維卡幣與伊格納托娃女士有他們自身的公關與媒體關係建制，而我們並沒有替他們執行任何媒體關係方案。我們只是跟一群專業顧問共同針對複雜而不斷演進的處境，提供意見給他們參考。」范恩—桑德斯還表示，他手中沒有關於任何人的犯罪證據）。蓋瑞並沒有被任何人說服。沒有人會這樣憑空消失——尤其這年頭世界上有那麼多攝影鏡頭、電子裝置、追蹤系統與公民記者。但茹雅硬是沒留下任何線索。

1 雷文爾資本向「維卡網絡服務有限公司」（One Network Services Limited）收取月費，來支應雷文爾辦公室的維持費用。

*

茹雅還是沒有現身在最新辦在曼谷的維卡幣活動，而此時已經是二〇一七年的十二月初，不利的傳言開始加速擴散。傳銷爆料網推測她完全是按早就擬好的計畫行事，也認為她遲早會設法金蟬脫殼，這應該是意料中的事。保加利亞的一個網站報導說，她在德國被捕。某雜誌宣稱，她的遊艇被目擊在黑海某處靠岸。事實證明，這些謠言都不屬實，但投資人愈來愈坐不住，則是千真萬確。加密貨幣是個非傳統的產業，也有很多不按牌理出牌的老闆，但那些老闆可不會一連失蹤好幾個禮拜。

為了維持公司起碼的營運，法蘭克．瑞奇茨這名傳銷界的林布蘭兼茹雅用來搬錢的IMS公司老闆，終於答應要出手了。[2]（瑞奇茨後來宣稱，他是在泰國活動前被徵詢，有沒有意願「把激勵演講與個人發展活動結合起來，在全球性的舞台上擔任獨立的訓練師」）。為了平息茹雅搞失蹤的謠言，也有人跑去問康斯坦丁，要不要從幕後到幕前來面對群眾。除了說他在公司裡有很名，大家都知道他是茹雅的特助弟弟以外，他本人很嫻熟於常見於枕頭套上的那些心靈小語，很受傳銷圈人士的歡迎，這包括他很常在網路上貼一些自我成長、控制欲望、強化自信、增加靈感與打坐靜修的文字。但他不像姐姐有登台的天分。他是個健身房男孩，是個對加密貨幣、金融、或甚至維卡幣的科技原理，都一無所知的ＩＧ自拍高手。他請ＩＴ團隊跟他解釋了好幾回區塊鏈是什麼，但無論如何他都聽不懂。即便如此，康斯坦丁還是覺得能站到幕前是很棒的主意，而且就像在二〇一六年六月，被茹雅叫去當特助時一樣，家族事業有需求，他義不容辭。康斯坦丁做了一些名片，直奔曼谷而去。

維卡幣十二月二日在曼谷水晶設計中心的活動，乍看之下與之前辦在倫敦、澳門或杜拜的企業活動，並無二致——都是由閃閃發光的專業舞者、激勵講者與表揚大會組成。但三千名與會者想要聽的只有一件事情，那就是茹雅的行蹤。她已經不見六週了。他們偷偷期待著她會戲劇化地拖著她著名的長版禮服走上舞台，把ICO的來龍去脈交代清楚，或是宣布xcoinx即將恢復交易。但眾人對在最後關頭獲得驚喜的期待，還是落空了。現場沒有伊格納托娃，只有伊格納托夫，也就是康斯坦丁，他對大失所望的群眾說了他跟其他人說的同一套故事：茹雅在休育嬰假，並獻上她「最誠摯的祝福」。賽巴斯琛打了一堆搔不要癢處的高空，抵銷了一些康斯坦丁用漂亮話帶給人的安心感：「我們歷經了改變……沒有改變，人就會迂腐，」他開始有點含糊其詞，「就沒辦法往前進，所以改變是好事……」答應主持鑽石與翡翠會員表揚典禮的伊格爾想著，賽巴斯琛是不是喝醉了。少了加密貨幣女王的活動，就

---

2 法蘭克．瑞奇茨同意了以高層身分回鍋維卡幣公司，是在二〇一七年九月於泰國芭達雅做成的決定，當時他還順便帶進了他名為「維卡世界」（OneWorld）的下線群組（令人驚奇的是，連尤哈．帕爾希亞拉也曾短暫現身）。

是少一味。就算瑞奇茨（作為壓軸講者，乘著巨大的機械船「航」上了舞台）也帶不起熱度。法蘭克的開場白聽起來有點像免責聲明：「我沒有要正式加入公司，也不是公司派來的一員。」

稍有經驗的傳銷上線都看得出來，這場遊戲玩完了。二〇一七年原本就是維卡幣動能不斷下滑的一年，而現在少了茹雅，這個動能已經徹底歸零。卡里·瓦爾盧思在里斯本看不到茹雅後就閃人了，順便也帶走了好幾名其他鑽石會員。至於伊格爾加入得慢，告別得也比較久。他曾靠維卡幣賺得盆滿缽滿，也曾相信他口中那些傳銷福音的字字句句，包括他把所有的批評都歸為負能量。只不過慢慢地就連伊格爾也意識到事情大條了，於是在倫敦活動後沒多久，他就叫其他上線凍結所有的銷售活動，等疑慮能有所釐清再說。後來他宣稱說，他是看了HBO原創電影，由勞勃狄尼洛主演的《謊言教父馬多夫》（The Wizard of Lies），才相信把幾百萬人騙得團團轉好幾年，也不是不可能的事情，只不過我們實在很難相信他作為一個世界級的傳銷業務員，會晚到二〇一七年底才認識鼎鼎大名的伯尼·馬多夫。且不論契機為何，在茹雅失蹤後的那幾週當中，伊格爾連絡了前同事、區塊鏈專家、法務專家，一個個問他們的看法，而他得到的答案都是，他需要弄清楚維卡幣到底有沒有合格的區塊鏈。要是沒有，那他賣給全世界的就是假貨。

曼谷活動後沒多久，伊格爾往索菲亞踏上了最後一趟的真相挖掘之旅。他希望能見到茹雅本人，但在加密貨幣中心接待他的卻是瓦絲里娜．瓦爾柯娃與康斯坦丁。他們把伊格爾引導到了四樓的一間會議室。少了茹雅坐鎮，瓦絲里娜、康斯坦丁與（那天不在的）伊里娜是剩下的最資深的人員，而光這一點，就是一大警訊。瓦絲里娜作為以線上賭場為其專業、且相對資淺的維卡幣員工，在很短的時間內就成為了茹雅的高層心腹。此外，伊格爾知道，康斯坦丁是茹雅的保鑣與特助出身——但他現在似乎已經負責起整間公司的調度。伊格爾在穿過辦公室時，四處觀望。索菲亞總部一向是鬧哄哄地充滿能量，但如今大家看來都是滿面愁容，不知道明天在哪裡的感覺。警訊再添一筆。

伊格爾近幾週都在準備他要問的問題：ICO、IPO、股票上市他都很關心。不過比起這些，他有一個最想得到答案的問題。

「瓦絲里娜，」伊格爾說，「區塊鏈我們到底是有還是沒有？」

「有啊，我們有，」瓦絲里娜說。但空口說白話，是不夠的。索菲亞總部的人都把「是、對、有」掛在嘴上，但從來都拿不出任何證明。

「妳看著我，」伊格爾追問。「別糊弄我。跟我說老實話。妳有沒有親眼看到過？」

「沒有，我沒親眼看過，」瓦絲里娜回答。

根據伊格爾所說，瓦絲里娜的回答是壓倒他的最後一根稻草。「這怎麼可能？公司這麼多錢怎麼會沒有區塊鏈？」

「我們沒錢了，」瓦絲里娜說。「錢都在茹雅那兒。」

「這比馬多夫還惡劣！投資人一定會來總部找你們！」伊格爾說著也怒了起來。他出來混了這麼久——業界三十年的資歷——這下子都要賠上去了（按照瓦絲里娜所說，她告訴伊格爾的是，他問她區塊鏈的事是「找錯人了」。還有就是，茹雅在不在「其實沒差」，公司運作一切正常）。

伊格爾當場辭職（維卡幣總部後告訴投資人，他是被開除的）。事實上問題不在錢。就算把諾克斯堡的黃金都給你（諾克斯堡是美國國庫放黃金的地方），你也沒辦法回溯既往，造出一條區塊鏈。伊格爾如同十八個前那樣連絡了他下線中的高階銷售員，告訴他們：維卡幣玩完了。

第二十六章

突襲

維卡幣總部，索菲亞，二〇一八年一月十八日。

考量到近幾週發生的事件，維卡幣若還想經營下去，那他們新的一年就必須「重開機」。一月初，法蘭克·瑞奇茨在法蘭克福召集了其他留下來的頂級上線，開了一場大會。問題一大堆，但維卡幣廣大的傳銷網中，仍有兼具熱情與才華的銷售者，而光這一點在傳銷界就是無價之寶。大家的共識是：**維卡幣需要一個新的品牌**。卡里或伊格爾這一類的小丑要滾蛋。台上的墨鏡與場外的藍寶堅尼也不可取。此外，他們還需要更好的訓練教材。最後就是康斯坦丁需要挑起更大的責任，扮演更重要的領導角色。這個新形象叫做「新世代」，一小群頂級上線將來會共組「全球領袖小組」，來推動這個新的發展方向；現階段至少維卡幣還能持續往下賣。只不過才一轉眼，災難已然襲來。

畢勒費爾德（Bielefeld）公訴檢察官對突襲臨檢維卡幣辦公室的申請，最早是在二〇一七年夏天提出，時間就在茹雅消失之前，但該申請卻一連被延誤了好幾次，直到最後，到了二〇一八年一月十八日，保加利亞與德國警方才組隊帶著搜索令，進入斯拉維科夫紀念廣場佩特科路六號之A的側門。他們發現大約二十名一頭霧水的員工在伏案工作中，其中一名德國警官注意到，牆上掛著一幅大得不像話的茹雅肖像。她的精神還與公司同在，不在的是人。

接著的幾小時，他們扣下了筆電、伺服器、數千份文件——乃至於所有可能被德國檢察官當作證據，去證明維卡幣洗錢、廣告不實、非法販售金融商品的證據——包括，據說那神祕區塊鏈就在每一台電腦裡面。警方行動一直過了午夜，才告一段落。隔天早上，德國與保加利亞警方面談了好幾名員工。當中，包括：薇絲卡、伊里娜·迪爾琴絲卡與瓦絲里娜·瓦爾柯娃。薇絲卡對警方表示，她不知道女兒去哪兒了，雖然她掛名執行董事，但只拿到「非常少」的薪水。沒有人被逮捕，茹雅（跟康斯坦丁都）沒有出現。

兩天後，索菲亞總部趕出了一篇新聞稿，宣稱這整件事又是一次不公平的歧視，又是一場假新聞：

「……（這）是一場示威，而其抗議的對象是維卡網絡服務有限公司，是維卡幣這種虛擬貨幣，是維卡幣的創造者茹雅・伊格納托娃。我們看到有心的媒體運作在詆毀上述的維卡幣公司、貨幣本身，還有創造者。這是刻意掩蓋公司營運的重要特色，為的就是徹底給我們難看。」

即便對不涉及敏感業務的基層人員而言，公司的例行營運也開始不若以往。至少有三人覺得受夠了，隔天直接沒來上班。[1]二〇一四年以來，在維卡幣負責IT事務的蒙姆齊爾・尼科夫也嚇到了。臨檢後沒多久，康斯坦丁就去找他討論這次警方調查的嚴重性。

「我們需要擔心嗎？」康斯坦丁問。康斯坦丁從沒特別關注這門生意的科技面向，一切都有茹雅去操心。

「（我們的）區塊鏈……」蒙姆齊爾話說得隱晦，「不完全是它應該要有的樣子。」

「你這句話是什麼意思？」康斯坦丁追問。「我們有辦法修理嗎？我們來想想辦法讓它能用吧。」

但蒙姆齊爾也面臨讓茹雅束手無策的同一個問題。茹雅想不到辦法的事情，他也一樣無

1 我們訪問了臨檢期間的維卡幣在職員工，並依他們的意願以匿名方式為之。

能為力。雖然蒙姆齊爾是水準以上的ＩＴ專家，但他並不是區塊鏈專家。按照一名前同事所說，蒙姆齊爾是茹雅搔擾與霸凌的對象，且「被逼著去做他不喜歡的事情」。蒙姆齊爾與康斯坦丁聊完的幾天後，他一如往常下了班，然後就再也沒回來了。根據至少一名前員工表示，蒙姆齊爾這一走，維卡幣公司僅有的技術成分也沒了。

一月的突襲臨檢，也是壓倒賽巴斯琛．葛林伍德的最後一根稻草。他徹底停賣了維卡幣，切斷了與總公司的關係，在泰國不動如山地待著，歐洲的法網完全拿他沒輒。二〇一八年三月，他偕同一名來自曼谷的神祕英國商人叫傑佛瑞．龐德（Geoffrey Bond）的傢伙，購入了島國萬那杜上一個荒廢的大型度假村。[2]他過起了飆車的日子——他向來喜歡一級方程式賽車——不然就是在他閣沙梅島上的豪宅悠閒度日。

一晃眼，尤哈、賽巴斯琛、茹雅所集思廣益出的薪酬方案，並且夢想完成貨幣革命的那個瘋狂的夏天，已經是四年前的事情，如今三個創始人都脫離了戰線。

五月一個寧靜午後，索菲亞的一些員工三杯黃湯下肚，提早度起了週末。伊里娜平日都很謹言慎行、顧慮周密，但她有一個弱點：只要一喝醉，她的會話匣子就會打開。

「康斯坦丁，」喝了兩杯的伊里娜說道，「我要跟你說說我們的區塊鏈。」一滴酒不沾的康斯坦丁平日也不跟人在酒後聊工作，但這次他豎起了耳朵，畢竟伊里娜是少數知道所有內情的人。「我們發出去的幣數要多過我們挖出來的幣數。」

「所以我們賣出去的是什麼東西？」康斯坦丁問。他的血液開始變冷。「新區塊鏈」已經運作十八個月了。雖然銷售在茹雅離開後有變慢，但仍有數以百萬計的維卡幣，持續流入投資人的手裡。

「**我們一直以來賣的都是空氣**，」伊里娜說。

這大概是康斯坦丁可以從維卡幣脫身的最後機會。他要是此時離開，後來就可以像伊格爾．阿爾伯茨一樣聲稱自己並不知情，或甚至像賽巴斯琛與尤哈那樣消失在遠東。雖然實務上他已經開始承擔起更多的責任，但書面上他仍舊只是那個二〇一六年才進公司的基層職員。只不過維卡幣終究是伊格納托夫的家族事業。他母親薇絲卡還在那兒擔任辦公室經理，而康斯坦丁對這個家十分忠心。

回到二〇一一年，當茹雅與父親普拉曼聯手把瓦爾滕霍芬鑄件工廠搞垮後，老人家病倒了。即便康斯坦丁跟工廠也毫無瓜葛，但他還是毅然而然放棄了大學學業，回到家中照料父親。茹雅反倒像局外人一樣——她回到索菲亞繼續發展事業。他們全家傾注一切到維卡幣這

2 McGarry, Dan, 'The Companies We Keep' (Daily Post, 5 May 2018): https://www.dailypost.vu/opinion/the-companies-we-keep/article_07616bfb-0705-5dbf-a89e-a75919c4c367.html

家公司，而他絕不願意相信，自己的姐姐會把一家沒有科技的科技公司，跟理論上數千億美元的投資人債權，丟給他扛，自己遠走高飛。他覺得自己有責任把公司撐下去。

這段期間的一個晚上，康斯坦丁在忙了一整天之後從公司晚歸。加班到又黑又冷的晚上，於他已是家常便飯。但這天，隨著他去到後巷牽車，他突然感覺到自己後腦杓被一個冰冷的金屬物體抵住了。一道人聲叫他繼續走。他立刻意識到，那是一把槍。

第二十七章

猴群

康斯坦丁的問題是錢。全球的投資人現在都希望把他們手中的維卡幣換成現金出場。有些人可以用常用的那些藉口去敷衍，但不是所有人都能這樣被糊弄過去。拿槍抵在他腦後的那群人將他帶到一輛廂型車邊，打斷了他一根手指，然後撂話說，要是茹雅捲走了他們的錢，「我們會回來殺了你。」他也不敢報警——對方說，你要是敢報警，他們就「把你的身體切一部分下來」。幾週後，康斯坦丁發現自己身處在蘇黎世一個飯店房間裡，周遭都是投資維卡幣的「地獄天使」幫派分子。這一次，槍沒有抵在他腦後，而是插在他嘴裡。「你得保證公司答應的事情都會做到，」那些黑道告訴他，「我們投資（維卡幣）的錢，比你的小命價值高多了。」

在此期間，康斯坦丁向蓋瑞・基爾伏傳了

封簡訊。「公司的狀況真的很糟很糟，」他告訴基爾伏。情勢愈來愈不妙了。

問題也不在於錢本身：錢是有的，但你要拿到的才有用。**茹雅深諳每一處漏洞，每一個司法管轄的灰色地帶，還有見不得光的有錢人，用來藏錢的每一種企業把戲，而且她也把這些本事通通使出來了**。就在茹雅消失後不久，康斯坦丁發現，自己眼前躺著一套複雜到不能再複雜的企業組織。價值動輒數百萬鎊的房產、花六百九十萬買的遊艇、公司股份、銀行帳戶——大都好端端地擺在那兒，只不過康斯坦丁動不了它們。**茹雅的資產都藏在由假董事、境外企業、奇怪名字的控股公司，所交織出的迷宮內部**。

雖然她在維卡幣所及的世界各地都有公司，但最重要的公司都設在杜拜。她最喜歡的一家「公司成立代辦業者」叫「歐洲阿聯酋集團」（Europe Emirates Group），負責人是一個叫艾德里安·歐頓（Adrian Oton）的男人。該公司的辦公室位在朱美拉湖塔，這棟八十層高、且中央環繞著一座人工湖的超級摩天大樓上。歐洲阿聯酋集團專事要在杜拜做生意的人設立公司，主要是杜拜法律規定，海外企業若想在杜拜營運，都需要擁有本地的企業架構。該公司代表茹雅簽了各種合約，並替她在當地設立了好幾家公司，當中包括：RISG、維卡幣有限公司，還有米提歐拉控股（Meteora Holdings）。

典型的公司設立流程，如下：當二〇一五年，茹雅買下在索菲亞著名的國民議會廣場（Narodno Sabranie Square）上的雅緻十九世紀雙拼別墅時，她將其所有權登記在一家保加利亞公司叫維卡不動產（One Property）的名下，而維卡不動產，又屬於她開在杜拜的RISG有限公司。但這只是故事的其中一半。二〇一五年九月二十七日，茹雅將RISG有限公司全數一千股的股份，跟其名下著名的雙拼別墅，贈與了艾爾娃．瑪爾嘉．玻利瓦．德．羅德里蓋茲（Elva Marga Bolivar de Rodriguez）與艾德華多．安立奎．哈里斯．羅賓遜（Eduardo Enrique Harris Robinson）。這兩個居住在巴拿馬市西郊小鎮托庫門（Tocumen），沉默寡言的天主教徒。[1]但在兩人收到股份前，艾爾娃與艾德華多肯定先簽了一份沒有日期的「空白股份轉移文件」，且文件當即生效、放棄股權，並將之全數返還給茹雅．伊格納托娃。[2]茹雅多半把這文件的一份紙本放在她位於索菲亞的保險庫中。要是真有什麼意外，她的資產跟她沒有半毛錢關係，她的脫產依舊成立，有關當局動不了這些資產。但她想要拿回這些資產的控制權時，只要把文件拿出來，填上可溯及既往的日期就好。

茹雅把艾爾娃跟艾德華多這類人，稱為茹雅的「猴群」。而她用這些猴群的「人頭」去持有的資產，除了RISG以外，還有雷文爾杜拜跟雷文爾資本倫敦等公司。這兩家雷文爾公司在技術上，都屬於兩名普通的賽普勒斯人。湯瑪斯．克里斯托杜魯（Thomas Christodoulou）

1 RISG有限公司的存續證明書（作者手上有副本）。
2 當然那份文件上也可能列出的是茹雅的心腹、律師或家人（我未曾見到過那份文件）。

是一個三十幾歲的前廚師，他之前的工作經驗，包括在賽普勒斯航空當廚師，還有在必勝客當過分店經理。安德莉・安德雷歐（Andri Andreou）是名二十五歲上下，幾乎一文不名的女性[3]。（在某個點上，蓋瑞曾意識到茹雅的名字並不在正式的公司文件上。「別擔心，」茹雅告訴他。她解釋說，公司成長得太快了，所以有一些技術上的問題需要排除——為此她的名字先不放上文件會比較方便。[4]後來，蓋瑞對自己被她這樣糊弄過去，感到後悔莫名。「我要是有再多調查一下就好了，」他說。）

這些企業遊戲是設計來保護茹雅並混淆外人。但茹雅一走了之、且了無聲息——以及維卡幣業績江河日下——的後果，康斯坦丁也被搞迷糊了。他拚命想要取得那些或可用來償還給債權人的資產，那樣不但公司不會倒，他「的身體也不會被切一部分下來」。

他真正需要的是一份授權書——一份有律師在場作證、且由茹雅簽名的律師函，那才能讓他有權去處分茹雅的資產。甚至那樣做都不一定夠，因為某些國家或銀行，對授權書的使用有很嚴格的規定，但那起碼會是一個起點。根據聯邦調查局的資料，康斯坦丁手中有一份他姐姐於二〇一八年二月八日簽署的授權書。後來，康斯坦丁宣稱這是伊里娜・迪爾琴絲卡偽造的贗品。但蓋瑞・基爾伏記得，康斯坦丁曾在二〇一八年花了好幾週找這東西，當時，可是找得滿頭大汗。如果那份授權書是真的，那康斯坦丁就完全知道他姐姐的下落——甚至他還可能跑去跟她見過面。重點是，他們在哪裡見面？

3 茹雅將雷文爾設立為在杜拜的一間家族辦公室，為的是「專心透過從全球各地投資優質企業來累積財富與促進資本長期增值」，由她本人出任獨資股東兼董事。

4 雷文爾資本有限公司的申請資料可見於英國公司註冊處（Companies House）：https://find-and-update.company-information. service.gov.uk/company/10178932

| 第二十八章 |

逮捕

巴恩斯特布爾，麻塞諸塞州，二〇一八年九月五日。

清晨五點三十分，聯邦調查局特別幹員詹姆斯・艾克爾（James Eckel）、國稅局幹員凱克莉絲汀・法塔（Kristine Fata），與地方員警碰頭開了場行前簡報，地點在巴恩斯特布爾警局，那是費尼巷裡一棟小小的市政建築，也是該郡百來名警方人員的根據地。布萊恩・吉尼（Brian Guiney）這名粗壯的巴恩斯特布爾警探，操著一口濃重的波士頓口音，是這個案子當地的承辦人。那是夏日尾聲的一個溫暖早晨，鱈魚角還完全在旅遊季節中，來度假的有錢人們，讓店家跟咖啡店有做不完的生意。地方員警比較習慣的業務，是指引迷路的遊客前往在地餐廳，或甘迺迪總統以前愛去的景點，什麼金融詐騙與非法洗錢，他們陌生得很。

從巴恩斯特布爾警局，一小組人——兩名聯邦幹員加上地方警察——沿費尼巷北上前往海邊。他們花五分鐘到達了日落巷，那是當地很熱門的觀光街巷。「米里斯布利克別墅」一三三號是一處氣派的海濱建物，當中有著大大的後院可以眺望鱈魚角灣的入口處，距離英國清教徒在一六二〇年搭五月花號登陸處不遠。隨著他們慢慢接近目的地，幹員艾克爾在警用頻道上收到消息說，嫌犯駕駛 BMW 新車在附近出沒。他們打開了警笛，衝去進行攔截。

被警方攔下來之後，靠邊停好車的駕駛很有禮貌地告知員警車內的火力：手套箱裡有一支點四〇口徑的半自動手槍裝滿十三發子彈。[1]吉尼警探表明了身分，並告訴駕駛他們要撤銷他的擁槍執照。「馬克・史考特，你現在被捕了。你有權保持緘默，並拒絕回答任何問題。你所說的一切都……」

馬克・史考特疲倦到不想爭辯。他可能好幾天沒睡了。近幾個禮拜他好像愈來愈疑神疑鬼，也愈來愈焦躁。「閒人勿闖」的標誌在他的後院清晰可見，而這一點也讓附近居民看了覺得礙事，因為當地人已經很習慣讓路過者在自家花園晃來晃去，這是為了方便大家欣賞當地長長的海埔地勝景。

1 Young, Kristen, 'Prosecutors Argue Over Evidence in Barnstable Man's OneCoin Case' (Cape Cod Times, October 2019)

隨著馬克被警車載回巴恩斯特布爾警局歸案，吉尼警探與兩名聯邦幹員繼續前往馬克在日落巷的住處。他的妻子莉迪雅應了門，聯邦幹員艾克爾秀出了他的搜索票。進到室內後，吉尼警探注意到一把裝滿子彈、且沒上保險的半自動手槍，就放在客廳桌上，旁邊還有一個小小孩在玩耍。莉迪雅也因為行為脫序魯莽而被捕，幼童當即由有關當局介入安置。很快地吉尼警探發現，整個住處散落著槍彈：一把六發子彈的左輪在書桌抽屜裡；一把手槍；一把獵槍；共計一百五十發的子彈。在一個犯罪率趨近於零的鎮上，馬克似乎做好了要突圍的準備。吉尼警探在麻州當了三十年的警察，這種案子並不尋常。

早上七點半不到，馬克．史考特已經在巴恩斯特布爾警局的審訊室裡，與艾克爾根法塔幹員隔桌而坐。一切發生得是如此之快，馬克來不及把律師叫來——要是律師來了，他們多半會叫馬克閉嘴。這兩名幹員合計有四十年的辦案經驗。他們知道這局要怎麼玩。

「首先我想說，我，嗯，非常驚訝於現在的狀況，」馬克冷靜地說著。

「費內羅基金的投資者有哪些人？」法塔幹員十分沉穩地問道。

「這個嘛，有好幾家，嗯，公司都是投資人，」馬克回答。

「B&N顧問公司呢？」那是伊里娜的公司。B&N連同IMS、明星招商與費提斯公司，這四家公司共同送出了近四億歐元進到馬克的假基金裡（外加二十萬歐元進到線上賭場公司）。

「B＆N顧問是我們的一個投資人，」馬克說。

「那背後是誰？」

「嗯，伊里娜，」馬克說。

「伊里娜姓什麼？」法塔幹員追問。

「我一時想不起來，」馬克說著結巴起來。「我不能，我是說，我確定她是，她是，保加利亞人，但我沒辦法馬上告訴你她的姓氏。迪爾，迪爾，迪爾……什麼卡的。啊，我現在就是拚不出來。」

馬克．史考特密集跟伊里娜．迪爾琴絲卡合作了兩年。他們甚至是兩家愛爾蘭公司的共同董事。

「跟我們再多聊一下伊里娜，」艾克爾幹員說。

「嗯，她是有人介紹給我認識的……而那個介紹人又是吉爾伯特（．阿曼塔）帶來給我認識的。那個人，嗯，她很有名，因為她現在做很多跟加密貨幣有關的事情。嗯，嗯，茹雅，而……她——」

「那是她的名字嗎？」艾克爾插了句話。你很難不住意到馬克愈來愈多嗯嗯啊啊。

「茹雅是她的名字，」馬克開始東拉西扯起來。「那個，嗯，她做的是某種加密貨幣的生意。她有一種跟比特幣差不多的東西，要不然就是在做跟投資比特幣類似的買賣……」

「所以這個茹雅人在哪裡？」法塔幹員問。

「我不知道……我跟她已經沒聯絡了。」

「所以，費內羅基金跟維卡幣沒有瓜葛囉？」艾克爾幹員問。他們當然知道費內羅基金與維卡幣有牽連。他們握有馬克打給Apex公司的電話錄音，有數百份法院下令收來的文件與銀行紀錄，還有吉爾伯特·阿曼塔的證詞。他們什麼都一清二楚。這場審訊的主要目的，是看馬克·史考特願意告訴他們多少。他會說謊嗎？他會有可以袒露的東西嗎？

「沒有。」

「什麼都沒有嗎？」

「我是說，沒有合約或其他我知道的東西，沒有。」

「ＯＫ，費內羅的資金來源是維卡幣嗎？」

「就我所知不是……我們有一家，我們有一家公司跟維卡幣走得比較近，近到我們知道他們有某種業務處理上的關係。那家公司在幫維卡幣經手會計的事情。」

賓果！馬克·史考特在對聯邦調查局與國稅局說謊。是時候調整戰術了。

「我們老實跟你說，」艾克爾幹員說。「你想幫自己一把，機會千萬要把握，好嗎？……我們知道維卡幣的手伸進了費內羅基金，ＯＫ？我們掌握了資訊……但你不跟我們說實話，我們很難幫你。你聽明白了嗎？」

「是，」馬克說。

「所以你有什麼要跟我們補充的嗎？」艾克爾幹員問道。

「嗯，沒有，我是，我是，我是真的……」馬克吞吞吐吐。「我很感謝你們想幫我，可是，可是，可是我一開始已經說過了……我不覺得（維卡幣）有像你們可能……想得那樣涉及費內羅基金，我一直想解釋的就是這一點……」

馬克避重就輕而且閃爍其詞。艾克爾幹員處理過這樣的場面。他在局裡已經待了三十多年──期間他調查過無政府主義者、組織犯罪，還有政治勒索。馬克・史考特難他不倒。

「我再問你一次，」他堅定地說道。「維卡幣與茹雅不是費內羅基金的投資人嗎？」法塔幹員鎖定馬克的良心補了一句：「這是你僅有的機會。你家裡還有一個小朋友。你是有太太的人。我相信你有你想過的日子。你想自救的話，這是你唯一的機會。所以請你想清楚再回答。」

「是，我想再多跟你們討論一下。我真的想，」馬克回答。「但接下來我想請律師幫我的忙。」

至此，馬克便不肯再多說什麼了。但要是律師之前就在場，他最後一句說的話，可能是他已經說太多了。

當天稍晚，艾克爾與法塔幹員回到了落日巷一三三號。馬克二〇一八年份的白色保時捷九一一GTR2停在車道上。[2]聯邦調查局的搜查扣押小隊地毯式查找了他家可能存有的證據。幾小時後，他們帶著成堆的銀行與金融紀錄、十七支手機、六台筆電、三張記憶卡、兩台iPad與五只隨身碟，走出了他家。總計那裡投有三ＴＢ的電腦資料——相當於數十萬份文件。另外一支小隊，則前往了馬克在佛羅里達州珊瑚閣市（Coral Gables）的住處搜索，結果另外收穫了兩ＴＢ的電腦資料跟四把槍。[3]他們還沒收了一切可能用犯罪所得購入的物品：三輛保時捷，還有他停在附近海恩尼斯港的聖汐克掠食者五七遊艇。

在一兩天後，馬克被捕的消息傳到索菲亞，伊里娜・迪爾琴絲卡聽到差點沒暈倒。

「我完蛋了，」她一進辦公室就對著康斯坦丁咆哮，明顯是慌了手腳。「馬克・史考特所有文件上都有我的名字！」她說。「他們抓了他，就一定會抓到我！」

當天稍晚，伊里娜回到家就開始焚毀文件。回推十八個月，她收取了數十份涉及茹雅與馬克事務的法律文件。當中許多份文件都有她的名字在上面：一筆委內瑞拉的機器交易中，提到她在佛羅里達的H&H CA公司；有一份資料提到，她與馬克擔任共同董事的Payments Card科技公司；還有文件可以證明，她是B&N顧問公司的老闆。那天晚上，所有能把她的名字連結到馬克與費內羅基金的東西，都被她一把火燒了。

少人有知道的是，在馬克・史考特被捕的兩個月之前，另外一場警方行動發生在六千英里以外的地方，只是那場調查要低調許多。那場調查一直是緩緩地透過各種外交渠道在推進，你拿不到新聞稿，也看不到檢察官對誰提起公訴。事實上，那場行動結束好幾個月後，外界才知道有過這麼回事。茹雅跑了，但聯邦調查局不讓這種事情再度發生。美國幹員偕泰國那聲名狼藉的犯罪防治處，一同追蹤他們的目標到達派對島嶼閣沙梅上的一棟別墅。別墅裡有個人，是賽巴斯琛·葛林伍德。

2 United States v. Mark S. Scott, S10 17 Cr. 630 (ER), Document 318

3 United States v. Mark S. Scott, S10 17 Cr. 630 (ER), Document 19, 13 September 2019

第二十九章

公開上市

墨爾本，二〇一八年十月八日。

隨著計時器接近倒數一小時，大約兩百名維卡幣的投資人匯聚在澳洲墨爾本的會展中心，裡頭沒有人知道，馬克·史考特在一個月前已經被捕，也沒有人知道，美國一個大陪審團在整整一年前，已經偷偷對茹雅·伊格納托娃提起詐欺與洗錢的公訴，更沒有人知道，賽巴斯琛正在泰國蹲牢。對與會者而言，這是值得慶祝的一天。維卡幣終於要公開上市了；這一天，ICO正式有了一個結果，而索菲亞總部曾承諾過，ICO是維卡幣可以在Kraken或Poloniex等主要交易所，掛牌前的最後一步。ICO的專屬網站畫面被投射到一個大螢幕上，「歐洲合唱團」的搖滾名曲《最後倒數》在空氣中迴響。為了慶祝這樁喜事，高階上線預定在當晚搭船一遊墨爾本的海岸線。

「公開上市」歷經之前的四年，已經帶有一股末世審判之感。**雖然技術上，公開上市指的是，維卡幣可以在公開交易所掛牌並自由買賣套現的瞬間，但實際上它有著更大的意義：公開上市代表的是一種平反。**對很多投資人而言，對像在田納西州的克莉絲汀．葛拉布利斯而言，上市代表著她可以把大約一百萬顆維卡幣換成三千萬歐元。**這也代表一種尊嚴。**三年來，她始終不肯在懷疑她的親朋好友面前低頭，她堅持維卡幣是真貨，她堅持自己不是那個把身家砸在一場龐氏騙局上的冤大頭。

「三……二……一！」

維卡幣在澳洲與東南亞仍有相當扎實的傳銷網，現場群眾大多來自這兩個地方的低階上線與投資人。重點是，低階的身分並不妨礙他們油然而生的滿滿幸福感。他們各種歡呼與尖叫。有些人開心地雙手舉高，嘴裡唸唸有詞。有些人相互擁抱。還有人不敢相信這一刻終於到來，第一時間就打電話給他們的上線與下線說：「終於！維卡幣要公開上市了！」

慶祝歸慶祝，高枕無憂的好日子還有漫漫長路要走。投資人一直認定「公開上市」的活動，會比倫敦或曼谷的場面更加盛大。但茹雅並沒有來現場觀禮，賽巴斯琛、尤哈、奈傑爾．艾倫、卡里．瓦爾盧思、伊格爾．阿爾伯茨等人，一個也沒看到。所有大咖都不知跑哪兒去了。甚至連康斯坦丁都不克前來。他用預錄的訊息告訴現場群眾，他搭的班機在杜拜的多哈故障。現場最高階的維卡幣幹部，是一個叫做賽門．勒（Simon Le）的男人，一個輕聲細語的黑鑽石會員，出身越南，他是在上線一個個閃人之後，被拉上去填空的傢伙。說起銷售，賽門還算有兩把刷子，只不過跟伊格爾或卡里相比，畢竟不是同一個等級。但那又如何？此刻現場有許多人手握數千、數萬，甚至數百萬枚維卡幣——每一枚在理論上價值二十六點九五歐元。而且他們現在終於可以把這些庫存賣掉，把真錢換到手上了。

隔天，投資人興致勃勃地登入他們的維卡幣帳戶，滿心期待著上頭會有如何把他們的幾百萬枚維卡幣兌現的流程說明，但他們沒看到網站上有任何的改動，唯一不同的是，在ICO的專屬網站（www. onecoinico.io）上，倒數的時鐘被換成了一則告示：

> 請留意，關於加密幣發行事宜已新建成一電子郵件，帳號是：SUPPORT@ONECOINICO.IO。有任何疑問，都請您不吝來信連絡我們。唯請各位稍有耐心，新幣發行在即！

維卡幣不愧為是一家永遠什麼都「在即」的公司。維卡幣永遠打著自己是支付界的明日之星旗號，當下卻從來都是一場空。幾天之後，索菲亞總部默默宣布維卡幣暫且不上市了：搞了半天，各種行政程序還要再一年才能跑完。

此外，ICO跟維卡幣做的每一件事都沒有兩樣，都只是《愛麗絲夢遊仙境》裡，那種永遠不會實現的「明天的果醬」，都只是維卡幣用來敷衍投資人的緩兵之計。不過，對索菲亞總部而言，ICO這招倒是又創造了一次最後的機會，可以讓他們先多騙幾個人，再徹底崩毀。

第三十章

給沒有銀行帳戶者的銀行服務

恩德培國際機場，二〇一八年十月十七日。

康斯坦丁身上那件印著「Twins MMA」的T恤是他在地方上綜合格鬥中心練習，店家送給他的禮物。康斯坦丁穿著這禮物走出了坎帕拉的恩德培機場入境處。即便時間是凌晨剛過三點，現場也已經有數十人來給他接機。這些人身上穿著維卡幣的T恤，手裡搖著Dealshaker商城的旗幟，那排場若不說是來自科技公司的老闆，你還以為是哪個搖滾明星蒞臨呢。不過，等康斯坦丁好不容易穿越那一團人牆，緊接著便是警方用車隊陪同他前往飯店下榻。

來烏干達走這一趟，是弗列德·恩塔巴奇（Fred Ntabazi）的主意。三十來歲的弗列德以前在街邊傳福音，後來變成在地當紅的傳銷上線。雖然不少維卡幣的上線，都會在言談中穿插一些宗教性的措辭，但弗列德可是很認真在斜槓這兩種專業。二〇一六年，他創立了「維卡光明傳教會」（OneLight Ministry），為的就是把宗教禮拜跟多層次傳銷合而為一。弗列德能晉身為鑽石會員，靠的就是透過他有著上百名忠誠信徒的教會在推廣維卡幣，眾人每週日都會現身坎帕拉中部義大利畢奧神父紀念大樓的四樓，出席在那裡舉辦的活動，聽取弗列德結合了加密貨幣商機與五旬節教派教義的奇特福音。「Dealshaker商城，」弗列德會大喊。「新局開創者！」信徒們會回答他。他的佈道會不時長達好幾個小時，只因為他會在財務的解放、禱告的力量、茹雅的遠見與聖經的原文間，跳來跳去。他偶爾會帶的追隨者禱告讓維卡幣上市。當教區民眾問他，究竟那天何時會到來時，他會要他們多等等。「有耐性的人會上天堂，」他曾這麼回答。「上帝跟我說過，維卡幣是真的。」

康斯坦丁同意去烏干達一趟，是因為維卡幣需要錢。他被槍抵在腦後嚇醒。於是，他在二〇一八年瘋狂地四處出差來衝高銷售。想從茹雅那謎團般的資產中掉出頭寸來，可能性已經愈來愈低。愈是在像歐洲、美國與中國等較為成熟的市場，業績早在茹雅離開前就欲振乏力，而她一消失，大部分在格拉斯哥、紐約、東京的支持者，都不願意再投入資金買維卡幣。在二〇一八年，康斯坦丁走訪了四十個國家（搭了兩百架次班機），當中許多都是維卡幣知名度不高的地方：三月的哥倫比亞；五月的馬拉威與南非；七月的巴西、千里達與阿根廷。在這些較新的市場裡，維卡幣還在成長。光在烏干達，維卡幣的地方辦事處就有起碼十二個點，投資人超過五萬名，而這五萬顆種子也仍繼續用移花接木出來的《富比世》雜誌封面，或英國金融行為監理總署的聲明，來當作「證據」，讓所有人相信維卡幣的真實性。雖然不是無人耳聞茹雅跑路了，但很多人因為不通曉英文，上線就成了他們僅有的消息來源，而上線的說法是，維卡幣沒有問題。等到康斯坦丁抵達時，維卡幣在該國已經是家喻戶曉的名字，其名氣搞不好大過比特幣。他要來坎帕拉的事情一宣布，來自南非、坦尚尼亞、剛果、奈及利亞的投資人，就開始狂訂客運、飛機，不然就是跟人借車，千方百計想來到坎帕拉。對他們某些人來講，這是得耗費三到四天的行程。

有三天的時間，弗列德開著他的白色Range Rover載著康斯坦丁穿越烏干達，造訪了學校，拜會了政治人物。康斯坦丁在維卡人生東非高峰會上致詞，承諾要為數以百萬計沒有銀行帳戶的非洲民眾，掀起一場金融改革。在一間大型的孤兒院，他以維卡幣公司的名義捐贈了一百台平板電腦。他對院童說，「你們在學校裡待的每一天，都是在打造自己的未來。」

在第二天的行程中，康斯坦丁與弗列德前往了烏干達西部繁榮的農牧區，那兒有個快速成長中的城市叫做姆巴拉拉（Mbarara）。維卡幣幾乎是一進入烏干達，就擴散進了姆巴拉拉，主要是經年累月已經有其他覬覦當地有錢農家的傳銷業者鋪好了康莊大道。兩人在西行四小時的車程中穿越了赤道，期間康斯坦丁注意到，在改裝過的新摩托車上閒待著，似乎在等待什麼的年輕人，在路邊四處尋找著草堆的牲口，上頭貼著移動貨幣（mobile money，用手機跟行動支付購買小額商品的服務）廣告的告示牌，沿路出現的香蕉種植園……這就是他姐姐所擘畫願景的最前緣。

即便在索菲亞，茹雅也不過就是個小名人，一個有點有名又不會太有名的女強人，偶爾會在沒什麼質感的報紙上露個臉。但在半個地球之外，茹雅．伊格納托娃卻無人不知無人不曉。她從來沒有拜訪過像姆巴拉拉這樣的地方——她的維卡幣宇宙只包含：杜拜、澳門、倫敦、香港的五星級飯店——但在這裡，康斯坦丁見到了她姐姐那百萬人金字塔的最底層，就位在從坎帕拉出發，長達四百英里的塵土路盡頭。那距離茹雅在索佐波爾的豪宅很遠，距離伊格爾的杜嘉班納名牌精品很遠，距離堆滿現金的房間也很遠，但那些東西都是這些人替他們買的。

從某方面來講，這是一趟讓人十分振奮的旅程。此刻的維卡幣稱得上是四面楚歌。監理當局愈來愈咄咄逼人，傳銷爆料網持續鎖定維卡幣要讓其萬箭穿心，剩下的那些投資人則愈來愈難以安撫。但在烏干達，不論是茹雅的失蹤、德國警方的突襲臨檢、還是區塊鏈的真相，一切都像沒有發生過一樣。

但他也知道自己是在剝削這些人，他知道自己只是畫著金融革命的大餅，把這些人推向更貧窮的深淵。後來，他承認他在學校與孤兒院發言時，內心有著滿滿的罪惡感。**在烏干達，維卡幣已經等同這些人的未來。他們把這輩子的人生與積蓄都賭在他姐姐的承諾上。有**

些人把錢從銀行搬出來，有些人讓孩子停止就學。他知道總有一天，這些人會發現自己的錢都沒了。

上一次有人見到茹雅的身影，已經是快一年前的事了。在康斯坦丁去烏干達前不久，蓋瑞跟茹雅的專用特務法蘭克．史奈德見了面——蓋瑞想說，法蘭克或許知道些什麼。事實上在二〇一八年六月，來自洛克律師事務所的詹姆斯．錢諾曾致函茹雅，告知「參考之前我們與法蘭克．史奈德進行的討論，我們認為有必要與您共同重新檢視，您在英國持有不動產權益的方式」。（一份由洛克律師事務與詹姆斯．錢諾所提供的聲明中表示，這封信是以「例行的標準型式」，在徵詢為茹雅提供法務諮詢的可能性，並且「最終這封信並沒有導致雙方的任何合作，事務所也沒有（為茹雅）執行任何的業務」，還有就是這封信乃是經由洛克事務所揭露給美國檢方知悉，同時開庭期間沒有任何跡象顯示，這封信涉及任何不法行為）。

不過，似乎在茹雅的回信中，她把事情的決定權交到了法蘭克與康斯坦丁手中，因為事務所曾表示：「您給予我們的指示是我們後續的通信與接受指示的對象，將改為法蘭克．史奈德……與您的兄弟康斯坦丁。」

如果說法蘭克透過某種方式在代茹雅視事，那也許他或多或少，對茹雅的行蹤略知一二。但法蘭克在這段時間告訴蓋瑞說，他打遍了電話，用盡各種手法刺探，甚至讓人去殯儀館看有沒有與茹雅年紀相仿的女性，但就連身經百戰的密探都一無所獲。

不過對蓋瑞來說，這一點都不合理。如果茹雅死了，薇絲卡或康斯坦丁為什麼始終老神在在？家中的明星就此殞落，當媽媽跟弟弟的還能面不改色，繼續過他們的日子？還有為什麼康斯坦丁會說，他見過她？難道茹雅是用這種辦法在昭告天下，「我不回來了，不用等我了」嗎？

|第三十一章|

裝傻就對了

洛杉磯國際機場，二〇一九年三月六日。

因為土耳其航空的班機誤點，想回索菲亞的康斯坦丁只能先在洛杉磯機場閒晃，而他也在此時告訴鄧肯．亞瑟——Deakshaker在南非的負責人——說他打算放慢腳步。他的伴侶克莉絲提娜懷上了孩子，同時康斯坦丁也厭倦了多層次傳銷的世界，就像他姐姐早兩年那樣。他不是不喜歡去新的地方走走看看，但二〇一八年實在把他累壞了。他才剛從拉丁美洲的瘋狂出差中恢復過來，他去那兒是為了安排一筆交易，把百分之百用維卡幣蓋起來的奧運公寓宅賣掉。他想做到的也正是茹雅在消失前嘗試做到的事情：把公司的傳銷業務賣掉。

自從康斯坦丁於二〇一八年六月接手維卡幣公司以來，他跟鄧肯就成了一度看起來很不合理的朋友。鄧肯是個酒鬼電腦專家，而康斯坦丁是維根主義吃純素、且滴酒不沾的健身狂人，但也不知道為什麼他們就是合得來。這對朋友逛起了免稅店，康斯坦丁在那兒買了一頂棒球帽。他們簡短聊起了前兩天一起在史泰博中心球場看的ＮＢＡ比賽：主場的洛杉磯湖人隊以些微差距敗給了同城的快艇。但至少康斯坦丁看到了詹皇雷霸龍拿下二十七分。他在社群媒體上發了兩則要回家的貼文。

幾天前，康斯坦丁降落在舊金山時，他就應該察覺到事情不對勁才對。總是同時有南非跟愛爾蘭兩本護照在身的鄧肯，靠愛爾蘭那本通了關，但辦完手續的他，四處張望卻遍尋康斯坦丁不著。十分鐘後，年輕的康斯坦丁出現，手裡拿著包在夾鏈袋裡的護照，看起來滿臉愁容。他被要求進行加強盤問。原本鄧肯還在現場等，但凶神惡煞的邊境巡邏警員跑來叫他，「給我滾！」他說，「除非你也想嘗嘗你朋友的下場。」

落單的鄧肯飛到拉斯維加斯，鑽進了銀色長版禮車，直奔有若干頂級美國維卡幣上線在等他的貝拉吉奧酒店。六小時後，康斯坦丁終於姍姍來遲。他靠著三寸不爛之舌說服了海關，他來美國是要去一家專門的綜合格鬥武館從事訓練。國土安全局歸還了他的筆電，但扣留了他的手機跟所有衣物。「你怎麼過關的？」鄧肯在貝拉吉奧酒店的接待櫃台問他。「裝傻就對了，」康斯坦丁說著露出了笑容。

他有所不知的是，聯邦調查局已經從他那台基本沒有加密的筆電中下載了所有的內容，當中包含：茹雅在二〇一八年二月八日簽署的授權書。這個簽署時間是她消失無蹤整整四個月後。

渾然不覺遊戲已經玩完的康斯坦丁，直接開始幹活。

接下來的兩天，在貝拉吉奧飯店無數會議室的其中一間裡，眾人一如往常地商議起，要如何發展Dealshaker在美國的業務。其他幹部陸續加入。當他們其中一人問起，維卡幣究竟何時會上市時，康斯坦丁炸了鍋。「如果你來是為了套現出場，」康斯坦丁答道，「那你現在就可以滾了，因為那代表你不明白這個計畫是在忙些什麼。」

在鄧肯眼裡，這些美國上線好像有點坐立難安。雖然康斯坦丁與鄧肯此行是來討論Dealshaker的，但其中一個美國人不斷轉移話題到一個奇怪的新點子叫「啟動水泵」[1]，內涵似乎牽涉到某種複雜的價格操控。每一次鄧肯與康斯坦丁想要去拉斯維加斯著名的賭城一條街吃午餐或散散步，那些美國人都堅持要跟他們一起。唯一一次康斯坦丁可以脫身，是當他借了鄧肯的AC／DC（澳洲搖滾樂團）T恤穿去慢跑。在喝咖啡休息的時候，鄧肯把康斯坦丁拉到一旁說，他覺得他們被設計了。「你不要亂答應事情，」鄧肯告訴他。「尤其是關於那個水泵什麼的東西。」

會議全數結束後，鄧肯想要盡快回到倫敦。但康斯坦丁堅持兩人要先在洛杉磯放鬆個兩天。在飛抵洛杉磯後，康斯坦丁拖著鄧肯去了唐人街，去了人行道上有明星手腳印或簽名的星光大道，去了著名的好萊塢字母地標，去看了湖人隊的比賽。最終總算玩夠要回家，他們的航班卻誤點了。

「乘客康斯坦丁·伊格納托夫與鄧肯·亞瑟請到服務台。」機場的廣播系統爆出了這樣的訊息。

就在那一刻，聯邦調查局的幹員們一擁而上。三名聯邦調查局幹員像旋風般把康斯坦丁帶走，兩名國稅局幹員則不慌不忙地帶鄧肯走進另一間審訊室。「喔，幹，」鄧肯心想，因為他感覺到一隻手重重壓在他肩膀上。

他們讓他坐在一張長鐵桌邊，並以嚴肅的口氣告知鄧肯他沒有被捕，他們只是想問他幾個問題。至少目前還是這樣。

「茹雅在哪兒？」

「我不清楚，」鄧肯用他濃重的南非口音答道。

「（維卡幣）區塊鏈的運作方式是什麼？」

「維卡幣的區塊鏈是種集中式且不可竄改、東西只進不出的資料庫。該資料庫是由超級

1 Priming the pump，典出得靠水泵從井中取水的年代，水泵使用前必須先往裡加點水才能順利運作。後來用來比喻，用少量投資來推動經濟或企業的成長。

電腦開挖出來，而代幣可以替你買到算力。」鄧肯注意到幹員們忍不住為他露出了尷尬的表情。「他們對這家公司知道的比我還多，」鄧肯心想。

「維卡幣的價格是怎麼訂出來的？」幹員的問題一而再再而三地丟出來。他們不是鬧著玩的。

「我沒有第一手的瞭解，但我聽說他們用上了一個很複雜的演算法。」

「你是個他媽的白痴，」一名幹員說。

在大約四十分鐘後，幹員們拍下了鄧肯兩本護照的照片，警告他他可能很快會被召回美國，然後放走了他。他們接受了他只負責Dealshaker平台，而沒有涉入維卡幣業務的說法。他不是他們在找的人。

「康斯坦丁去哪裡了？」鄧肯在走前請教了一名幹員。

「別擔心他，」幹員回答，並堅定地建議鄧肯閉嘴並趕緊滾出美國。

鄧肯上了下一班從伊斯坦堡轉機的班機，隻身回到了倫敦。索菲亞總部緊急發出了新聞稿表示，「伊格納托夫先生尚未被正式起訴」。但這當然又是一句謊話。他已經被起訴了，罪名是電匯詐欺。鄧肯從此再沒見過康斯坦丁。

傳銷爆料網照例是第一個，嗯，爆料的網路媒體。康斯坦丁被捕，茹雅・伊格納托娃遭到刑事追訴，奧茲的文章在數日後寫道。「終於，」署名吹哨者芬恩（Whistleblower Fin）的網站班底，在文章下方的討論串寫道。

每個投資人都有他們承受力的極限。某些人的耐性可能在維卡幣數於倫敦加倍之際繃斷，也有人可能在茹雅跑路或xcoinx當機的那天驚醒。不過整體而言，所謂的臨界點並沒有一個特定的開關，也不存在瞬間的頓悟。比較接近實情的狀況是，投資人在生理上的防衛機制被冷酷的現實不斷地摩擦，慢慢在如山的鐵證中愈磨愈薄，終至消耗殆盡。

克莉絲汀・葛拉布利斯在xcoinx關門大吉後，就一直有種揮之不去的不祥之感，但她寧可相信那些藉口。她會開始起疑，是因為她在二〇一八年十月登入到ICO的網站，結果上頭說，維卡幣上市還要再等一整年。但康斯坦丁的被捕成了壓垮她的最後一根稻草。一個朋友轉寄給她傳銷爆料網的文章，而她看完也立刻傳訊息給她的上線，也就是那個召募她的人。

「他們為什麼要逮捕他（？）我們的維卡幣還安全吧（？）那篇文章寫得好嚇人。」

「他被告的是電匯詐騙，」上線回覆她。「除此之外，這個世界馬照跑、舞照跳。」

克莉絲汀停不下來讀起了傳銷爆料網的其他文章——那些長期被她貶低為「假新聞」的東西。曾經她也在網路上搜尋過關於維卡幣是真是假的消息，當時她看到的都是讓自己安心的證據，但如今魔法已被破除，她看到的東西一口氣反轉，全都變成了維卡幣是一場詐騙的證明。

「網路上說的是真的嗎？維卡幣已經被曝光是龐氏騙局？」她在又一封簡訊裡追問。

「那都是無的放矢。維卡幣與維卡人生都還在全球各地運行……據我所知，一切工作都在推進。」

「我第一次這麼緊張。我放了十三萬五（美元）進去。我們何時可以把錢拿出來（？）有上市的任何消息嗎（？）這是龐氏騙局嗎（？）」其實這些問題的答案，克莉斯汀內心深處已經心知肚明，但她就是想聽上線親口告訴她。

「我只是想讓你跟大家明白現在的情況，還有我們為什麼必須有點耐性。」

一瞬間，她心裡有什麼東西斷了。她不只錢沒了，還得接受自己是個冤大頭的事實。

「你這個可悲的渾蛋！」克莉絲汀寫道，「祝你在地獄腐爛。」

一切突然都變得一清二楚。「我只是不敢相信自己會上當，」克莉絲汀後來說。「我從來不是那種會被詐騙拐到的人。」

幾乎每一個栽在維卡幣上的投資人，都歷經了克莉絲汀式的恍然大悟。那是一種身體可以感覺到的，非常真實的過程。蕾拉．比甘姆滿腦子只想著她的上線跟朋友賽勒是個「混蛋王八蛋」。她覺得失望、噁心、焦慮，覺得被人從背後捅了一刀。她對著電話那一頭又哭又喊，要求把錢還來，但當然一點用都沒有。「我怎麼會都沒仔細調查過就把錢丟進去？」她一次次捫心自問。但失去錢就算了，重點是她人生的整個前途也跟著煙消雲散。「我的末日到了，」緊接著知道被騙當下的生理反應，湧上來的是一種更可怕的意識。

金字塔詐騙會鼓勵人去召募下線，尤其是他們身邊的家人朋友。大部分的維卡幣投資人不論是在何時想通，都非常氣憤於那些召募他們的人，但他們也會隨即意識到自己也招募了一些人。我要怎麼跟那些被我召募的人解釋？他們會開始想。他們會跟我一樣生氣嗎？「我感覺自己害了全家族的人。」蕾拉後來說。

第三十二章

合作

《洛杉磯時報》曾經稱呼位在曼哈頓鬧區的大都會矯正中心（Metropolitan Correctional Centre）是「紐約版的關達那摩」（Guantanamo；美軍在古巴用來關押恐怖分子的監獄，曾因為刑求戰俘而惡名昭彰）。這棟十二層樓的建物關著近千名受刑人，但這裡其實是個又髒、又壓迫、又人手不足的鬼地方。小到不行的牢房裡常有鼠輩橫行。多年來都有人在推動要改革那裡的環境，但受刑人的人權顯然不容易得到社會上普遍的關心。

大都會矯正中心的新住戶編號77737112，名字是康斯坦丁．伊格納托夫。

康斯坦丁在洛杉磯被捕的隔天，一名加州區法庭法官判決康斯坦丁應該被羈押並送往紐約，也就是他最早被起訴的地方（出於歷史與政治的因素，高調的白領犯罪大都由紐約南區主導偵辦）。三週後，康斯坦丁人已經坐在牢房裡，納悶著這是發生了什麼事情，跟自己接下來會去哪兒。

他可能根本不知道賽巴斯琛・葛林伍德也在同一棟矯正中心裡，而且牢房就在幾條走廊以外。

康斯坦丁決定會用抗議來表示自己的無辜。他一抵達大都會矯正中心所做的其中一件事情，就是前往二樓的安全電腦那裡，發電郵給他的未婚妻與母親，告訴他們自己沒有做錯任何事情。他們給康斯坦丁聘了錢能買得到最頂極的辯護律師，傑佛瑞・李奇曼（Jeffrey Lichtman）。自從他在二〇〇〇年代中期，替紐約黑幫老大小約翰・葛提（John Gotti Jr）遭控恐嚇取財一案，爭取到無罪釋放後，李奇曼就有了紐約最強刑事案件律師的稱號。當綽號「矮子」（El Chapo）的毒梟華金・古茲曼（Joaquín Guzmán）在二〇一八年落網時，他請的律師也是傑佛瑞・李奇曼。

李奇曼的首要任務是，把康斯坦丁弄出大都會矯正中心。他提出了嚴格到不能再嚴格的交保條件：全天自費武裝戒護，兩千萬美元的個人保釋金，包含八百五十萬現金，不用手機，加上二十四小時的全球衛星地位系統監控。他敦促親友寫信支持他（他父親普拉門在信中表示，康斯坦丁在他病倒後很用心照顧他。「要不是他，我根本沒辦法好好養病……即便是在我動完手術後復健期間，康斯坦丁也一如既往地照顧著我、他母親，還有他自己的家庭」）。

檢方反駁說，再嚴格的交保條件也攔不住康斯坦丁潛逃。他實在太有錢，人面也太廣——不信看他姐姐就知道了。法官採信了檢方的看法，並在二〇一九年六月駁回了康斯坦丁的交保申請。這是連馬多夫沒有的「待遇」。

在檢視過遭到的指控與不利的證據後，李奇曼告訴康斯坦丁說，他若想要見到自己的伴侶，有一個選項是：做出認罪主張並與檢方合作。否則他將遭到起訴並輸掉官司。針對他提出所有為姐姐進行的辯護，聯邦調查局都能拿出相應的電郵、電話錄音、私人訊息，來見招拆招。美國政府得理不饒人地在他被捕時原有的「合謀進行電匯詐欺」罪名上，又加上了「電匯詐欺」、「合謀進行洗錢」與「合謀進行銀行詐欺」等罪名。這林林總總加起來，可以讓他在牢裡待上九十年。

有關當局願意接受有罪的陳述。康斯坦丁並不是這個團夥中最大條的漁獲，而且他的證詞確實有助於他們辦案。他們告訴康斯坦丁說，跟我們合作，你說不定還有機會與家人重聚。我們甚至有辦法讓你加入證人保護安置計畫。

康斯坦丁從小就很崇拜姐姐。他心目中的茹雅是他最好的朋友，即便她會一天到晚吼他。[1]與美國政府合作意味著他要把真相一五一十地說出來——區塊鏈、維卡幣的訂價、費內羅基金、烏干達之行。但愈多關於維卡幣的證據被攤在他面前，尤其是茹雅與賽巴斯琛之間早期的電郵往來，康斯坦丁就愈發意識到，茹雅之前說的那句「我會消失並甩鍋給別人」是什麼意思：他，就是那個要背鍋的人。

沒有人可以在大都會矯正中心的環境中不崩潰。二〇一九年八月，也就是康斯坦丁入獄的四個月後，投資家出身的性犯罪者傑弗瑞・艾普斯坦（Jeffrey Epstein）在幾道牆外的牢房內上吊自殺。二〇一九年十月四日在律師在場陪同下，康斯坦丁對所有的罪名認罪，並且簽署了合作協議書。作為交換到他希望能獲得的減刑，康斯坦丁同意轉為紐約州的證人。

簽下認罪協議，你就簽掉了所有的籌碼。「合作」這兩個字有點誤導，比較精準的說法應該是「任人宰割」。美國檢方要傳喚你就傳喚你，要推你出庭就推你出庭。只要他們哪怕有一丁點懷疑你沒老實交代案情，協議馬上失效。你也無從確定自己能否獲得減刑，因為那是等你「合作」完，才會由某個法官判定的事情。簽下協議意味著把自己交到司法體制手裡，包括你的人身安全。「本人已瞭解，伊格納托夫與本司的坦誠合作將可能揭發特定人士的活動，進而導致這些人士以暴力、強制力與恐嚇手段，去對付伊格納托夫本人、他的家庭與親友，」協議上如是寫道。

1 Konstantin Ignatov bail application letter, United States v. Konstantin Ignatov, S7 17 Cr. 630 (ER), Document 91, 28 June 2019

但這實際上對康斯坦丁的意義是，不久後他必須出庭作出不利於馬克．史考特的證詞，甚至之後還得出庭指控賽巴斯琛．葛林伍德。

而要是茹雅哪一天落網，康斯坦丁也要指控自己的親姐姐。

第七部

失蹤的加密貨幣女王

第三十三章

女王失蹤記

二〇一八年十一月，也就是康斯坦丁被捕的幾個月後，我收到一封電郵，寄自英國廣播公司一名廣播紀錄片製作人，她叫做喬治雅·凱特（Georgia Catt）。當年稍早某晚，她與她的伴侶跟幾個朋友出門聚餐，結果其中一名男性友人提到，他剛買進了一款「前景可期的新加密貨幣」。他甚至推薦大家都考慮買一點。但他們很快就意識到這東西——即便在宛若拓荒時期西部的幣圈裡——也感覺不太對勁：錢不能提領，只是靜靜躺在投資人的帳戶裡；開著藍寶堅尼的業務員，對加密貨幣的科技一問三不知；各種活動辦得像宗教大會，宛若劉姥姥逛大觀園的投資人看起來就是素人，一點也不像是一般會對加密幣感興趣的科技宅。還有最重要的是，這種加密幣背後那個謎樣的前瞻者，已經超過一年沒有公開現身過了。

接著的六個月，喬治雅開始迷上了這個謎，她想知道實際上發生了什麼事情——為什麼這麼多人對這個她們花不了的加密幣，深信不疑——但又對已經上鉤者的說詞，半信半疑。她還意識到這個故事很適合她用來切入加密貨幣這個小眾、且玄之又玄的世界。她的編輯菲利普·賽拉司（Philip Sellars）也有此意。於是，在接下來的幾個月裡，兩人就一起深挖了這個題材。

喬治雅讀了我以比特幣為題所撰寫的一些文章與著作，並跟我提到了維卡幣與其失蹤的創辦人，「茹雅博士」。最終她徵詢了我的意願，問我想不想與他們組隊調查，並找出失蹤的加密貨幣女王。

就這樣在二〇一九年一月，我們開始投身英國廣播公司《失蹤的加密貨幣女王》的Podcast節目製作，但當時我們都沒想到，這一頭栽下去會栽得這麼深。此後的三年，我們都在世界各地跑來跑去，只為了拼湊出詐騙的全貌，也為了找出其幕後主使的足跡：我們去了當然不可能不去的索菲亞與維卡幣總部；去了索佐波爾，看那艘價值六百九十萬歐元、且有凶神惡煞看守的遊艇；去了阿姆斯特丹近郊，看伊格爾·阿爾伯茨那棟八層樓的宅邸；去了蘇格蘭，訪問把父親的遺產都虧在維卡幣上的珍·麥可亞當；去了烏干達，找那個閃閃躲躲的牧師弗列德·恩塔巴奇對質，並約了丹尼爾在她母親居住的小村子裡見面；我們去了瓦爾滕霍芬鑄件工廠，也見了該工廠怒氣未消的工會負責人卡洛斯；我們去了羅馬尼亞首都布加勒斯特，殺到一場超大型維卡幣活動的現場，還不知怎地講到他們放我們進去。我們檢視了數百份流出的文件，訪問了可能也有幾百人。他們都想保持匿名，包括一名聲音沙啞的收債人員，他花了幾個月在南亞追蹤被偷走的維卡幣資金，但不肯告訴我們他姓誰名啥。

我們想瞭解如此膽大妄為的一場詐騙，為何能讓這麼多人買單，想瞭解維卡幣的上線，是如何用一本正經的科技胡話與大餅去蒙蔽投資人。但比起這些，我們更想知道，那個在二〇一七年十月二十五日搭上瑞安航空FR6300班機，從索菲亞飛到雅典的茹雅，她後來怎麼了？

想把不想被找到的人找出來，意外地非常仰賴愛管閒事的民眾充當眼線。每個禮拜，喬治雅跟我都會收到民眾的目擊與密報，在我們的podcast播出後，茹雅的長相也遍布在網路上之後，變得格外明顯。當中，有些恐怕是維卡幣的支持者要混淆我們的視聽，誤導我們的追查方向。比方說，有個流傳甚廣的謠言是茹雅逃到了貝里斯，現在大大方方定居於巴西。我們花了好幾個禮拜追查的一條線索出自一名建商，他信誓旦旦地說，他在北倫敦一棟他負責裝修的豪宅中看到了茹雅，而這說法恰好能對得上倫敦希斯洛機場一筆可信度極高的目擊紀錄，只不過在深挖之後，我們發現那棟豪宅的主人，其實是一名乍看之下神似茹雅的俄羅斯富豪。一名塞爾維亞的前政壇人物向我們表示，茹雅一直藏身在塞爾維亞，受到有力政客的庇護。但他拒絕透露更多，除非我們能拿我們已知的情報與他交換。茹雅的一名老友表示，她人根本就在我們參加過的一場羅馬尼亞的活動現場，只不過當時她察覺到角落有兩名手拿麥克風的英國廣播公司記者，所以就改從幕後進行操控。追查線索偶爾是件非常傷神的事情。我曾必須刪除社群媒體帳號，抹消網路上所有關於我私生活的點點滴滴。而雖然喬治雅跟我已經嚴控了在網路上的安全措施，包括我們僅透過加密的即時通訊APP與安全的電郵系統聯絡（這點很諷刺地跟茹雅一樣），但我們還是經常感覺如坐針氈。可怕的是，在我們podcast播出當天的凌晨三點，有人開始在我家門口猛敲門並大吼大叫。「他們已經找到我了嗎？」我對著睡夢中的伴侶大喊，然後瘋狂地撥起九九九報案。結果只是有人搞錯房子而已。

我們知道維卡幣的傳銷業務員不會樂見我們的行動，因為他們當中有不少人，在我們調查的同時還沒放棄販售。想當然耳，他們會窮盡各種辦法來扯我們的後腿。在第一集節目播出後，維卡幣總部就發動了旗下業務員，對英國廣播公司大舉抗議我們的做法對他們有失公允。我們倒是不以為意：這只是更加證明了維卡幣果然對其信徒有著邪教般的掌控力。真正讓我們有點介意的是，隨著節目登上國際podcast的收聽排行榜，一個名叫傑姆斯國王（King Jayms）的高階維卡幣上線，拍下了自己開槍的影片，並在旁白中說，「名字我就不說了，但你們心裡有數，我說的就是你們。」影片下的一則訊息說到：「假設我看到找維卡人生碴的酸民。」[1]在跟千百萬人說了維卡幣是個巨大的龐氏騙局後，我想我跟喬治雅，毫無疑問是酸民中的酸民。

絕大多數來接觸我們的，都是自身賠過錢的前投資人，他們很感激我們願意嘗試挖掘真相。但他們告訴我們的幾乎都是同一件事情：**維卡幣還沒有結束，大家還在投資，大家還在為了維卡幣傾家蕩產**。他們說得沒錯。在二〇二〇年中，茹雅的母親薇絲卡出來主持了維卡幣在羅馬尼亞的一場盛大活動，並在活動中承諾，會再次讓維卡幣的電商網站Dealshaker復活。臉書與Whatsapp上都還有一大堆人在推廣維卡幣，或是在替不久後的研討會打廣告。錢往哪裡流？茹雅還在某個地方祕密操控一切嗎？沒有人知道。維卡幣就像恐怖片裡，那頭怎麼樣都死不了的怪物。

找出茹雅並避免繼續有人被當肥羊，開始感覺像是一體兩面的目標。只要茹雅還逍遙法外，信徒就會繼續懷有希望。他們就會宣稱她根本沒有被起訴任何事情，甚至終有一天會回來搞定一切。而在那之前，我們的所有報導都得不到他們的重視，因為我們將只是他們口中的「假新聞」，是「BBC的宣傳」。**雖然茹雅沒有親自出面，但她仍對許許多多人充滿了影響力，由此似乎唯有把她揪出來，才能將維卡幣這頭怪物一刀斃命**。在與喬治雅聯手開始製作這個系列之時，我完全不真正覺得我們有機會找到茹雅博士，但如今我感覺找到她是我們的責任。

在想找出某人的時候，記者常做的第一件事就如那句俗話所說的，要「跟著金流走」，也就是以錢追人。但這一招在此例中派不太上用場。茹雅的公司與銀行帳戶網絡遍布在地表上、幾乎所有屬於灰色地帶的司法轄區內。

雖然政府經常大張旗鼓的說，要掃蕩不透明的企業行徑或避稅行為，也會為此高調地宣誓決心，但有錢人要像松鼠一樣把錢像栗子一樣藏起來，依舊難度不高。但凡查起來，茹雅每一家在杜拜的公司，都是一條死巷，我們頂多能知道人頭的姓名，但那些人都是收了錢來當白手套的無名小卒，為的就是讓茹雅不出現在公開文件上。RISG與維卡幣有限公司的所有權，都屬於沒沒無聞、也無從追查起的巴拿馬素人（事實上，當茹雅與謝赫・阿爾・卡西米進行她的比特幣交易時，那過程也是透過她的「猴群」或「無名小卒」，一個叫希薩・德葛拉希亞斯・桑托斯，另一個叫瑪里希拉・雅斯敏・希蒙斯・黑伊）。

作為茹雅計畫核心的雷文爾杜拜公司與雷文爾資本公司，兩家公司的董事都是在必勝客打工的湯瑪斯・克里斯托杜魯。她在馬爾他的祕密博弈公司，可說做到了刀槍不入，你怎麼查，都會查到一家在庫拉索的信託公司，然後就沒了。她在倫敦的頂樓公寓是在根西

---

1 'OneCoin/OneLife leader King Jayms shoots: "pretending I see the OneLife haters"' (YouTube, 5 October 2019): https://www.youtube.com/watch?v=g6SuUfUiwzU

（Guernsey，英吉利海峽上的島嶼，為英國王室屬地）一家海外公司的名下，而這家公司又以董事身分，持有另外三家根西公司，分別是：阿基坦服務有限公司（Aquitaine Services Limited）、瑟提多爾（Certidor）公司與狄奧多里克（Treodoric）公司。

以錢追人，我們追到的只會是必勝客的店經理、公司設立代理人、還有一間間空殼公司。

這讓人非常惱火。茹雅無所不在、但又讓人四處撲空。謠傳與推測滿天飛，但就是沒有誰能拿出實證。要照片沒有，要文件更免談。沒有一個人願意「有憑有據」，負責任地說點什麼。

還有一點很不利於我們的是，茹雅的外貌幾乎可以確定已經改變了。茹雅從二〇一五年中起就開始動手術整形，跑路時的她，就已經跟三年前偕賽巴斯琛與尤哈創立維卡幣的她，判若兩人了。倫敦一名頂級的整形外科醫師跟我們解釋說，以茹雅的財力要花錢買新顴骨、新下巴、新鼻子、新嘴脣，都太容易了。雖然仔細看，仍能看得出來是誰（前提是知道自己看的是誰），但匆匆一瞥，她被誤認為誰，一點也不奇怪，至少醫師是這麼說的。一名處境恰到好處的線人告訴我們說，到了二〇一八年初，茹雅已減掉了好幾磅的體重，染成了一頭金髮。更糟糕的是：她多半用假名與高仿的假護照在四處旅行，那可能是她在消失前的夏天，按法蘭克·史奈德的建議購入的吉爾吉斯外交護照，也可能是她從貪腐邊境官員處買到的新保加利亞護照。

我們還必須考慮到茹雅已經遇害，所以我們在追的只是一個鬼魂的可能性——那代表我們找到的連結與線索，其實都不存在。或許某個憤怒的投資人搶在有關當局前找到了她。還有一個一直存在的謠言是，她上頭還有「她的老闆」：俄羅斯黑幫或保加利亞犯罪集團。這些犯罪分子或許一早就看上了闖出名堂的維卡幣，然後將之用來洗錢——必要時，就把茹雅除掉，反正他們本來就殺人不眨眼。雖然這種發展始終沒有任何有力證據出現，但考量到她是誰、跟都幹了些什麼好事，我們實在無法將這種可能性排除。畢竟像茹雅這麼高調的人物，竟能隱身到這麼徹底，想想也挺不可思議。

有件事大家可能不愛聽，但每年都有數百名罪犯能像茹雅這樣逃脫法律制裁，並逍遙法外。歐洲刑警組織、英國嚴重及有組織犯罪調查局、聯邦調查局的通緝要犯，名單上列有數以百計、目前仍在逃的嫌犯。克羅埃西亞人馬可．尼科利奇（Marko Nikolić）是兇殺案的共犯，且已經從二〇〇一年被通緝到現在；罪證確鑿的澳洲殺人犯提博．佛可（Tibor Foco）從一九九五年逃獄成功，至今仍下落不明。有些犯罪者遠走高飛，消失在遙遠的外國，有些則改頭換面，以新身分在不太遠的地方融入人群生活。夏恩．歐布萊恩（Shane O'Brien）於二〇一五年，在倫敦殺害了賈許．漢森（Josh Hanson）後搭私人飛機逃離了英國。這之後有三年的時間，他靠假身分、新頭髮與新刺青的掩護，在歐洲四處出沒（他最後在二〇一八年向羅馬尼亞警方自首）。還有些犯罪者會倚賴強大的靠山：德國電子支付龍頭威卡（Wirecard）公司的前營運長詹恩・馬薩列克（Jan Marsalek），從二〇二〇年六月失蹤至今，並被認為是在莫斯科接受「格魯烏」（GRU，即俄羅斯軍事情報局）的庇護。再怎麼鋒芒外露的罪犯，也不難蟄伏個幾十年。馬泰奧・梅西納・德納羅（Matteo Messina Denaro）這名義大利黑手黨的教父，號稱「老大中的老大」（capo dei capi），已經從一九九三年逃到現在，並被認為仍居住在他的西西里島老家。義大利警方獲得的線報後，促成德納羅在二〇二一年九月於荷蘭海牙被捕，外界叫好聲不斷，但事實證明，這是一場搞錯人的烏龍。警方抓到的「德納羅」，只是一名一級方程式賽車的車迷，來自利物浦。

專家表示，這當中的難點是「紀律」：你必須盡可能避免與親友接觸，必須與公部門保持好距離，必須時時警覺不能露出自己的本性。但只要你能集嶄新的身分、雄厚的財力與鋼鐵的意志於一身，那不要被抓，並沒有想像中困難。

但就怕你一個不小心誤判，這一切就會破功。而話說到底，沒有人不犯錯。

慢慢地，喬治雅跟我總算能拼湊出她在飛抵雅典之後大概的行動輪廓。那中間有斷點，也有未知之謎，但在仔細評審視過各種目擊、傳言與密報之後，我們在二〇二〇年底有了一份工作底稿：一份代表我們「極致推測」的文件。

當二〇一七年十月二十五日早上，茹雅在雅典國際機場跨出那架瑞安航空班機後，她首先駕車（也可能搭機）前往了北希臘的塞薩洛尼基，她是那兒一間大型菸草工廠的股東。

她在塞薩洛尼基待了兩天。其中她或許走訪了風景美如畫的舊城區，也許騰出了時間去時尚的齊米斯基斯大街（Tsimiski Street）血拚。甚至於她可能去巡視了自己的工廠，到處走走看看。

接著她做了一件誰也料想不到的事：她掉頭回到了保加利亞。一個可能的情境是，「古柯鹼之王」赫里斯托佛洛斯．「塔基」．阿曼納提迪斯協助，安排她安全搭車穿越了兩國間一條著名的走私要道（塞薩洛尼基就位在這條從雅典與索菲亞的路上，距離保加利亞邊境不到一百公里）。希臘／保加利亞的交界處，是歐洲一處主要的香菸走私熱點——那兒的人口走私也非常猖獗）。

我們不認為此時的她已經計畫要人間蒸發，我們認為她只是想讓人誤以為她出國了，這樣她就可以低調待在保加利亞。她在保加利亞國內，有大批「喊水會結凍」的人脈，還有可以供她狡兔三窟的許多不動產，包括索佐波爾的那棟豪宅。她大可在那些地方高枕無憂地規劃下一步。[2]

2 第二種可能性是她從雅典轉機到了賽普勒斯，因為那兒住著她手下雷文爾杜拜公司與兩名雷文爾倫敦公司的「老闆」。她有可能從賽普勒斯前往北賽普勒斯，那兒是知名的逃犯大本營，主要是北賽普勒斯與歐盟或美國，都沒有引渡條例。

但就因為德國警方在二〇一八年一月突襲了索菲亞的維卡幣總部，改變了茹雅的想法，她不再覺得保加利亞是她心目中的避難天堂。有關當局顯然，不會善罷干休——而且用狙擊鏡瞄準她的還不光是美國人。德國作為歐盟老大，挖出她區塊鏈詐騙的真相，只是時間早晚的問題。

接下來的幾個月，茹雅被多次目擊在杜拜現身——有時是在豪華的賣場，有時是在餐館，有時是在私人遊艇上。不算倫敦與索菲亞，杜拜是茹雅待得最自在的地方。她從二〇一四年以來，時不時就會來這住一下，由此她甚至還擁有當地的居留證，並在非富即貴、且保加利亞大戶雲集的朱美拉棕櫚島（帆船酒店就在附近），購入了一層五千平方英尺（約一百四十坪）的豪華頂樓公寓。她是如何從索菲亞移動到杜拜，我們不甚清楚——可能是搭私人噴射機，因為那趟航程不過區區五小時。部分消息來源跟我們說，在這個階段，她在杜拜過著相當招搖的生活，似乎很有把握就算德國或美方知道了她的行蹤，她也沒有擔心的理由。而她會這麼有恃無恐，是因為引渡的機率趨近於零。美國偶爾會把犯罪者從這片新興的「犯罪者海岸」（Costa del Crime；舊的在西班牙東南沿海的觀光區）成功引渡回國，但那更是例外而非常態。

前聯邦調查局特別幹員凱倫．葛林納威（Karen Greenaway）花了二十年調查跨國組織犯罪，她對這個黑暗世界聊若指掌。凱倫判斷茹雅若人在杜拜，那聯邦調查局「完全有可能」

已經掌握她在那裡的家。但即便如此，他們也不能衝進去逮捕她。如果茹雅在那裡大撒幣，而且又沒有在當地惹出什麼麻煩，那考量自身利益的杜拜，並沒有理由把她交出去。再說，若她的人脈中存在有力人士——像是卡西米——那聯邦調查局提出的司法互助申請，就很有可能被壓在某間辦公室的一大疊公文下，石沉大海到底。「這種事一點也不稀罕，」凱倫說。「聯邦調查局不可能凌駕（在茹雅可能擁有的任何一座靠山）其上。我是過來人。」

二〇一八年的茹雅若真以杜拜為家，那康斯坦丁或薇絲卡既不擔心也不生氣，就說得通了。

但如果她真的待過杜拜，那她確切是待在杜拜的哪裡呢？

第三十四章

杜拜的豪宅

喬治雅跟我聽說過，茹雅在市區的某處坐擁一棟祕密宅邸，那是位在私人院落內的一處奢華住宅。後來，某次出庭時，康斯坦丁提到有座「杜拜豪宅」要價「兩千萬迪拉姆」，他甚至說自己去過那兒一回。私人院落裡的杜拜豪宅，完全是像茹雅這種人會想去躲藏的地方。問題是，沒有人知道豪宅的確切位置。

二〇一八年二月十五日，就在康斯坦丁從姐姐手中接下公司大位的同時，他在自己的IG帳戶上發了一張自拍。康斯坦丁經常在IG上發自拍照——靠著他有型的下巴與運動員的體格，他一度考慮過當男模。自拍裡的他，一件黑色T恤、一頂棒球帽，還有一身現代自拍常見的性感火辣姿勢。「剛起床，訊息已經兩百多封，」他寫道。「大家真的很三八耶。進入壽星模式！」那張照片標記的地點是保加利亞，索菲亞。

但在遠景你可以看到摩天大樓，包括其中一棟看起來像開瓶器，另外也看得到清真寺的尖塔。整體來說，那地方看起來沒那麼像巴爾幹半島，反而比較像中東。會不會康斯坦丁其實人在他姐姐的祕密豪宅裡？那張自拍感覺使用了長鏡頭。但我又一次注意到了日期：二〇一八年二月十五日。當二〇一九年的康斯坦丁在舊金山機場被攔住時，聯邦調查局在他筆電裡，發現了一份明顯是茹雅親簽的授權書，而且簽署日期是二〇一八年二月八日，剛好比自拍照早一個禮拜。[1]

我們找來了一名英國廣播公司的開源碼專家，名叫阿利奧姆．勒羅伊（Aliaume Leroy），請他幫我們看一下照片，須知就連看似人畜無害的社群媒體貼文，偶爾都內含有珍貴的數位「麵包屑」，阿利奧姆就是這類能抓出蛛絲馬跡的專家。

阿利奧姆首先用標籤標註出康斯坦丁照片背景中的每一個影像：每一棟建物、每一棵樹、每一座湖跟每一道牆。接著，他鉅細靡遺地用Google與Yandex[2]的反向影像搜尋功能，去找符合的畫面。結果他三兩下就發現那棟「開瓶器」不在索菲亞，而在杜拜，它真正的身

1 後來康斯坦丁在法庭上宣稱，他以為那多半是份假授權書：由伊里娜．迪爾琴絲卡所偽造。既然康斯坦丁認為那是假的，他將之存在筆電裡是所為何來？

2 俄羅斯第一跟世界第五的搜尋引擎。

分是朱美拉湖塔之水岸社區中的阿美斯科塔（Amesco Tower）。阿利奧姆唯一的撞牆期發生在這之後的幾個小時，主要是他怎麼都想不通，何以阿美斯科塔週遭的摩天樓跟他的想像對不上——直到他恍然大悟，這是一張自拍照。康斯坦丁是用手機的前鏡頭拍下這幅畫面，所以這是一幅鏡像。突破之後，他靠專業版Google Earth的衛星影像與基本的幾何學，對比出了其他每一棟看得見的建築，並計算起了康斯坦丁可能的「視線」。他從建築群追到湖畔、樹林，再追到圍籬，一公尺一公尺縮小了搜查範圍。在不眠不休地當了好幾天鍵盤偵探後，他寄了一封有密碼保護的文件給我。

「好消息，」他這話說得實在太客氣了。他的文件裡有杜拜泉水社區第一區（Springs 1；泉水社區內共有十四個小區）內的一個詳盡地址。「康斯坦丁的照片是在後花園拍的。」

「什麼？」我說。「竟然……」準確的地址著實超乎了我的期待。

「很多人都不知道我們靠一張照片可以知道多少事情，」阿利奧姆解釋說。「我第一眼就知道住址了。」聽他那麼說，我再也沒有在網路上發過任何一張照片。

根據對開瓶器大樓工程進度的分析，阿利奧姆甚至可以判斷出康斯坦丁是在何時拍的照：二〇一七年九月到二〇一八年二月十五日之間的某個時間點。換句話說，這照片很有可能是在茹雅消失後所拍。

有了地址這項武器，我們進一步找出了房仲在二〇一六年把這戶房子丟出來賣的資料——它就是在二〇一六年被賣給茹雅。這個物件是一棟六千七百平方英尺（約一百八十八坪）的別墅，有五房，無邊際泳池一座、水中酒吧（服務生會從池邊挖空處站著，服務泳池中的酒客，這樣雙方的高度就不會有落差）。開價是一千七百萬迪拉姆——數字上非常接近康斯坦丁後來在法庭上提到的兩千萬。我們還發現，有不完整的杜拜不動產登記書被洩漏到暗網上，而看得到的部分中很幸運地，就有我們查到的同一個地址，而登記書上面的屋主名字是……賽巴斯琛．葛林伍德。茹雅與賽巴斯琛在公司內部會偶爾互用對方的名字，包括在杜拜的公司也是。

就靠著ＩＧ上一張不經意貼出的照片，我們掌握了杜拜一棟祕密宅院的地址，知道了康斯坦丁曾在茹雅消失的數週到數月後去過那裡，還查出了那宅院，在名義上屬於茹雅生意上的親密戰友。

這是我們一路走來所推敲出最有利的線索，但這並不是一個確切的結論。有種可能是康斯坦丁是在杜拜拜訪賽巴斯琛或維卡幣辦公室人員，而茹雅是經由中介者之手安排了弟弟住進她的豪宅。根據現有的證據——授權書上的日期、蓋瑞．基爾伏明確表示，康斯坦丁說過，他見到了茹雅本人，還有外界盛傳，茹雅那段時間人就在杜拜的說法——另外一種可能性是，康斯坦丁在二〇一八年出去到了杜拜，並從親姐姐手中拿到了授權書。

地點換成英國，我們早就跑去那地址盯梢、觀察是哪些人在進進出出，然後大敲其門了。但在杜拜我們不方便帶著麥克風去門口堵人。根據「世界新聞自由指數」的排行，阿拉伯聯合大公國在新聞自由與批評統治者的自由上，名列第一百三十一名；騷擾居民或甚至臥底調查事情，可能會讓記者陷入牢獄之災。信賴的同事跟熟悉當地的記者朋友，都明智又不失堅定地叫我們別去。如果茹雅勾結或買通了當地的官方，他們說，那杜拜的警察肯定會在我們還沒通關前，就羅織罪名把我們抓起來。而且怎麼看她都有人罩。繼杜拜各銀行於二〇一五年凍結茹雅資產之後，一名公訴檢察官在二〇一六年十二月發出了對茹雅的拘捕令，只不過這命令始終沒有獲得執行。茹雅甚至在她的頂樓公寓跨年到二〇一七年，也沒人找她麻煩。

我內心有一點想要把同業的建議當耳邊風：我可以假裝是觀光客，在高檔的酒吧或香奈兒專賣店裡晃來晃去，說不定就能遇到她出來掃貨。但不論我多想找到茹雅，我都還是做不到把一切豁出去。保加利亞犯罪集團、前特務、把我當成眼中釘的維卡幣傳銷網，已經讓我寢食難安了——我可不想再把杜拜情治機關給加進來。再者，跑這一趟的意義不大，因為那棟豪宅深鎖在私人院落裡，還有私人保全重兵把守。我們嘗試透過中間人去替我們探探那裡的虛實——但我們唯一的收穫，只是那裡的垃圾桶偶爾會更換。我們接觸了那兒的近鄰、民間徵信社、前住戶，甚至是在地做 Airbnb 的民宿業者：沒有人願意多嘴。我們甚至用送餐 APP 送了些 Krispy Kreme 的甜甜圈過去，然後用手機跟正大力敲著前門的外送員通話——結果沒人應門（事實上直到今天，我們都不確定那棟豪宅是否還屬於茹雅或賽巴斯琛——搞不好它早就被賣給別人了）。

但在杜拜的保護傘也不可能持續到永遠。根據前聯邦調查局的特別幹員凱倫・葛林納威表示，就算茹雅在二〇一八年時人真的在杜拜，她恐怕也在康斯坦丁於二〇一九年三月遭到聯邦調查局逮捕後（她自身遭到起訴之事，也在同一天公布）有了不一樣的盤算。她與卡西米的關係有可能在此期間生變。野心勃勃的謝赫在嘗試解凍茹雅的銀行帳戶但未果之後，他把公司總部遷走、並讓自己成為獨資股東。[3]杜拜商業法庭的歸檔資料顯示，阿爾・卡西米的下一個動作，就是把茹雅在二〇一五年把公司賣給他時，交給他的支票拿去兌現。茹雅發現這事後，取消了給他的授權書。二〇一九年，兩人的糾紛在杜拜進入了司法程序。[4]官司

---

3 'Amendment to the Memorandum & Articles of OneCoin Limited'. Dated 28 February 2017, stamped 1 March 2017. 這個案子也在杜拜商業法庭（二〇二〇年的）第七二四號案件的法庭紀錄副本中有所說明。法庭檔案中明確提及，茹雅從卡西米處收訖二十三萬枚比特幣，而這筆收入正是屬於銷售協議中的一環。

4 截至我行筆至此的同時，最近的一次聽證會辦在二〇二一年五月二十六日。茹雅・伊格納托娃是原告，阿爾・卡西米是被告。顯然代表茹雅出席的律師主張，二〇一七年二月二十八日的銷售合約（阿爾・卡西米藉此成為維卡幣有限公司獨資股東的那份合約）應該作廢。在我寫到這裡的同時，茹雅根據銷售合約所交出的那三張支票（總額二點一億迪拉姆）尚未兌現；而不論最終法院裁定誰才是維卡幣有限公司的合法所有人，那人都可以動用這些資金。目前我們還不清楚，茹雅本人是否親身涉及這個案件。

纏身加上又是美國的通緝犯，茹雅不是沒可能最後一次下定決心，她必須要設法脫身。

有個十分挑逗人的可能性是，杜拜當局一看到逮捕令就把茹雅扔進了牢裡，所以茹雅現在成了籌碼被掐在杜拜手裡，而杜拜政府正在思考，將她引渡赴美對他們有沒有好處。也許她不肯交出謝赫的比特幣密碼——所以她對杜拜來說，還有價值。這並不能排除杜拜祕密豪宅的存在，但二〇一八年的茹雅，把豪宅當避風港的可能性就小了很多。而這麼一來，我們就只剩下最後一個，十分不可思議的可能性。

第三十五章

自由

大約五百年前，就在國際貿易與重商主義開始擴張的同時，出現了一個大問題：沒有人知道大海歸誰管。一個大致的共識是沿岸的水域——大約是岸上一個砲彈打得到的範圍內——由最近的國家管轄，但除此之外，就是比誰拳頭大了。一六〇九年，荷蘭與西班牙正為東印度群島的香料與絲綢市場僵持不下，哲學家雨果．格勞秀斯（Hugo Grotius）提出了大海不應受到司法管轄的看法：「神用來將地表包圍住的大海，可以從東南西北的任何一邊航行通過，須知平靜或狂放的風勢，也不見得都會從同一個角落吹來，甚至有時候會同時從各個方向一起吹來，」他在《海洋自由論》中寫道，「這不就充分地說明了，大自然已經把海上的通行權開放給了所有國家？」到了十九世紀中期，隨著全球經貿加速發展，「航行自由」成為了公認的國際法原則。一九五八年，聯合國簽署了《公海公約》，將不成文的砲彈射程領海範圍，延長到十二海里。

只要你待在海岸線的十二海里（大約十三點八英里）以外，就法論法，你就是徹底的自由之身：沒有哪個國家管得到你，任何警察也都無權抓你。甚至就算你稍微進入領海一點點，警方執法的成本也極高，要從私人遊艇或豪華郵輪上蒐集情報，更是難如登天。雖然，有少數例外。比方說，在海盜猖獗的區域，但地表大部分的海域，在技術上都是法外之地。

二〇二一年初，就在我們思考著要拿杜拜地址怎麼辦的時候，一個匿名的消息來源聯絡了我們，他表示他的一個熟人在二〇一九年的地中海上的一艘船裡，看到了茹雅．伊格納托娃——但確切的時間與位置，對方記不得了。

像這種「或許」，這種「道聽塗說」，我們原本也不會當回事，問題是回推一年，曾有一名叫艾倫．麥可克林（Alan McClean）的私家偵探建議我們，去找找看茹雅最後被目擊的地點，而我們當時獲得的資訊與這次的目擊情報有對得起來的地方。「她會選擇飛去雅典，不是沒有原因的，」艾倫說。「她圖的是地中海。」艾倫的兩名前同事正好當時在雅典工作，於是艾倫拜託他們拿著茹雅的照片，去那裡的幾家高檔餐廳碰碰運氣。沒想到還真有一家餐廳的員工說，茹雅半年前曾帶著一大群跟班，浩浩蕩蕩地來餐廳用餐。隔天，我們用電郵又多寄了幾張照片給餐廳確認。「我們的員工說，照片裡的女士挺面熟，」餐廳經理說。

「他們都記得這位女士一行人有六到八位。」那個時間點大概是二〇一九年的四月或五月。

不久之後，又一個地點恰到好處的消息來源告訴我們說，茹雅在法國聖特羅佩（Saint-Tropez）附近，被不只一次被目擊出現在一艘繫泊於海上的大型遊艇上，時間是二〇一九年夏天，且偶爾還會搭快艇上岸。

所以，我們最新的理論是：二〇一七年底的茹雅隱居在保加利亞，此前她先飛到雅典，然後又偷偷潛回國內，為的是創造她人不在保加利亞的假象。

二〇一八年，她住在杜拜——因為她有把握自己在那裡很安全。但到了二〇一九年三月，康斯坦丁被捕，她再次驛馬星動。

二〇一九年四月前後，她帶著一小群隨從前往雅典一家頂級餐廳用餐。

同年稍晚，她再次被目擊，地點在地中海上的一艘大船上。

二〇一九年六或七月，茹雅被看到登上一艘快艇，目標是聖特羅佩外海的遊艇。

新聞圈子裡有所謂的「三不」法則：要是有「三」個「不」同的消息來源，都告訴你同一件事，那這件事你最好不要忽略。而現在就是有三個各不相干來源在說著同一件事：茹雅沒死，她先躲在了索菲亞，也可能住過杜拜的豪宅——接著她開始在地中海上與周遭出沒。

她真的有可能以海為家嗎？

茹雅名下有一艘價值六百九十萬歐元的遊艇，但那艘遊艇還好端端的停泊在索佐波爾

（我們不時會與在鎮上的消息來源確認）。只不過茹雅若認真想當個海上人家，她的船就不能太簡陋，六百九十萬歐元等級的船隻會蠻剛好的。全世界有大概一萬艘超級遊艇，像樣點的租金至少十萬歐起跳，我是說一星期。這種超級遊艇上的標配，包括：泳池、直升機起降處、酒吧與主廚。茹雅每一樣都很愛。她是有錢，但她有錢到這種程度嗎？她竊佔的金錢是以百萬元為單位沒錯，但那些錢大都綁在不動產裡，凍結在銀行帳戶裡，或是掌握在由假董事經營的企業裡。她有資產，但這些資產都不是她一個亡命之徒可以說變現就變現的東西。真要在海上享受人生，她得比所有人想像得都更有錢才行，而她還真有可能，就有錢到超乎所有人的想像。

二〇一五年，茹雅與謝赫．阿爾．卡西米談妥了比特幣交易，那在外界眼中是一筆相當單純的買賣。她給卡西米的是價值五千萬歐元的凍結銀行資產，而他給茹雅的是二十三萬枚比特幣，價值也將近五千萬歐元。在當時，比特幣一顆的單價是兩百歐多一點，而且還不少分析師預期會崩到零元。這在當時對茹雅是一場豪賭，但二十三萬顆動得了的比特幣，總是贏過「卡在那裡」的五千萬歐元，至少她是這麼說的。

只不過比特幣沒有崩到零元。等到她在二〇一七年神隱不見的時候，單顆比特幣已經價值將近五千歐。然後到了二〇二〇年，神奇的事情發生了。**隨著世界經濟因為新冠肺炎疫情而陷入停滯，比特幣一夕爆紅成主流。這是由不只一種理由造成的結果。低利率、經濟成長**

低迷、各國政府猛印鈔引發通膨陰影，在在都搞得投資人不知所措。許多人開始捨棄傳統的投資渠道，放眼另類的標的，比方說：加密貨幣。特斯拉的老闆伊隆．馬斯克砸了幾十億美元買加密貨幣，並怒斥傳統法幣是「狗屎」。饒舌歌手Jay-Z與推特老闆傑克．多西（Jack Dorsey）都用比特幣成立了慈善基金。第三方支付服務業者PayPal說，他們將開始支援加密貨幣付款。二〇一六年六月的茹雅在溫布利體育館的倫敦活動上所說的願景，全都成了現實。金錢的未來真的已經到來，而且每個人都想要分一杯羹。

時間來到二〇二一年中，比特幣的單價已經一飛沖天到四萬歐以上：那二十三萬顆就是九十億歐元。在全世界最有錢的罪犯裡面，茹雅至少算得上「之一」。

我們無法確定她是否還握有那些比特幣。也許她早先已經出掉了一部份或全部。也許她將之交給了保加利亞政府或某個神祕的地下幫派來換取庇護。我們試過要在區塊鏈裡追蹤她的比特幣——就像比約恩．比耶克追查維卡幣那樣——但事實證明，那辦不到。茹雅沒有笨到會只分一兩筆，就把二十三萬枚比特幣搬來搬去。我確信她如果有移動比特幣，一定都是點點滴滴慢慢累積。這裡五十顆，那裡一百顆，就這樣融入在每天成交數千筆的比特幣交易中，神不知鬼不覺。

二〇二一年中，喬治雅．凱特跟我請一名叫做羅伯．博恩（Rob Byrne）的調查記者，協助我們追查「地中海遊艇」理論。他接觸了各港口，分析了若干艘超級遊艇的航線，並藉助了專業海洋追蹤軟體的力量。結果沒有任何一艘超級遊艇，在我們鎖定的日期去過我們鎖定的地點（可恨的是，很多私人遊艇都關掉了追蹤器，雖然這嚴格來說是違規的行為）。他甚至在數個遊艇船員的臉書社團中，貼出了好幾張茹雅的照片，詢問有沒有人認得這張臉。他也提醒了這人現在的模樣可能與照片上稍有出入，但就結果而言，就是毫無所獲，直到有一天，他毫無徵兆地收到一筆回應：

「哈囉，羅伯。她在我目前工作的遊艇上。你找她有何貴幹？」

「嘿，」羅伯回覆說。「你百分百確定嗎？」

「是，她人就在這，現在……她每天都在講加密貨幣……她房間裡有三台電腦，但從來不拿到交誼廳用。」

「ＯＫ，你們的船在哪裡？」

「我們在希臘。下錨中。我們稱呼她雅茹。」茹雅的雅，茹雅的茹。

「你有沒有什麼辦法可以確認她人在船上，這件事非常重要。或是給我們船名，還是你們下一站要去的地方也行？」

「對不起我不想讓她惹上麻煩。」

然後就跟很多時候一樣，電話斷了：神祕的遊艇與女人就這樣消失了。下錨在希臘的遊艇有幾百艘，我們不可能一艘艘去確認。

新的情報隨時可能曝光並翻轉一切。遇到茹雅，世間沒什麼事不可能。

也許所有的目擊都是烏龍一場，也許那艘神祕船上的女人是在開一個無聊的玩笑。這個故事裡的任何轉折，都不會再讓我感到驚訝了。只不過在我寫到此處的同時，最言之成理的理論，也正好是最誇張的理論。就在她無數的受害者——那些把她承諾的金融革命當真的投資人——面對到毀滅與心碎的時候，就在那些幫助她脫身的人，面臨到牢獄之災的時候，改名換姓的加密貨幣女王正頂著一張新面孔，漂在公海上，享用著用之不竭的新奇貨幣。她也推了金融革命一把，讓她躋身富豪之列，也讓她得以在由航程串起的一個個地點間，不愁吃穿、還奢華度日。

有種可能性是，她不知為何被困在了某處——也許是為了換取安全，她被迫用她的金融與加幣貨幣知識，去協助犯罪分子搬動金錢，由此她必須像她在麥肯錫上班的時候一樣，終日駐守在三個螢幕前，只為了在比特幣錢包、外匯業者、虛構的馬爾他賭場，還有充當公司門面的人頭之間，讓錢流來流去。

但不論是哪一種狀況，她都會定期上岸，並小心翼翼地跟親近的家人朋友見面，東一頓西一頓地吃晚餐，邊吃還邊回想她瘋狂的人生，也順問問康斯坦丁的近況。她大部分時間都花在思考，有沒有什麼辦法可以見到女兒而不被抓。那麼做很冒險，但她人生做過的事情哪一樣不冒險。一個打扮入時的有錢女人跳上快艇並回到海上，根本不會有人多看兩眼：茫茫人海誰知道誰是誰。就算好死不死有人有點印象或認出她來，她也拿得出所有該有的、正確的資料跟證明文件。無法追蹤，但又無所不在，就跟她號稱是「加密貨幣女王」一樣。

【後記】
審判

雖然維卡幣公司表面上是一家保加利亞企業，但這其實是一個涉及全球的故事。茹雅本身就兼有保加利亞與德國的雙重國籍，甚至她根本是在德國長大；賽巴斯琛・葛林伍德既是英國人也是瑞典公民。維卡幣的元老級上線是以芬蘭人跟瑞典人為主——其中以尤哈・帕爾希亞拉最負盛名。名義上的公司總部在索菲亞，但她在倫敦、香港與杜拜的據點，也都不容小覷。她手下的傳銷精銳是一個聯合國，背景之多元，令人眼界大開：義大利兄弟檔、重生派的美國基督徒、英國籍穆斯林、烏干達醫師、澳洲商人。她名下的公司與資產遍布全球各個司法轄區：馬爾他、法蘭克福、杜拜、索佐波爾、倫敦、開曼群島、佛羅里達。而這正是她的用意。**詐騙是全球性的，但執法單位卻仍被邊界與轄區切割得四分五裂。維卡幣就是利用這些法律縫隙求生存，司法在這方面落後維卡幣好幾年。**

但就在這本書要在二〇二二年春付梓的前夕，司法的腳步總算趕了上來。

馬克・史考特拔得頭籌，在二〇一九年十一月，也就是康斯坦丁與檢方簽下合作協議書的一個月後，接受了審判，地點就在著名的三一八法庭。有著高挑天花板的與木飾板牆壁的三一八號法庭，十分寬敞而氣派，地點在曼哈頓弗利廣場聯邦法院三樓。雖然這是自從馬多夫以來，最大規模的龐氏騙局案，但出席的聽審只有寥寥兩個部落客——新聞界根本興趣缺缺。主流媒體不想報維卡幣這種跟加密貨幣有關的事件——他們覺得太複雜，民眾不會想看。反之，專業的加密貨幣媒體又覺得維卡幣是老掉牙的龐氏騙局，與加密貨幣的關係沒有想像中大。即便到了最後關頭，維卡幣還是具有天然的保護色。

馬克做了無罪申辯，雖然他在審判中一語不發，但他的律師主張馬克是被茹雅所騙，就像茹雅騙了所有人一樣。康斯坦丁·伊格納托夫是檢方的明星證人，連著三天用維卡幣的內幕：那些珠寶、間諜、堆滿現金的公寓、不動產，還有一場場的派對，讓法庭內的人聽得目瞪口呆。茹雅在二〇一七年九月怒飆吉爾伯特·阿曼塔的電話錄音，在法庭上播放了出來，當場讓康斯坦丁承受不住，崩潰落淚。而當他解釋起法蘭克·史奈德是如何祕密錄下吉爾伯特與他太太的對話，卻只發現聯邦調查局的行動時，法庭內的一聲驚呼清楚可聞。後來，在場的一名法院職員說，她聽審聽了二十年，沒聽過這麼勁爆的事情。

陪審團只用了四小時就取得了共識，馬克·史考特的銀行詐騙與洗錢罪名成立。聽著陪審團代表宣讀出判決，他的妻子莉迪雅爆出了哭號。福態、且曬得挺黑的馬克·史考特，倒是相當堅強。他前傾著身體，與欄杆外的妻子擁抱了一下，就被帶出了法庭。在我寫下這些字句的同時，馬克．史考特仍堅稱自己是清白的，並進行著上訴。二○二一年底，史考特的律師指控康斯坦丁．伊格納托夫在馬克．史考特審判中做偽證，並以此為由，申請重審。法院何時會對這項重審動議做出裁定，我們並不清楚。[1]

二○二一年十月，協助馬克．史考特處理費內羅基金事務的助理大衛．派克（David Pike），對合謀犯下銀行詐騙認罪。

接著輪到的是，在二○一七年九月被捕後同意合作的吉爾伯特．阿曼塔。二○一八年一月，阿曼塔對合謀電匯詐騙一宗、洗錢三宗、合謀恐嚇取財一宗等罪名認罪。刑度將於二○二二年四月七日宣判。

賽巴斯琛．葛林伍德現被關押於布魯克林的大都會拘留中心，他被控的罪名，包括：合謀電匯詐騙、電匯詐騙、合謀洗錢、合謀證券詐騙、證券詐騙。他的庭前聽證會排定在二○二二年二月二十四日。這段期間，我始終聯繫不上他或他的律師。

二○二一年四月二十九日，法蘭克．史奈德這名曾任茹雅保安顧問的前特務，遭到法國特種部隊高調逮捕，他們會出動是應聯邦調查局之請。武裝警力包圍了有習慣接送孩子上下

1 Details about the case are available from Court Listener: https://www.courtlistener.com/docket/7829201/434/ united-states-v-scott/

學的法蘭克，還用槍抵住了他車內十三歲兒子的頭。「我以為我們要被當場槍殺了，」法蘭克後來說。[2]二〇二一年一月十九日，法國法院判決史奈德應當被引渡回美國。在我寫到此處的同時，他正在進行上訴。

場景換到德國，畢勒費爾德的檢方在法庭上大秀了一番身手。二〇二〇年十月，法蘭克．瑞奇茨被控提供未經授權的支付服務給維卡幣公司。審判始於二〇二一年九月。在我寫到此處的同時，審判還在進行。同月，律師馬丁．布雷登巴赫被控在茹雅．伊格納托娃購置倫敦頂樓公寓時，涉及洗錢。審判開始於二〇二一年九月。我寫書時，審判還未結束。

二〇一九年十月，康斯坦丁．伊格納托夫根據與美國政府的合作協議做出了認罪申辯。罪名，包括：合謀電匯詐騙、獨立電匯詐騙、合謀洗錢與合謀銀行詐騙。他的刑度宣判被排定在二〇二二年五月十二日。一如他姐姐，康斯坦丁目前也行蹤不明。

當我行筆至此，維卡幣仍持續在世界各地行銷販售。

2 Hennebert, Jean-Michel, 'Frank Schneider pas encore prêt à être extradé' (Luxembourg Times, 23 September 2021): https://www.wort.lu/fr/granderegion/frank-schneider-pas-encore-pret-a-etre-extrade-614c5027de135b92360 15c24; Kaiser, Guy, 'Een Dag aus dem Liewen vum Frank Schneider' (GKOnline, 4 October 2021): https://guykai-ser.lu/een-dag-aus-dem-liewen-vum-frank-schneider-2/

致謝

這本書的寫成有很多人幫了我大忙，但大部分人出於種種原因，恐怕不會希望我在這裡透露他們的姓名。可想而知，很多人不吝於他們寶貴的時間，與我分享了他們的見解：他們知道自己是誰。這一切如果少了英國廣播公司的喬治雅・凱特，肯定都不可能成真，是她第一個告訴我維卡幣的事情，而她的才華也讓數百萬人對這個故事產生了興趣。英國廣播公司的許多同仁，讓最初的podcast節目一炮而紅，特別是：羅伯・博恩、菲利普・賽拉司、瑞秋・辛普森（Rachel Simpson）與傑森・費普斯（Jason Phipps）。我的版權經紀人卡洛琳・米雪（Caroline Michel）總是從早到晚都找得到人，時間不是問題，問題再小也沒有關係。與企鵝藍燈書屋的安德魯・古非洛（Andrew Goodfellow）與蘇珊・康納利（Suzanne Connelly）共事，讓人如沐春風，凡妮莎・米爾頓（Vanessa Milton）讓法律相關資料讀起來出奇地有趣。我的家人與朋友一如往常，讓我永遠不缺安慰、建言與內心的平靜，篇幅夠的話，我會把他們一一列出來。

我想要特別感謝傳銷爆料網與經年累月在站上投稿的網友。那樣的堅持看似言者諄諄，聽者藐藐，但你永遠不知道，他們深夜的一篇貼文可以拯救誰的人生。

最後，我想對把茹雅承諾的財務自由當真而進場的投資人說：**對於你們的損失，我很遺憾。承認錯誤不是示弱，而是真正的堅強。對於有勇氣承認錯誤而開口發聲的每個人，我代表本書全體人員致上謝忱。**

國家圖書館出版品預行編目(CIP)資料

失蹤的加密貨幣女王：揭祕史上最大的加密貨幣騙局，她如何利用人性的致富心態，詐騙40億美金，並消失無蹤 / 傑米・巴特利特（Jamie Bartlett）作；鄭煥昇 譯. -- 初版. -- 臺北市：大塊文化出版股份有限公司, 2023.06
352面；14.8×21公分. -- (From；146)
譯自：The missimg cryptoqueen
ISBN 978-626-7317-09-9(平裝)

1. CST: 電子貨幣　2. CST: 電子商務　3. CST: 金融犯罪

563.146　　112005199

LOCUS

LOCUS